Knaur

Über die Autoren:

Edmund Stoiber, geboren am 28. 9. 1941 in Oberaudorf, studierte Jura und Politische Wissenschaften in München. Generalsekretär der Christlich Sozialen Union von 1978 bis 1983, seit 1999 Parteivorsitzender. Edmund Stoiber war Leiter der Bayerischen Staatskanzlei (1982 bis 1988) und bayerischer Staatsminister des Innern (1988 bis 1993). Gemeinsamer Kanzlerkandidat von CSU und CDU im Bundestagswahlkampf 2002. Seit 1993 ist er Ministerpräsident von Bayern.

Friedrich Kabermann wurde am 7. 2. 1940 im thüringischen Nordhausen geboren; Studium der Geschichte, der Politik und Soziologie an der Freien Universität in Berlin und in Göttingen. Er arbeitete als Redakteur, Dramaturg und Verlagslektor und lebt heute als freier Autor bei Bremen. Neben wissenschaftlichen Arbeiten veröffentlichte er Sachbücher und Belletristik.

Edmund Stoiber
Friedrich Kabermann

Das Maß der Dinge

*Über die Kunst,
das politisch Notwendige zu tun*

Knaur

Besuchen Sie uns im Internet:
www.knaur-taschenbuch.de

Vollständige Taschenbuchausgabe 2003
Knaur Taschenbuch. Ein Unternehmen der Droemerschen
Verlagsanstalt Th. Knaur Nachf. GmbH & Co. KG, München

Umschlaggestaltung: ZERO Werbeagentur, München
Umschlagabbildung: Laurence Chateron
Satz: MPM, Wasserburg
Druck und Bindung: Clausen & Bosse, Leck
Printed in Germany
ISBN 3-426-77712-6

2 4 5 3 1

Inhalt

Vorwort zur Taschenbuchausgabe

»Jede Politik muss im Wesentlichen Friedenspolitik sein«, so Edmund Stoiber zu Beginn unseres Gesprächs: »Der Satz klingt so einfach, dass leicht übersehen wird, wie schwer die Verwirklichung ist.«

Das war vor zwei Jahren. Die Ereignisse zeigen, wie wahr dieser Satz ist: Die Einleitung zur Erstauflage vom Mai 2001 ging von der desolaten innenpolitischen Lage aus, die sich seitdem noch weiter verschärft hat. Wir beobachten eine Mischung aus politischer Depression und ökonomischer Rezession, wie sie in der Geschichte der Bundesrepublik ohne Beispiel ist.

Für die im Januar 2002 erschienene Neuauflage wurde das Buch um ein zusätzliches Gespräch über die veränderte Welt nach dem »11. September« erweitert. Die nun hier vorliegende Taschenbuchausgabe steht im Schatten des Irak-Krieges. Die Bundesregierung hat sich in eine außenpolitische Isolierung manövriert, die in der Geschichte der Bundesrepublik ebenfalls ohne Beispiel ist. Dabei ist klar, dass eine eigenständige europäische Politik nicht gegen, sondern nur mit den Amerikanern erfolgreich sein kann.

Jeder Krieg ist verloren, wenn er nur militärisch gewonnen wird. Gilt unter den Völkern das Recht des Stärkeren, ist die weitere Stärkung des Völkerrechts eine Illusion. Die Zukunft liegt nicht in einer monopolaren, auch nicht in einer multipolaren Ordnung, sie liegt in der tripolaren Ordnung der Welt, eines sich zwischen Ameri-

ka, Europa/Russland und Asien austarierenden Gleichgewichts.
Zu den Erfahrungen des Irak-Krieges gehört aber auch die globale Friedensbewegung. Deutet sich hier ein »planetarischer Bewusstseinswandel« an, wie er in diesem Buch schon Thema des Gesprächs war?
»Jede Politik muss im Wesentlichen Friedenspolitik sein.« Dieser Satz steht am Schluss des Teils »Abschied vom Feind« (S. 25 ff.), der die Voraussetzungen für das Überleben des »Raumschiffs Erde« skizziert. »Wenn wir diese Kunst nicht erlernen«, heißt es, »werden wir niemals erfahren, worin heute das Maß der Dinge liegt.«
Die Antwort auf diese Frage liegt nicht in der Technik der Kriegführung, sie liegt in der Kunst der Friedensgestaltung. Diese Kunst vermag sich nur durchzusetzen, wenn sie weltweit gilt, für den Erdkreis insgesamt.

Mai 2003

Vorwort
von Friedrich Kabermann:

»Was ist des Deutschen Vaterland?«

»Wir stehen vor einem Paradigmenwechsel der Politik«, sagte Edmund Stoiber, als wir uns das erste Mal in der Münchner Staatskanzlei trafen. Was er damit meinte, hatte auch mich beschäftigt: Sind wir an den Punkt gelangt, an dem die Demokratie in die »Mediokratie« umschlägt und nicht mehr die Politik, sondern das Marketing die Geschicke bestimmt?

Einen Mann wie Edmund Stoiber, der seit Jahrzehnten Politik praktiziert und nicht inszeniert, muss die Frage besonders beunruhigen: Wird Politik zu einer Sparte der Unterhaltungsindustrie, während sich die Probleme häufen wie nie zuvor?

Im Verlauf des Gesprächs kam er auf die kurz zuvor erfolgte Einweihung des neuen Kanzleramts zu sprechen. Ihn beschäftigte der amtliche Missmut, den Gerhard Schröder hinsichtlich der Größe des Gebäudes hatte verbreiten lassen, mit dem Kalkül, die Bescheidenheitsattitüde träfe den Geist der Zeit. Stoiber meinte, es gehe beim Kanzleramt nicht in erster Linie um diesen oder jenen Inhaber, sondern um das Amt selbst. Schließlich handele es sich nicht um das Eigenheim einer Privatperson, sondern um die politische Schaltzentrale des wiedervereinigten Deutschland. Dem stimmte ich zu und fügte noch an, dem Kanzler böten sich ja zwei Möglichkeiten für den Fall, dass das Amt tatsächlich zu groß für ihn sei: entweder wüchse er noch hinein, oder er zöge übers Jahr wieder aus. Immerhin hätte er dann, wie man früher zu sagen pflegte, das neue Haus für den Nachfolger »trockengewohnt«.

Das war der Einstieg in unser Gespräch. Er war schon insofern wichtig, als mir parteipolitische Ambitionen fern liegen. Allerdings hatte ich schon zu Beginn der rot-grünen Regierung eine Art Déjà-vu-Erlebnis gehabt. Ich sagte mir: Das alles hast du schon in den Siebzigerjahren gesehen, die gleichen Programme, die Formen des Umgangs, den gesamten politischen Stil – nicht bei Willy Brandt und Helmut Schmidt, sondern bei der Nachfolgegeneration. Damals stand sie vor dem »Marsch durch die Institutionen«, heute sitzt sie in den Chefsesseln, an den Schalthebeln der Macht. Allerdings war etwas Hightech- und New-Economy-Pathos hinzugekommen, verbunden mit jenem Modernisierungsjargon, der auch einen Großteil der Medien beherrscht. Das alles stammte aus den Soziologieseminaren der Sechzigerjahre, die ich seinerzeit ebenfalls durchlaufen hatte.

Aber ich glaubte schon lange nicht mehr daran, dass sich unsere individualisierte Bürgergesellschaft nach den alten Kollektivtheorien gleichsam ins zwanzigste Jahrhundert zurückmodernisieren ließe. Vor dreißig Jahren hatte das Emanzipationspathos der Achtundsechziger noch insofern Substanz gehabt, als es zwei Jahrzehnte nach Gründung der Bundesrepublik mit dem Nachkriegsdeutschland tatsächlich vorbei gewesen war. Seit über zehn Jahren ist es nun aber mit der westdeutschen Bundesrepublik vorbei –

eine Binsenweisheit, doch die politischen Konsequenzen blieben aus. Es wurde zwar umgezogen, doch nicht umgedacht. Dafür hat bei dem gegenwärtigen Führungspersonal die Beherrschung des Medien- und Marketinginstruments einen Grad erreicht, bei dem nicht mehr die Politik der Inhalt der Verpackung, sondern die Verpackung der Inhalt der Politik ist.
Wie können wir der Marketingfalle entgehen? Vielleicht dadurch, dass wir Politik wieder auf das *Notwendige* zurückführen. Das ist der Gegenbegriff zur Beliebigkeit, die unsere Tage beherrscht. Das Maß der Dinge ist nicht der Markt, sondern der Mensch. Beide lassen sich nicht trennen, doch sind sie auch nicht deckungsgleich. Das soll der Titel des Buches andeuten, der sich bei der Ausarbeitung des Konzepts ergab.

*
* *

Zunächst war da nur die Idee. Sie liegt zehn Jahre zurück und betraf die Frage, die hundertachtzig Jahre zuvor Ernst Moritz Arndt gestellt hatte: »Was ist des Deutschen Vaterland?« Anders als bei dem Dichter schwingen für uns bei der Frage die beiden letzten Jahrhunderte mit, ihr Nationalismus, ihr Militarismus und Rassismus, dazu zwei Weltkriege, die das Land, den Kontinent, die gesamte Welt durch den vierzig Jahre währenden Kalten Krieg gespalten haben. Die Meinung, dadurch habe sich die Frage nach dem Vaterland erledigt, ist freilich naiv. Was wir links liegen lassen, überholt uns von rechts. Auch das ist eine historische Lektion. So bleibt nur eines: sie erneut zu stellen, jedoch nicht mehr rückwärts, sondern vorwärts gewandt, unter den globalen Bedingungen unserer Zeit.

Das war der Anfang, die Grundidee vom September 1991. Anlässlich des ersten Jahrestags der deutschen Einheit fragte ich mich, ob nicht eine Chance vertan worden war. Im geschichtlichen Augenblick der Vereinigung war die Bereitschaft groß, gemeinsam nach einer neuen Antwort zu suchen. Doch der politische Alltag kehrte allzu rasch zurück. Enttäuschung, ja Resignation machte sich breit. Dem entspricht, dass die Vereinigung selbst der Übernahme eines bankrotten Betriebes glich. Auch die Eile gehörte dazu: Zeit ist Geld. Die Geschichte war zum ökonomischen Rechenexempel geworden – wer zu spät kommt, den bestraft der Markt. In Bonn machte nicht die Politik Geschichte, sondern die Geschichte machte trotz Bonn Politik … Gilt das inzwischen auch für Berlin?

Ein Jahr zuvor, kurz nach der ersten gesamtdeutschen Wahl, hatte ich mich auf Einladung des russischen Schriftstellerverbands in Moskau aufgehalten. Noch war Gorbatschow an der Macht, noch gab es die Sowjetunion. Aber in dem riesigen Reich gärte und brodelte es. Die Diskussionen mit den russischen Kollegen, die bis tief in die Nacht anhielten, waren aufgeheizt, die Gräben zwischen den Russen tief. Dabei wurde deutlich, dass auch hier eine Art Revolution bevorstand, von der aber niemand wusste, welcher Art sie sein würde. Eines allerdings war klar: Der Traum von der sowjetischen Weltmacht war ausgeträumt. Ich war mir sicher, dass das auch für die Amerikaner galt. Doch Sieger brauchen länger, bis sie einsehen, dass Siege verloren werden, wenn nicht rechtzeitig erkannt wird, worin ihre Bedeutung liegt.

Mit der deutschen Teilung war auch die europäische beendet, die Teilung der Welt überhaupt. Worum es nun ging, war die Einheit in der Vielfalt – eine Aufgabe, die viel Zeit erfordern, aber nicht mehr verschwinden würde von der Tagesordnung der Weltpolitik.

Die Vision der »One World«, von der im Buch gesprochen wird, stammt von Theodore Roosevelt. Nimmt man sie ernst, bedeutet sie den Verzicht auf Weltherrschaft, gleichviel seitens welcher Bündnissysteme, welcher Nation. Das Verhältnis zwischen Einheit und Vielfalt muss heute global austariert werden, es will ebenso erarbeitet sein wie die dazu notwendige Freiheits- und Friedensfähigkeit. Erwerb und Behauptung von Macht sind eines, Begrenzung und Verzicht auf sie ein anderes. Damit Letzteres möglich ist, bedarf es übergeordneter Perspektiven und vor allem eines globalen Wertehorizonts.

An Lothar de Maizière hatte mir imponiert, dass er als erster frei gewählter Ministerpräsident der DDR die politische Bühne betrat, um sich mit Würde von ihr zu verabschieden. Das galt von ihm selbst, von seiner Regierung und der neuen DDR, die er vertrat. Die Bedeutung lag im Verzicht, nicht in der Behauptung der Macht. Ich nahm das als Zeichen, das in die Zukunft wies. Wurde Politik künftig so gestaltet, dass auch freiwilliger Machtverzicht nicht ausgeschlossen war, brauchte die Vision von Roosevelt kein Traum zu bleiben. Dann gab es eine Chance für die Einheit in Frieden und Freiheit, nicht nur in Deutschland und Europa, sondern überall in der Welt.

Wenn ein Einfall wiederkehrt und deutlicher wird, sprechen wir von einer »Idee«. Woher sie kommt, können wir zumeist nicht sagen, doch in diesem Fall war es anders:

Sie stammte aus jenem geschichtlichen Zusammenhang von 1989/90, den man als deutsche Revolution bezeichnen kann. Diese hat, wie jede echte Revolution, Auswirkungen auch über Deutschland hinaus auf Europa und die Welt gehabt. Ebenso wie die anderen großen Revolutionen hat sie es aber seitdem auch mit den entsprechenden Gegenkräften zu tun, die den früheren Zustand wiederherstellen wollen: die schöne alte Welt mit ihren vertrauten Verhältnissen von Freund und Feind. Wenn es jedoch im Konfliktfall nur Verlierer geben kann, gibt es keine Gewinner mehr. Deshalb ist der Abschied vom Feind nicht Ziel, sondern Voraussetzung aller künftigen Politik. Er entspricht dem Prinzip des Machtverzichts – wir wissen, wie schwer er schon in Europa ist. Trotzdem gibt es dazu keine Alternative, wobei hinzugefügt werden muss, dass hier umzudenken nicht nur für Politiker, sondern auch für die Bürger gilt. Eine demokratische Gesellschaft hat die politische Führung, die sie sich wählt. Erfüllt diese die notwendigen Aufgaben nicht, wird sie abgewählt. Ein Abschied von der Politik ist keine Lösung, die »Politikverdrossenheit« schlägt auf die Gesellschaft zurück und wird so selber zum Politikum.

*

*   *

Ein Jahr nach der Revolution von 1989 erschien ein Gesprächsbuch mit Richard von Weizsäcker, das für Aufsehen sorgte. »Es wird wieder einmal Zeit«, so der damalige Bundespräsident, »aus der alten deutschen Tradition des Gegensatzes zwischen Macht und Geist herauszutreten.«

Denn wenn »in der Politik zu viel Macht angesammelt worden ist, dann meldet sich der Geist mit seiner Kritik«. So sollte es sein, aber so ist es nicht. Dem Einwand, die Politik habe bisher wenig Interesse gezeigt am Dialog mit dem Bürger einer »partizipatorischen Demokratie«, gibt von Weizsäcker Recht, um dann zu bestätigen: »Partizipatorische Demokratie ist genau das, wonach ich suche.« Allerdings lüden die Politiker immer erst dann ein zum Dialog, wenn sie Herausforderungen spürten, »die ihnen wehtun«. Da stellt sich die Frage, wann die Schmerzgrenze erreicht ist, nicht nur bei der »Macht«, sondern ebenso beim »Geist«. Auch gehört eine Bemerkung von de Gaulle hierher, die der General vor über dreißig Jahren kurz nach seinem Rücktritt als Staatspräsident gegenüber André Malraux machte: »Sehen Sie«, sagte er, »es gibt etwas, das nicht fortdauern kann: die Unverantwortlichkeit der Intelligenz. Entweder geht es mit dieser zu Ende, oder die westliche Zivilisation wird zu Ende gehen.«

Die Unverantwortlichkeit des »Geistes« gehört zu den Ingredienzien der Spiel- und Spaßgesellschaft, die dadurch angestrengte, ja gespenstische Züge erhält. Fragen, denen wir den Rücken kehren, überfallen uns hinterrücks. Es hilft nichts, wir müssen Antwort geben. Aber wie?

Die Idee zum Buch veränderte sich zwar im Lauf der Jahre, doch der Bezug zur Aufgabe, die sich aus der deutschen Vereinigung ergab, blieb bestehen: die Einheit der geteilten Welt in Frieden und Freiheit überall verwirklichen zu helfen. Auch wurde mir die Form deutlicher: das Gespräch. Es ist etwas anderes als ein Interview, das auf dem Frage- und Antwortspiel beruht und zumeist die Politik des Tages reproduziert. So entsteht in der Regel eine Verlautbarungsprosa, die schneller vergessen als gelesen wird. Anders das Gespräch. Gelingt es, setzt es sich im Leser fort und hilft ihm weiterzudenken, zumal wenn er der Rolle des politischen Konsumenten überdrüssig ist. Vielleicht wurde ihm die »Politikverdrossenheit« nur eingeredet, und er beginnt zu erkennen, dass sie eine Form gesellschaftlicher Unmündigkeit ist? Ein Gespräch, das dem Leser Anstöße gibt, hätte, so glaubte ich, ein wichtiges Ziel erreicht: die Wiederentdeckung des Bürgerbewusstseins, gleichviel welcher parteipolitischen Couleur.

Damit stellte sich die Frage nach dem Partner, zumal ein Gespräch nicht nur vom Reden, sondern auch Hören, vom Zuhören lebt. Ich bin parteipolitisch nicht festgelegt und gehöre zu den Wechselwählern, die von Fall zu Fall entscheiden, auch was die Führungspersonen angeht. So traute ich vor dreißig Jahren der SPD Willy Brandts und Helmut Schmidts größere Reformfähigkeit zu als der Union. Dagegen war klar, dass die außergewöhnliche Aufgabe der Wiedervereinigung nicht in jenem Horizont bewältigt werden konnte, der zu den Achtundsechzigern gehört und heute die Regierungspolitik bestimmt. Deshalb stellte sich immer mehr heraus: Ich wollte mit einem Spitzenpolitiker der Opposition sprechen, nicht der Koalition. Dort erkannte ich nur die alten Konzepte, wenn auch in modische Innovationsrhetorik verpackt.

In München fand ich offene Ohren für meine Grundüberzeugung, dass Politik kein Medium persönlicher Selbstdarstellung ist, sondern allgemeine Aufgabe, notwendiger

Dienst. Über die Voraussetzungen waren Edmund Stoiber und ich uns rasch einig: ein Gespräch, aber nicht querfeldein, sondern nach wesentlichen Gesichtspunkten strukturiert. Auch wollten wir nicht das »Rauschen« des Tages kommentieren, sondern über die Grundlagen zukünftiger Politik sprechen: zwei Deutsche an der Jahrtausendwende, ein Politiker und ein Schriftsteller, ein Katholik, ein Protestant, der eine aus dem Süden, der andere aus dem Norden, doch beide Repräsentanten derselben Generation.

Was Edmund Stoiber im Gespräch formuliert, das hat auch mich seit der Bundestagswahl 1998 beschäftigt: Das Zustandekommen der rot-grünen Koalition beruhte auf einem Missverständnis, denn es gab für sie nur eine rechnerische, keine politische Mehrheit in diesem Land. Dass dies in der öffentlichen Auseinandersetzung bisher kaum eine Rolle spielt, hat neben der Spendenaffäre der CDU seinen Grund in der Medienpolitik der Koalition. Hier, in der Darstellung, der Inszenierung, liegt ihre Stärke. Politik wird nicht in die Zukunft projiziert, sondern für die Medien projektiert. Für die Sache steht das Bild, und das Bild besteht aus dem Kanzler, der Programm und Botschaft in einem ist. Das folgt dem Gesetz der Mediendemokratie, nach dem Politik zum Lifestyleprodukt verpackt wird. Die Rede vom »Medienkanzler« verdeckt dabei leicht: Nicht nur der Kanzler kann mit den Medien, auch die Medien können mit dem Kanzler umgehen. Daher sind sie, nicht der Bürger, inzwischen der primäre Ansprechpartner der Politik, der Part des Bürgers dagegen ist der des Zuschauers geworden, der mit Ablehnung oder Zustimmung reagiert.

Dem entspricht die Politik des Desinteresses an den Grundsatzfragen: Der Allround-Pragmatismus ist werteresistent. Allerdings geht er ins Leere, wenn dem Management der Macht die geschichtliche Notwendigkeit fehlt. Ein Land ist keine Firma, die Währung der Politik nicht das Geld. Die Ökonomisierung des Denkens, die der Technisierung des Lebens entspricht, geht an den Befindlichkeiten der Menschen vorbei. Zu ihnen zählen die Sehnsüchte, die Irrtümer, die Hoffnungen, die Angst. All das will ernst genommen werden, und zwar ohne politisches Kalkül. Auch darin stimmten Edmund Stoiber und ich überein.

Die Gespräche verliefen im Ganzen so, dass sich die persönliche Atmosphäre aus der Übereinstimmung in den Grundsatzfragen ergab. Das ist nicht selbstverständlich in einer Zeit, in der die Indifferenz zum allgemeinen Konsens geworden ist. Edmund Stoiber hat von sich gesagt, er sei nicht Franz Josef Strauß. Das bezog sich auf die Grundeinstellung zur Politik, die nichts mit der eines »Spielers« zu tun hat, wie Jan Ross in der *Zeit* ausgeführt hat. Stoiber treibe Politik nicht als »persönlichen Wagnisakt«, hieß es da, sondern aus Gründen einer »objektiven Notwendigkeit«. Dass damit das entscheidende Kriterium der Politik genannt ist, deutet auch der Untertitel des Buches an: Politik, die das Notwendige tut, ist eine Kunst.

Stilfragen erschöpfen sich nicht in Formen des Umgangs oder Geschmacks, sondern verweisen auf die Frage: Was nehmen Politiker außer sich selbst eigentlich ernst? Die Frage zielt auf das Welt-, das Menschenbild, ohne das überzeugende Politik nicht möglich ist. Geht es zudem um ein Grundsatzgespräch wie hier, müssen sich die Partner als Menschen zu erkennen geben, als Fragende und Suchende wie jeder andere Bürger auch. Das gehörte ebenfalls zu den Voraussetzungen des Gesprächs, wie der Haupttitel des Buches zeigt. Er enthält die berühmte Antwort auf die Frage: »Was ist der Mensch?«, die der Grieche Protagoras im fünften Jahrhundert v. Chr. gegeben hat. Diesem philosophischen Skeptiker ging es nicht um einen Begriff des Menschen, sondern um den konkreten Einzelnen, der auch Ausgangspunkt der Gespräche ist. Den Kern des Dialogs bildet die »mündige Bürgergesellschaft« von morgen, das heißt jene Vision einer humanen Welt, die über alle Parteigrenzen hinweg kommunizierbar ist. Voraussetzung ist allerdings die Einsicht, dass jene traditionellen Denkmuster, nach denen die rot-grüne Koalition noch Politik betreibt, dem Bewusstseinsstand der Gesellschaft vor dreißig Jahren entsprechen. Mit einer solchen Restaurierung der Vergangenheit hat der aufgeklärte Konservatismus nichts zu tun. Für ihn liegt umgekehrt in der Bewahrung der Zukunft die Bewährung der Politik.

Die Worte »aufgeklärt« und »mündig« verweisen auf den Philosophen Kant und seine berühmte Definition, was Aufklärung ist: die Emanzipation aus der »selbstverschuldeten Unmündigkeit«. Unmündig, unaufgeklärt sind wir dann, wenn uns die Voraussetzungen und Bedingungen unseres Daseins unklar sind. Kant hat, wie Edmund Stoiber zu Recht hervorgehoben hat, drei einfache Fragen gestellt, die uns den Weg zur Aufklärung zeigen:

1. Was können wir wissen?
2. Was sollen wir tun?
3. Was dürfen wir hoffen?

Die erste Frage bezieht sich auf alles, was Wissenschaft heißt. Die zweite auf das, was das Wort »Politik« eigentlich meint. Die dritte zielt auf die Bedingung des Lebens schlechthin, für die in der Tradition der Name »Gott« steht. Außerhalb des Glaubens, der Religion und Theologie können wir aber das Wort »Gott« nicht mehr verwenden, doch ist deshalb nicht die Wirklichkeit verschwunden, auf die es nach wie vor verweist. Sie kann nur nicht mehr definiert und festgelegt werden, sondern erscheint nun als offener Horizont der Welt. Ob ein Raum offen oder verschlossen ist, macht einen großen Unterschied aus, vor allem wenn es um unseren Lebensraum geht.

Kant hat zu den drei Fragen eine vierte angefügt, die in der Regel unerwähnt bleibt: »Was ist der Mensch?« Antwort: Das Lebewesen, das hoffen kann. Worauf? Darauf, dass sich ihm sein Lebensraum nicht wie ein Grab verschließt, sondern offen bleibt. Die Offenheit des Lebens ist seine Zukunft, sie ist heute mehr denn je in Frage gestellt – nicht nur, was den Einzelnen, sondern die Spezies insgesamt angeht. Betrachten wir unvoreingenommen die Art und Weise, wie wir mit uns und der Natur umgehen, können wir nicht behaupten, wir seien aufgeklärt oder mündig und lebten in einer Gesellschaft, die menschlich ist. Daran wird deutlich, was die Politik eigentlich leisten müsste, jenseits von Marketing, Selbstinszenierung und Showbusiness. Sie ist nicht bloß das Geschäft von Berufspolitikern, ein Job, der ausgeübt wird wie jeder andere auch. Vielmehr sind in einer Demokratie sämtliche Bürger aufgerufen, Politik ist unser aller Beruf. Haben wir das verstanden und kommen dem nach, werden wir reif für die mündige Bürgergesellschaft.

So verstehen die Autoren auch ihr Gespräch: Hier wird nicht bloß über die Dinge geredet, deren Maß der Mensch seit alters ist, es stellt vielmehr die Bürgergesellschaft in Reinform dar. Denn wer wollte leugnen, dass in einer Demokratie Politik nur dann möglich ist, wenn der Bürger mit den gewählten Vertretern wieder ins Gespräch zu kommen versucht? Dabei stellt den Kern der Gedankenführung die Verantwortlichkeit dar. Die Politiker sind gegenüber den Bürgern, die Bürger aber auch für ihre Politiker verantwortlich. Denn sie vertrauen ihnen die Führung des Landes an. Geht es um die zentralen Fragen dieser Welt, kann und darf niemand abseits stehen. Das wird klar, wenn die drei großen Aufgaben: Frieden, Einheit, Freiheit mit Kants kritischen Fragen konfrontiert werden:

Was können wir wissen? Dass der *Frieden* die Bedingung des Lebens ist.

Was sollen wir tun? Dafür sorgen, dass die *Einheit* der Welt Wirklichkeit wird.

Was dürfen wir hoffen? Dass Leben in Frieden und *Freiheit* auch künftig möglich ist.

Mit Kant und seiner Zeit endet jene Geschichtsepoche, die das Zeitalter der Metaphysik genannt worden ist. Alle

Denker dieser Epoche, die einen Zeitraum von mehr als zweitausend Jahren umfasst, waren sich darin einig, dass es ihnen um die Wahrheit ging. Diese konnte jedoch nur erkannt werden, wenn sich das Denken um die Dreieinigkeit von »Welt«, »Mensch« und »Gott« bemühte. Das klingt noch in den drei Fragen von Kant an und liegt auch den Themen »Frieden«, »Einheit« und »Freiheit« zugrunde, um die sich das Gespräch mit Edmund Stoiber dreht. Dabei handelt es sich um alles andere als um verstiegene Spekulationen, vielmehr wird uns heute die Frage nach dem Zusammenhang von Welt, Mensch und Leben von der Naturwissenschaft in einer Weise neu aufgedrängt, die etwas Unausweichliches hat. Probleme von so elementarer Art können nicht an einen »nationalen Ethikrat« delegiert werden, in der mündigen Bürgergesellschaft muss sich jeder Einzelne selber bemühen. Wir können nicht denken lassen, wir müssen selber denken, wenn es um die Grundfragen unseres Lebens geht.

Hier Anregungen zu dem zu geben, was der Begriff »Bioethik« meint, dazu dient vor allem das letzte Gespräch über die »erschöpfte Schöpfung«. Dabei handelt es sich um Neuland, das trotz der Debatten bisher niemand zu überblicken vermag. Wir können uns in diesem Gelände auch nur dann einigermaßen sicher bewegen, wenn wir nicht Bio*ethik* sagen und Bio*technik* meinen. Denn dann wird die Technik zum Maß der Dinge, sie tritt an die Stelle des Menschen und seines Lebensraums.

An diesem Punkt setzen die theologischen Fragen zum »Garten des Menschlichen« ein, ein Titel, der von Carl Friedrich von Weizsäcker stammt. Im abschließenden Gespräch wird daraus das Bild vom »Garten des Men-

schen«, das die politische Vision der künftigen Welt besser trifft.
Die Fragen sind im Grunde nicht neu, sie machen vielmehr unsere Geschichte wesentlich aus. Um das deutlich zu machen, wird in jedem Kapitel an eine historische Begegnung zwischen »Geist« und »Macht« erinnert. Sie soll jeweils zeigen, dass alles, was wir tun und denken, zu jenem großen Kommunikationszusammenhang gehört, den wir Geschichte nennen.

*
* *

Die Gespräche haben in der Münchner Staatskanzlei stattgefunden und wurden gemeinsam redigiert. Dabei ging es nicht um den Wortlaut der Dialoge, sondern um die politische Authentizität. Diese liegt nicht in der technischen Reproduktion, sondern im geistigen Kontext des Gesprächs. In der politischen Auseinandersetzung wird er wieder zerrissen, auch verkehrt werden, doch bleibt er für den Leser ja im Text erhalten und so nachvollziehbar, wie ihn das Buch dokumentiert.
Zur Zeit des ersten Gesprächs wurde in der Presse jene Debatte geführt, die dort über Kindererziehung lanciert worden war: eher autoritär oder nicht? Edmund Stoiber war erstaunt, dass Gerhard Schröder heute vertrat, was er gestern bekämpft und abgelehnt hatte. Aber das ist nur dann überraschend, wenn man von der Substanz persönlicher Überzeugungen ausgeht. Gerade die aber steht durch die Praxis der politischen Beliebigkeit zur Disposition. Die von Schröder inszenierten Diskussionen haben auch keine substanzielle, sondern nur eine konzeptionelle Funktion:

Das Konzept besteht darin, Themen so zu »besetzen«, dass der Eindruck omnipräsenter Kompetenz entsteht, zu der es keine Alternative gibt. Das entspricht dem Muster der Talkshowdemokratie: Der Kanzler erscheint als Moderator der Nation, der das Publikum beliebig mit Themen versorgt. Dabei geht es nicht um Orientierung, es geht um Unterhaltung: Politik wird Teil des multimedialen Showbusiness. Das gilt auch für die Werte und Überzeugungen. Sie haben keine Bedeutung an sich, sondern dienen dazu, als Feingewichte der Macht das System zu stabilisieren. Ob »Bioethik«-, »Kindererziehungs«- oder »Faulenzer«-Diskussion – wichtig ist allein der Aufmerksamkeitseffekt. So ließe sich zur Adventszeit eine Debatte vorstellen, die uns über Sinn und Unsinn des deutschen Weihnachtsmanns belehrt. Denn das Thema ist beliebig, nicht jedoch der Unterhaltungswert. Politik wird nicht kommuniziert, sondern exkommuniziert.

Hier ein Zeichen zu setzen, um aus dem Gerede heraus- und wieder ins Gespräch hineinzukommen, ist das Grundanliegen des Buchs. Es verband sich mit der Frage: »Was ist des Deutschen Vaterland?« Die Antwort kann heute nur im Horizont der einen, ungeteilten Welt gefunden werden. Sie sprengt alle historischen Klischees und hat schon den jungen Goethe beschäftigt, der alles andere als ein politischer Eiferer war. Seine Antwort ist einfach, zugleich universal: »Da, wo wir lieben, ist Vaterland.«

I. Teil:

Abschied vom Feind

»Die Politik ist das Schicksal«

Ihr Kollege Alois Glück, Herr Stoiber, hat zur Frage des politischen Amtes gesagt, sie sei keine Angelegenheit dieser oder jener Privatperson. Hat nicht Franz Josef Strauß Ähnliches im Blick gehabt, als er meinte, das Amt müsse zum Mann kommen, nicht umgekehrt?

Ich denke, ja. Worauf er und Alois Glück aufmerksam machen wollten, ist ganz klar, nämlich, dass nicht private Wünsche und Überlegungen bei den höchsten Ämtern des Landes ausschlaggebend sein können, jedenfalls nicht primär.

Alois Glück ist Vorsitzender der CSU-Fraktion im Bayerischen Landtag. Wollte er andeuten, dass das Parteiinteresse, die Partei entscheidend ist?

Nein, im Gegenteil. Dass man das heute so betonen muss, liegt nicht zuletzt an der gegenwärtigen Bundesregierung. Hier wird bis hin zum Kanzler das Amt lediglich als Ziel persönlicher Karriereplanung aufgefasst. Nach meiner Überzeugung ist aber weder das Interesse einer Privatperson noch das einer Partei bei der Besetzung politischer Ämter ausschlaggebend, sondern in erster Linie das des Staates.

Das klingt beinahe preußisch für einen Bayern.

Ob preußisch oder bayerisch – wichtig ist mir allein die Sache, die »res publica«. Die Republik war schon bei den Römern der Staat, die Civitas, die politische Öffentlichkeit schlechthin. Wer sich um ein Amt bewirbt, ob um das eines Bürgermeisters, des Ministerpräsidenten oder des Bundeskanzlers, dient einer Sache, einer Aufgabe. Er muss seine privaten Ambitionen zurückstellen können. Das Interesse der Partei, der er angehört, ist zwar wichtig, kann aber nicht das Maß aller Dinge sein. Auch eine Volkspartei verkörpert immer nur das, was das lateinische Wort »pars« sagt: einen Teil. »Pars pro toto«, der Teil für das Ganze. Das Wohl des Ganzen ist das oberste Gebot.

Die Wirklichkeit sieht anders aus. Die Öffentlichkeit ist ein Teil jenes Markts der Meinungen geworden, der heute die Mediendemokratie bestimmt. Den Maßstab setzen nicht Informationen, sondern Sensationen, die als Personalien aufbereitet werden. Sie selbst haben gesagt, die Bürgerinnen und Bürger wählten weniger einen Kandidaten oder ein Programm als eine Kampagne.

Das schließt einander nicht aus. Der Kandidat oder die Kandidatin repräsentieren mehr oder weniger das politische Programm, wobei die Kampagne zeigt, wie sie das tun und wer die Kandidaten sind. Politik wird von Menschen für Menschen gemacht, die Medien sollten dies darstellen und vermitteln, wie das Wort »Medium« sagt. Politik ist ja nicht allein eine Sache des Kopfes, sie muss auch mit dem Herzen gemacht werden. So ist der Bürger mit den Details der Steuer- oder Rentenreform, die selbst Fachleute kaum noch deutlich machen können, schon rein sachlich überfordert. Sodann fühlt er sich aber auch emotional nicht ernst genommen, wenn seine Stimmungen, Ängste und Hoffnungen bloß für populistische Zwecke ausgenutzt werden. Da wird dann eine Demokratie instabil. Flexibilität ist eine Eigenschaft der Politik, nicht die Politik selbst.

Aber die Medien bewegen sich nicht mehr innerhalb der Politik, sondern die Politik innerhalb der Medien. Der Eindruck verstärkt sich, dass Politik so zur Sparte der globalen Unterhaltungsindustrie wird, nicht nur in den USA, auch bei uns. Schließlich ist der beste Darsteller, der Medienstar, das »Programm«.

Die Gefahr besteht in der Tat. Andererseits bieten die Medien, vor allem das Internet, die Chance unmittelbarer Teilnahme an der so genannten partizipatorischen Demokratie. Für den Politiker ist dadurch die Arbeit nicht leichter geworden, im Gegenteil. Er erliegt nun eher der Gefahr, Politik nur zu moderieren, anstatt sie zu machen, sodass nicht die Sache, sondern das Marketing bestimmend wird. Dabei wird er selbst zur Ware, die an der Tagesbörse der Meinungen gehandelt wird. Die demoskopischen Rückmeldungen signalisieren ihm dann, ob das Produkt mit seiner medialen Verpackung stimmt oder nicht.

Sie plädieren für mehr Sein als Schein?

Das ist eine Formel, die vielleicht zu stark vereinfacht. Aber ich stimme Wolfgang Schäuble zu, der in den letzten Jahren nicht müde geworden ist, mehr Substanz von der

Politik zu fordern. Damit meint er natürlich die gegenwärtige Regierungskoalition, doch schließt er die eigene Partei nicht aus. Im Zusammenhang der Medien heißt das: Politik kann nicht Instrument der Medien sein, die Medien sind ein Instrument der Politik. Das soll heißen: Politik muss aus sich selber leben, Probleme gibt es wahrhaftig genug.

Aber neben der Substanz muss sie auch wieder Stil bekommen. Damit meine ich nicht nur die Formen, wie man mit dem Gegner, auch mit dem Partner umgeht, sondern mit den Wählerinnen und Wählern, also den Menschen, um die es eigentlich geht. Sie wollen nicht bloß unterhalten, sondern ernst genommen werden in ihren täglichen Ängsten und Nöten. Sie wehren sich dagegen, bloß als Echo zu fungieren, als demoskopisches Material. Denn sie spüren, dass uns allen die Probleme über den Kopf zu wachsen beginnen, und das umso mehr, je tiefer der Kopf in den Sand gesteckt wird. Irgendwann ist dann der Sand im Kopf.

Was reizt Sie persönlich an der Politik? Ist es das Spiel der Macht?

Nein. Der Umgang mit der Macht erfordert Spielregeln, das ist wahr. Dennoch ist die Macht alles andere als ein Spiel. Wir leben in einer Wissensgesellschaft, und Wissen soll nach einer alten Formel identisch sein mit Macht. Tagtäglich erfahren wir nun, wie sich unser Wissen vermehrt und mit ihm auch die Macht. Die Macht des Machens nimmt in einer Weise zu, die die Folgen unüberschaubar macht. Das bereitet immer mehr Menschen

Sorge, ja Angst. Sie fragen sich: Worauf soll das alles hinaus?

Ihnen macht das keine Sorgen?

Aber ja, auch mir. Wenn heute in Deutschland angesichts von Stilllegungen ganzer Zweige weltweit agierender Großunternehmen der Ruf immer lauter wird: »Die wir gewählt haben, haben keine Macht, und die die Macht haben, haben wir nicht gewählt«, so müssen bei allen Politikern, gleichgültig welcher Partei, die Alarmglocken klingeln.

Auch Sie werden immer wieder als »Macher« bezeichnet. Ist das ein Kompliment?

Es ist so gemeint, hat aber mit der Wirklichkeit des politischen Alltags wenig zu tun. Das Wissen geht dem Machen voraus, so wie es kein Handeln ohne Denken gibt. Es geht aber nicht nur um das Know-how, das »Gewusst wie«, sondern um die Wertmaßstäbe. Politik wird viel zu oft nach dem Supermarktprinzip gemacht: für jeden etwas, dazu Sonderangebote je nach Jahreszeit. Doch trotz der Billigpreise im Einzelnen summieren sich die Kosten zu einem politischen Gesamtverlust, und zwar hinsichtlich der Glaubwürdigkeit.

Wahrscheinlich können wir künftig immer weniger machen, was wir wollen, als das, was wir »dürfen«, *was wir machen* sollen. *Die Situation ist doch so: Der menschliche Geist erobert sich ständig neue Räume innerhalb der*

Natur, deren Teil er ist, und schafft neben den traditionellen Fächern Physik, Biologie, Chemie völlig neue Fachgebiete. Was dort gemacht wird, ist für die meisten nicht mehr verständlich, und das, was wir nicht verstehen, erzeugt in uns Angst. Deshalb erscheint der so genannte Fortschritt der Wissenschaft als unheimlich. Denn der Geist kann die neuen Räume zwar aufschließen, aber immer weniger sagen, wozu der Zuwachs an Macht eigentlich dienen soll. Wir erfahren vielmehr umgekehrt, dass unsere Zivilisation jeden Tag mehr außer Kontrolle gerät. War und ist die BSE-Krise nur die Spitze eines Eisbergs, wie bereits orakelt wird? Wird die gesamte Nahrungskette, die nicht nach den Gesetzen der Natur, sondern denen der Industrie funktioniert, nicht zur Schlinge um den Hals, mit der wir uns selbst strangulieren? Allgemeiner gefragt: Ist nicht hinter dem Geist, der erfindet, jene Fähigkeit des Menschen zurückgeblieben, die Erfindungen nicht nur verwertet, sondern auch verantwortet?

Das sind Fragen, auf die man nicht im Stenogrammverfahren antworten kann und darf. So ist ja auch unser Gespräch nicht gemeint, sondern als ein Versuch zu prüfen, in welche Richtung wir überhaupt blicken müssen, wenn wir nicht an der Überfülle von Wissen und Informationen ersticken wollen. Hier braucht die Politik Beratung, durch die Wissenschaft, durch die Fachleute. Denken Sie an die neuen Gebiete der Biomedizin und Gentechnik. Aber anders als der Bundeskanzler halte ich nichts davon, Entscheidungsbefugnisse an Kommissionen zu delegieren, im Gegenteil: Entscheiden muss letztendlich die Politik.

Unsere Zeit ist ja nicht eben arm an Kommunikation, an Einsichten, Aussichten, Postulaten und Imperativen. Vielleicht haben wir zu viele Antworten und müssen wieder stärker lernen, die richtigen Fragen zu stellen.

Was heißt richtig, was falsch? Ich sehe das Problem ebenfalls, fasse es aber anders auf, als Herausforderung, die uns unsere Zeit stellt. Diese Herausforderung mag heute größer sein als zu Goethes oder Bismarcks Zeiten, aber sicher bin ich da nicht. Wir haben schließlich auch mehr Möglichkeiten. Wissen und Macht sind immer ambivalent, beide können destruktiv oder konstruktiv wirken. Aber ich gestehe Ihnen zu: Je künstlicher die Welt wird, umso mehr bekommen wir es mit den problematischen Folgen unserer Erfolge zu tun. Dabei verstehe ich »Herausforderung« im ursprünglichen Sinn, nämlich so, wie die Mathematiker sie auffassen. In der Mathematik ist das Problem eine gestellte Aufgabe, die eine entsprechende Lösung sucht. Oder denken Sie an eine bestimmte Konstellation beim Schachspiel.

Das ist ein guter Hinweis für die Situation überhaupt: Wer spielt da gegen wen, wer setzt wen matt – der Mensch die Natur, die Natur den Menschen? Vielleicht spielen wir gegen uns selbst und setzen uns gegenseitig matt? Vielleicht sind wir Mitspieler in einem Spiel, in dem es weder um Gewinner oder Verlierer geht, sondern darum, nicht Spielverderber zu sein?

So weit wollte ich mit meiner Bemerkung gar nicht gehen, sondern zunächst nur darauf hinweisen, dass Wissenschaft und Technik Partner der Politik sind. Wer Partner ist, ist kein Gegner, erst recht kein Feind. Vielleicht ein Mitspieler in einem Spiel, das leider nicht immer so durchschaubar ist, wie die Menschen sich dies wünschen, die Politiker übrigens auch.

Wissenschaft und Technik als Partner der Politik, als Gesprächspartner wie »Geist« und »Macht«? Der frühere Bundespräsident Richard von Weizsäcker hat vor fast zehn Jahren das Gespräch zwischen »Geist« und »Macht« angemahnt. Ohne diesen Dialog könne unsere Demokratie nicht überleben.

Ich weiß, ich sehe das im Grundsatz nicht anders und habe trotzdem Bedenken.

Was stört Sie an der Formel »Geist und Macht«?

Das Formelhafte. Ich glaube nicht, dass im Zeitalter der Informationstechnologie diese klassische Unterscheidung der Wirklichkeit noch gerecht wird. Heute durchdringen sich Geist und Macht auf eine Weise, die solche Stilisierungen unrealistisch erscheinen lässt. Jeder politischen Entscheidung gehen entsprechende Denkprozesse voraus, ohne die es zu der Entscheidung gar nicht käme.

Wäre dann nicht jedes Handeln Politik? Oder anders gefragt: Steht Politik nicht unter dem permanenten Anspruch, Geist in Handeln zu übersetzen?

Vielleicht muss man vorsichtiger formulieren: Handeln hat immer *auch* einen politischen Aspekt. Denken Sie an die

Familienpolitik: Wie die Familien ihr Leben im Einzelnen gestalten, ist zwar ihre Privatangelegenheit, doch hat das zugleich auch gesellschaftliche Auswirkungen. Wie wir mit Kindern umgehen, als Eltern, als Erzieher, in der Öffentlichkeit, ist durchaus nicht bloße Privatsache. Ähnlich steht es beim Umgang mit alten und behinderten Menschen. All dies gehört gewissermaßen zum politischen Reifegrad einer Gesellschaft.

Wie sieht es mit den Interessen aus? Bilden nicht sie den eigentlichen Motor, der die politischen Prozesse antreibt?

Vielleicht sind sie das Schwungrad, der Transmissionsriemen, wobei ich mich auf diese Metaphern nicht festlegen will. In der Regel gilt es, Interessengegensätze so auszugleichen und zu bündeln, dass das Wohl des Ganzen nicht nur nicht beeinträchtigt, sondern gefördert wird. Dabei spielt auch der Zeitpunkt eine Rolle, die Konstellation, die man nicht bestimmen kann. Man muss sie erkennen und dann unverzüglich handeln. Aber auch das ist keine Garantie für einen Erfolg. Das berühmteste Beispiel aus der jüngsten Geschichte ist die Wiedervereinigung. Die Historiker werden später besser erkennen als die unmittelbar Handelnden, dass der Zeitraum ihrer Realisierung, die eigentliche Weichenstellung, das erste Halbjahr 1990 war. Als die D-Mark eingeführt worden war, konnte die Vereinigung eigentlich nicht mehr misslingen. Aber die Einführung der D-Mark war auch unbedingt notwendig, wer weiß, wie sonst die weiteren Ereignisse verlaufen wären. Ich will also sagen: Die Interessen sind gewissermaßen die

Übersetzung zwischen »Geist« und »Macht«, aber nicht die Achse, um die sich alles dreht.

Zumal nicht nur der Geist oft machtlos, sondern auch die Macht geistlos ist. Dann verbindet sie sich leicht mit dem Un-Geist, wie die Geschichte des Dritten Reichs zeigt.

Auf diese Weise entsteht Gewalt – Gewalt im Sinne von krimineller Energie –, also die Perversion der Macht. Im Nationalsozialismus geschah das in einer Weise, wie das die Weltgeschichte bis dahin nicht gekannt hat.

Das lässt sich im Detail an einer Biografie wie der von Joseph Goebbels studieren: der wurzellose Intellektuelle, der, wie Hitler als Maler, als Schriftsteller scheitert und dann, koste es, was es wolle, politisch Karriere macht. Korrumpiert die Macht den Geist, wird er gewissenlos. Pervertiert die Macht zur Gewalt, so ist sie verantwortungslos. Vielleicht kann man sagen, dass Verantwortung das ist, was Geist und Macht verbindet?

Sie bildet jedenfalls den Kern jeder Politik, das heißt, sie sollte es tun, so wie in der abendländisch-christlichen Tradition Wissen und Gewissen unbedingt zusammengehören. In der Präambel des Grundgesetzes taucht die Verantwortung gleich zu Beginn auf, und zwar als »Bewusstsein vor Gott und den Menschen«, also als ein Wissen, das aus dem Gewissen stammt. In der Bayerischen Verfassung, der ersten Landesverfassung nach dem zweiten Weltkrieg, kommt sie insofern indirekt vor, als hier vom Dritten Reich als jener »Staats- und Gesellschaftsordnung ohne Gott, ohne Gewissen und ohne Achtung vor der Würde des Menschen« die Rede ist, die zur Katastrophe von 1945 geführt hat. Angesichts dieses »Trümmerfeldes« gehe es nun darum, »den kommenden deutschen Geschlechtern die Segnungen des Friedens, der Menschlichkeit und des Rechts dauernd zu sichern«.

Dabei muss man sich immer wieder vor Augen führen, dass die Gründung der Bundesrepublik nicht nur politisch, militärisch und ökonomisch, sondern vor allem geistig-moralisch auf einem Trümmerfeld vollzogen wurde, das sich höchstens mit der Situation nach dem Dreißigjährigen Krieg vor dreihundertfünfzig Jahren vergleichen ließ, als ebenfalls ganz Mitteleuropa verwüstet worden war.

Ich finde nun aber entscheidend: Aus welchem Geist entstand der neue Staat? Eines der wichtigsten Momente der Erneuerung war doch jener christlich-konservative Geist des Widerstands gegen das Naziregime, der die Männer und Frauen des 20. Juli 1944 beseelt hat. Ich denke vor allem an den von Graf Moltke geleiteten »Kreisauer Kreis«, ich denke an Theologen der beiden großen Konfessionen, an Namen wie Alfred Delp und Dietrich Bonhoeffer.
Hierher gehört in seiner Konsequenz auch der Unionsgedanke, der sowohl die konfessionellen wie die politisch-sozialen Gegensätze der Zeit in Einklang zu bringen suchte. Ich denke an Josef Müller, den Gründungsvater der CSU. Auch er hatte zum Widerstandskreis um Generaloberst Beck und Admiral Canaris gehört, war aber schon

1943 von der Gestapo verhaftet worden. Während er im Gefängnis saß, kam ihm der grundlegende Gedanke der Union. In den Jahren 1945 bis 1949 war er dann der erste Vorsitzende der CSU, danach Justizminister, schließlich stellvertretender Bayerischer Ministerpräsident.
Was ebenfalls kaum bekannt sein dürfte, ist die Tatsache, dass bereits drei Wochen nach der Kapitulation im Mai 1945 der Vorsitzende der Bayerischen Volkspartei, Fritz Schäffer, erster Bayerischer Ministerpräsident wurde, wenn auch nur für wenige Monate. Er war damit der erste deutsche Ministerpräsident nach Kriegsende. Im Oktober 1945 erfolgte die Gründung der CSU in Würzburg, zwei Monate später die der CDU in Bad Godesberg.
Die Union, insbesondere die CSU, verstand und versteht sich als föderalistische Partei sui generis, mit allen Stärken und Schwächen, die unsere pluralistische Länderstruktur mit sich bringt. Inhaltlich ist, wie gesagt, das christlich-abendländische Welt- und Menschenbild das verpflichtende Erbe, so wie es in der Sozialethik der beiden großen Konfessionen zum Ausdruck kommt. Das reicht bis in das Konzept der Sozialen Marktwirtschaft, das sich von Beginn an sowohl vom Sozialismus wie vom Liberalismus abgrenzte und bis heute außerordentlich erfolgreich gewesen ist. Dem mussten sich auch die sozialdemokratisch geführten Bundesregierungen fügen, während ja alle sozialistischen Modelle, aus denen der sozialdemokratische Dirigismus, Bürokratismus und Planungseifer stammt, vor unseren Augen geschichtlich zusammengebrochen sind. Man muss sich klar machen, dass die Sozialdemokratie später nur erfolgreich sein konnte, weil sie wesentliche Elemente der Politik von der Union über-

nahm. Ob Wirtschafts-, Sicherheits- oder Außenpolitik – noch heute handelt Schröder nicht mit Originalen, sondern mit rot eingefärbten Kopien. Das Copyright liegt bei der Union. Das muss man in Erinnerung rufen bei dem Eiertanz der SPD zwischen den Genossen der Bosse und den Bossen der Genossen. Außenpolitisch entsprach der Sozialen Marktwirtschaft der klare Westkurs Adenauers, die Einigung des freien Europas, vor allem das Bündnis mit den USA.

Das sind die historischen Fakten, die aber nur dann verständlich werden, wenn man versucht, sich in die Seelenlage der Menschen von damals hineinzuversetzen. Sie wie ich gehören derselben Generation an und haben nicht nur Erinnerungen an die schwierigen Nachkriegsjahre, sondern an den Krieg selbst.

Von den eigentlichen Kriegshandlungen habe ich insofern kaum etwas mitbekommen, als ich weder Ausbombung noch Flucht oder Vertreibung aus meiner oberbayerischen Heimat erlebt habe. Bei der Kapitulation war ich noch keine vier Jahre alt. Wie Millionen anderer Kinder musste ich mit meinen beiden älteren Schwestern und meiner Mutter die ersten sieben Jahre ohne meinen Vater auskommen. Erst nach seiner Entlassung aus dreijähriger Kriegsgefangenschaft bei den Amerikanern 1948 habe ich ihn mit Bewusstsein gesehen. Bei den meisten Kameraden in der Klasse waren ja die Väter unmittelbar nach Kriegsende nicht da. Viele wussten nicht einmal, ob ihre Väter gefallen oder vermisst waren und wie groß eigentlich die Chancen waren, sie lebend wieder zu sehen.

An die Entbehrungen, die Not der Nachkriegsjahre in Oberaudorf kann ich mich dagegen noch gut erinnern. Allerdings ging es mir auch in diesen Jahren in vielem besser als den Kindern in den zerstörten Großstädten und Ballungszentren wie Nürnberg, Berlin, Hamburg, Frankfurt, Köln, dem Ruhrgebiet oder Dresden. Insofern waren wir gewissermaßen privilegiert: Die Familie war wohlbehalten beisammen, und wir hatten das Nötigste zum Leben sowie ein Dach über dem Kopf. Dass die ersten Jahre, in denen mein Vater arbeitslos war oder nur gelegentlich eine Beschäftigung fand, ziemlich schwierig waren, versteht sich von selbst.

Insgesamt hat sich mein Leben aber in den ersten zehn Jahren nicht sehr von dem vieler anderer bayerischer Kinder unterschieden. Im Rückblick muss ich jedoch sagen: Ob man um 1940 geboren ist oder erst nach Ende des Krieges, macht einen großen Unterschied aus. Anfang der Fünfzigerjahre waren die Deutschen aus dem Gröbsten wieder heraus. Setzen hier die ersten Erinnerungen ein wie etwa bei Gerhard Schröder oder noch ein paar Jahre später bei Joschka Fischer, so hat man ein anderes Welt- und Menschenbild.

Ich erinnere mich gut daran, wie mein Vater, der vor dem Krieg Studienrat gewesen war, im November 1946 aus der Gefangenschaft zurückkehrte. Wir wohnten nach der Flucht in dem kleinen Ort Bad Sachsa am Südharz, der wenig vom Krieg abbekommen hatte. Aber er war voller Flüchtlinge, die damalige Zonengrenze, der Eiserne Vorhang, war wenige Kilometer weiter östlich von Sachsa heruntergegangen und zog sich mitten durch den Harz.

Wenn wir Wanderungen unternahmen, zeigten uns die Eltern in der Ferne den Brocken, der zwar zu Deutschland gehörte, aber trotzdem für uns unerreichbar war. Denn dort saß der Feind, der uns schon auf der Flucht verfolgt hatte. Das war unverständlich für mich, vielleicht prägte es sich deshalb so stark ein.
Wir wohnten zu fünft in einem Zimmer, mein Vater musste sich auf dem Bau und im Wald als Holzarbeiter verdingen, um ein paar Lebensmittel für die Familie zu erhalten. Das war vor der Währungsreform und die Zeit der so genannten Schulspeisung. Es gab viel Widerstand gegen die Flüchtlinge unter den Einheimischen, aber auch manche Solidarität. Wir blieben jedoch die Fremden aus dem Osten, bis in die Fünfzigerjahre, als wir bereits in Detmold wohnten und mein Vater wieder am Gymnasium unterrichtete. Die Befriedigung der elementaren Bedürfnisse des Lebens: die Zusammenführung der Familien, ein Dach über dem Kopf, etwas zu essen und Arbeit – das war das Wichtigste in jenen Nachkriegsjahren. Zusammengefasst kann man vielleicht sagen: Nach so viel Leid, Tod und Zerstörung war das Grundbedürfnis das nach Ruhe und Geborgenheit, in einem Wort: nach Sicherheit.

Das denke ich auch. Adenauer hat dieses Grundbedürfnis klar erkannt. Neben Berlin, Hamburg und Nürnberg war ja kaum eine andere Region Deutschlands so in Schutt und Asche gelegt worden wie das Rhein-Ruhr-Gebiet. Es ist wahrscheinlich richtig, dass er als Rheinländer zu Mittel- und Ostdeutschland kein inneres Verhältnis hatte. Der Schwerpunkt der neuen Bundesrepublik lag mithin nicht im Norden oder Süden, er lag im Westen an Rhein und Ruhr.

Wenn Adenauer mit dem Zug nach Berlin fuhr und die Elbe überquerte, so wird kolportiert, zog er die Vorhänge in seinem Abteil zu. Denn östlich der Elbe habe für ihn Sibirien begonnen. Das erinnert mich daran, was unmittelbar nach dem ersten Weltkrieg über den französischen Regierungschef Clemenceau erzählt wurde: Immer wieder habe er aus dem Dachfenster seines Hauses nach Osten geschaut und den Horizont abgesucht, ob nicht die »Hunnen« kämen. Damit meinte er die Deutschen.

Ich glaube, das gehört in beiden Fällen, sowohl was Adenauer wie auch was Clemenceau angeht, in den Bereich der Anekdoten, die mehr über den Zeitgeist aussagen als über die wirklichen Personen. Wahr ist, dass für Adenauer die Einbindung der besetzten Zonen in die ökonomischen, politischen und militärischen Strukturen des Westens nicht nur eine Sache des Kalküls, sondern des Herzens war. Es war das Europa Karls des Großen, das ihm vorschwebte. Daher rührt es auch, dass die westdeutsche Bundesrepublik lange mit Adenauer und Erhard, also weitgehend mit der CDU/CSU, identifiziert wurde.
Heute ist die Vereinigung Deutschlands, vor allem die innere, noch immer alles andere als abgeschlossen, und auch die ökonomische Situation in den neuen Bundesländern ist nicht so, dass der Bundeskanzler darauf stolz sein könnte. Das liegt daran, dass der innere wie der äußere »Aufbau Ost« nicht gerade eine Herzensangelegenheit der rot-grünen Koalition ist. Das war bei der Generation von

Brandt, Schmidt und Wehner noch ganz anders. Man kann den Achtundsechzigern, die seit 1998 an der Macht sind, dem SDS, der APO vieles nachsagen, aber nicht, dass ihnen Deutschland als geeinte Nation am Herzen gelegen hätte. Wenn die Sozialdemokraten heute auf einmal das nationale Interesse entdecken, dann ist das aufdringliche Machtpolitik, die schon von der Sprache her in manchem an den Casinostil des Wilhelminismus erinnert. Übrigens sehe ich das nicht nur alleine so. Es ist ein offenes Geheimnis, was Altbundeskanzler Helmut Schmidt über diesen neudeutschen Borussismus von Gerhard Schröder denkt.

Sind die Probleme der inneren Vereinigung nicht zuletzt auch ein Reflex der schwierigen europäischen Wiedervereinigung? Europa insgesamt scheint sich zu renationalisieren.

Das eine bedingt das andere, das ist wahr. Dass die Grundbausteine Europas, die Nationen, wieder stärker in den Vordergrund rücken, halte ich für richtig. Was fehlt, ist eine Vision von und für Europa. Nur dann bewegen wir uns mit der Wiederentdeckung der Nationen und Regionen nicht im Rückwärtsgang der Geschichte. Das ist aber eine Frage der Werteperspektiven. Deshalb lassen Sie mich auf den Neubeginn nach der Katastrophe von 1945 noch einmal zurückkommen. Ohne Zweifel war die Sehnsucht der Menschen nach Sicherheit der herausragende Zug jener Jahre. Das galt ökonomisch, politisch, militärisch; aber nicht nur materiell, sondern auch ideell: Es ging nicht zuletzt um die innere Sicherheit, um Recht und Ordnung. Der Rechtsstaat, die Einbindung in die Gemein-

schaft der freien Völker, die Soziale Marktwirtschaft, die Bildungs- und Ausbildungspolitik – alles dies basierte innerhalb des christlich-konservativen Weltbilds auf der unverletzlichen Würde des Einzelnen, der Person als dem Grundbaustein jeder humanen Ordnung. Daraus resultierte die Bedeutung der Ehe, der Familie, des freien Wettbewerbs in Wirtschaft und Gesellschaft, des Ausgleichs zwischen Arbeit und Kapital.
Hinzu kam die föderative Struktur des Bundes, schließlich der eigene Beitrag zur Sicherheit während des Kalten Krieges: der »Staatsbürger in Uniform«. Auch die humanistische Bildung im Sinne des Humboldt'schen Ideals dürfen wir nicht vergessen. Kurz: Die Bundesrepublik wurde unter der Führung der Christlich-Demokratischen und Christlich-Sozialen Union ein Erfolgsmodell, wie es kein anderes in der deutschen Geschichte gegeben hat. Das haben unsere Nachbarn und Verbündeten ebenso gesehen und nicht zuletzt deshalb auch in der schwierigen Situation der Wiedervereinigung Helmut Kohl und Hans-Dietrich Genscher vertraut. Dieses Vertrauen darf nicht durch eine neudeutsche Großmannssucht aufs Spiel gesetzt werden. Die Situation nach der Konferenz von Nizza erinnert an den Slogan: »Vorwärts, wir müssen zurück!«

Aus der »Trümmerlandschaft«, wie es in der bayerischen Verfassung heißt, waren also »blühende Landschaften« geworden?

Ja. Dass das »Modell Bundesrepublik« zwanzig Jahre später reformiert wurde, dass es weitere zwanzig Jahre darauf seine Bewährungsprobe durch die Wiedervereinigung erneut bestand, bestätigt ja den Erfolgscharakter. Die Deutschen waren wieder wer, nicht zu jedermanns Freude, doch der Begriff »Wirtschaftswunder« ging um die Welt. Es wurde gebaut, es wurde gereist – auch den Freunden und Verbündeten kam der Aufschwung zugute. Es darf ja nicht vergessen werden, dass das keine einseitige Angelegenheit war. Nicht zuletzt vollbrachte der neue Staat eine ungeheure Aufbau- und Integrationsleistung, wenn ich an die vielen Millionen Vertriebener und Flüchtlinge denke. Ich möchte daran erinnern, dass Bayern hier den Löwenanteil geleistet hat.

All das ist bekannt, wird aber in der Tat Jahrzehnte später rasch vergessen. Doch wo viel Licht ist, ist auch viel Schatten. Ich selbst war durch die Herkunft meiner Familie nie völlig in die westdeutsche Gesellschaft integriert. Wie so viele andere bauten meine Eltern Mitte der Fünfzigerjahre, sodass wir nicht nur ein Dach über dem Kopf hatten, sondern auch wieder ein neues Zuhause. Aber eine Heimat war es nur bedingt. Mein Vater stammte aus der Mark Brandenburg und war in Berlin aufgewachsen. Er hat die Teilung Deutschlands nie verwunden. Gelegentlich sagte er: Das Haus steht dreihundert Kilometer zu weit westlich. Als ich mit ihm, dem Neunundachtzigjährigen, im Sommer 1990 Arm in Arm durchs Brandenburger Tor und dann Unter den Linden hinunterging, war das für ihn einer der wichtigsten Augenblicke in seinem Leben.

In gewisser Weise war er ein Preuße, wobei ich im so genannten Preußenjahr hinzufügen muss, dass das, was heute sogar bei Historikern unter Preußen verstanden wird, mitunter geradezu abenteuerliche Züge trägt. Dem Verdienen setzte mein Vater das Dienen im Sinne der Kant'schen Ethik entgegen, Freiheit war ihm ohne Ordnung undenkbar, und die Ordnung begann bei ihm selbst. Entsprechend bedeutete der »real existierende Sozialismus« für ihn eine Perversion jener Mischung aus Preußentum und Sozialismus, die mit Lassalle im alten Kaiserreich das Licht der Welt erblickt hatte. Kurz: Ich wuchs zwar im Licht der bundesrepublikanischen Aufbauerfolge auf, wurde aber früh auf die Schattenseiten, vor allem auf die Teilung Deutschlands und Europas, aufmerksam. Das hat noch die Arbeit während des Studiums beeinflusst.

Da war die Situation in Bayern in der Tat anders, auch meine persönliche. Wir wohnten in einem Haus am Waldrand, und ich ging in die Volksschule von Oberaudorf. Mein Vater, von Beruf technischer Kaufmann, befand sich in den ersten Jahren, in denen er beruflich nicht Fuß fassen konnte, viel zu Hause. Das war für mich eine schöne Zeit. Viel konnte an gemeinsamen Beschäftigungen nachgeholt werden, wir bastelten zusammen und schnitzten Pfeil und Bogen. Von den Verbitterungen, die ein Jahrzehnt Krieg und Gefangenschaft in ihm zurückgelassen hatte, nahm ich damals natürlich wenig wahr. Das hat sich erst Mitte der Fünfzigerjahre geändert, als es uns auch wirtschaftlich deutlich besser ging.

Haben Sie ihn nach den Vorgängen im Dritten Reich gefragt?

Einige Jahre später, ja. Ich war Gymnasiast und hatte Hitlers *Mein Kampf* gelesen. »Da stand doch alles drin, was später tatsächlich geschah«, sagte ich zu ihm. Aber ich erhielt keine Antwort, jedenfalls keine deutliche, die mir in Erinnerung geblieben wäre. Später habe ich Ähnliches über die Väter von Freunden und Kommilitonen gehört. Die ganze Generation war ja, soweit sie Krieg und Nachkriegszeit überlebte, wie traumatisiert.

Denke ich an jene Zeit insgesamt zurück, sind mir am stärksten die vielen Flüchtlinge in Erinnerung geblieben. Sie strömten vor allem aus dem Sudetenland nach Bayern, auch nach Oberaudorf. Oft waren es allein stehende Mütter mit mehreren Kindern, unter denen die Not besonders groß war. Wir einheimischen Kinder hatten hier aber keinerlei Berührungsängste, einer meiner besten Freunde war zum Beispiel ein Flüchtlingskind. Ich wusste nur, dass der Krieg diese Menschen aus ihrer Heimat vertrieben hatte, es schien mir ganz natürlich, dass sie bei uns wohnten und hier vielleicht eine neue Heimat fanden. Ich habe später die Integration von Millionen Flüchtlingen in Bayern immer begrüßt und bin auf diese Leistung ganz besonders stolz.

Ich gehörte ja ebenfalls zu den Flüchtlingskindern aus dem Osten.

Ja, ich stelle mir das als ein sehr schweres Schicksal vor, das mir glücklicherweise erspart geblieben ist. Auch von der Teilung unseres Vaterlands habe ich damals kaum etwas mitbekommen. Das wäre auch für ein Kind zu abstrakt gewesen. Von Politik erfuhr ich überhaupt so gut wie nichts, später dann etwas von der Regional-, schließlich von der Landespolitik. Aber das war erst während der Gymnasial- und Studentenzeit.

Sie sind auf dem Land aufgewachsen, Bayern war ja damals und noch lange Zeit später weitgehend ein Agrarland.

Richtig. Hier war die politische Situation, die Sie angesprochen haben, von vornherein eine ganz andere als im übrigen Bundesgebiet. Natürlich ist die Rede vom westdeutschen Rhein- und Ruhrkapitalismus viel zu einfach und ein bloßes politisches Schlagwort. Die CSU war von Anfang an eine Partei der kleinen Leute und ist das bis heute auch im Wesentlichen geblieben. Der Unterschied zur SPD war in den sozialen Fragen immer gering. Wir haben hier allerdings …

… miteinander vereinbart, was woanders Gegensätze waren: »Laptop und Lederhose«?

Das ist eine zwar treffende, doch starke Vereinfachung. Worum es geht, ist die gesamte Infrastruktur, der Ausgleich zwischen Moderne und Tradition, Kultur und Natur, Technologie und Ökologie. Öffnet sich ein Land dem technischen und ökonomischen Fortschritt wie Bayern, wird es allerdings auch mit den Risiken und nicht nur mit den Chancen konfrontiert.

Lassen Sie uns zunächst noch einmal zurückkehren zu den Anfängen der Bundesrepublik. Die Leistungen auch der einzelnen Bundesländer sind unbestritten …

Entschuldigen Sie, aber ich möchte doch den Gedanken zu Ende führen. Bayern hat vor allem unter den Folgen der BSE-Krise zu leiden gehabt. Es hat aber schnell reagiert und Lehren daraus gezogen. Aus Fehlern zu lernen ist immer ein schmerzhafter Prozess, das weiß niemand so gut wie ich. Schadenfreude ist daher alles andere als angebracht. Die Menschen spüren, ob es einem ernst ist oder nicht. Deshalb ist es völlig abwegig, wenn die politischen Gegner den Eindruck erwecken wollen, es handele sich um eine Art von periodisch wiederkehrenden Zufällen, dass die CSU in Bayern immer wieder neu mit überwältigender Mehrheit in der Regierung bestätigt wird. Wir können doch nach einer gewonnenen Wahl nicht einfach sagen: Danke schön, aber wir mögen nicht mehr. Deshalb sagte ich vorhin, öffentliche Verantwortung zu tragen sei keine Frage privater Stimmungen und Launen, im Gegenteil: Die große Zustimmung im Land ist ein kostbares Gut, das jeden Tag neu hart erarbeitet werden muss. In München gibt es so wenig eine Erbmonarchie wie in Düsseldorf, Stuttgart, Hamburg oder Bremen.

Ich glaube auch nicht, dass die Leistung oder die politische Perspektive von 1950 und den zwanzig Jahren danach falsch waren. Sie waren die einzige Alternative zur faktischen Situation des Kalten Krieges. Aber die Nachlebenden sehen die Kosten der Teilung klarer. Wäre das vor zehn Jahren schon so gewesen, hätten wir wahrscheinlich weniger Schwierigkeiten mit der inneren Wiedervereinigung als heute. Gerhard Schröder trat 1998 seine Regierung mit der Parole an: »So viel Routine war nie«!

Mehr war es bis heute ja auch nicht, und mehr wird es auch nicht werden. Statt routiniert gelöster Sachfragen haben wir ein in immer kürzeren Abständen rotierendes Personalkarussell nach dem Motto: Jeder darf mal. Dem ist nur entgegenzusetzen: Da müssen Profis ran! Also nicht Routine im Sinne von Professionalität, sondern ein bloßes Rotieren haben wir. Das schließt die Beliebigkeit, die Indifferenz ein: So viel Gleichgültigkeit gegenüber allen wichtigen Werten war nie!

Damit hängt vielleicht die Frage zusammen: Haben wir nicht alle die Schwierigkeiten der inneren Vereinigung unterschätzt, nicht anders als die der ökonomischen und sozialen auch? Schließlich waren sämtliche Grundwerte, nach denen sich beide deutsche Staaten entwickelt hatten, einander diametral entgegengesetzt: Nicht der Einzelne, sondern die Partei war in der DDR maßgebend, nicht die Familie, sondern das Arbeitskollektiv, nicht der freie Wettbewerb, sondern die zentrale Planung haben die Menschen geprägt.

Dabei haben sie sich viel weniger leisten können als die Menschen im Westen. Das System hat die Früchte der Arbeit aufgezehrt.

Aber es gab kulturelle und soziale Bereiche, in denen auch die Westler hätten lernen können. Menschen, die Jahrzehnte unter einem solchen Druck leben, entwickeln andere, oft subtilere Formen des Denkens und der Wahrnehmung als in einer pluralistischen Gesellschaft mit ihren alles dominierenden Marktmechanismen.

Dafür ist es noch nicht zu spät, im Gegenteil. Die Osterweiterung der EU wird die Frage neuer Werte, Verhaltensmuster und sozialer Symbiosen noch stärker wieder aufwerfen. Ich möchte die »Ossi«- und »Wessi«-Debatten, die Empfindlichkeiten und Ungerechtigkeiten, die es auf beiden Seiten gegeben hat und auch immer wieder geben wird, nicht überbewerten. Das ist eine Folge des Jahrzehnte währenden Kalten Krieges, aus dessen Schatten sich niemand von heute auf morgen befreien kann, nicht nur in Deutschland oder Europa, auch in den USA. Die sich abzeichnende pluralistische Globalgesellschaft wird sich daran messen lassen müssen, wie weit es ihr gelingt, die alten Feindbilder zu überwinden. Oder besser gesagt: Der Feind muss zum Gegner, zum Wettbewerber werden, ähnlich wie beim Fußball, im Sport überhaupt. Der Gegner wird im fairen Wettkampf besiegt, er wird aber nicht vernichtet. Insofern halte ich das, was hier bei uns in Deutschland und Europa geschieht, vor allem auch, wie es geschieht, weltpolitisch betrachtet alles in allem für paradigmatisch. Keiner Weltregion kann es mehr gleichgültig sein, was in den anderen vor sich geht.

Das erfordert aber eine neue Perspektive, die nicht mehr von den Unterschieden oder Gegensätzen ausgeht, sondern von der Gemeinsamkeit: zunächst in der von allen Deutschen zu verantwortenden Niederlage von 1945, sodann in der gemeinsamen Bedrohung durch den atomaren Overkill. Die gilt zwar weltweit, ist aber nirgendwo so augenfällig, so mit Händen zu greifen gewesen wie jahrzehntelang an der innerdeutschen Grenze und an der Mauer in Berlin. Es gibt kein vergleichbares Beispiel in der Weltgeschichte, dass sich zwei derart hoch gerüstete Feinde so auf Tuchfühlung gegenüberstanden – beide wie gebannt und gelähmt, jeder mit einem Vernichtungspotenzial ausgerüstet, das die Erde insgesamt in einen Wüstenplaneten verwandeln kann. Das »Gleichgewicht des Schreckens« – die Tatsache, dass es funktioniert hat, wenn man das überhaupt so formulieren darf, schreiben sich bis heute vor allem die Militärs und die Politiker zu. Die meisten Menschen hatten aber beim Zusammenbruch des Ostblocks wohl eher das Gefühl des Reiters über den Bodensee, den erst im Rückblick auf den hinter ihm liegenden Weg das Grauen überfiel.

Wir sind aber noch keineswegs am rettenden Ufer. Gerade deshalb erscheint die einzige friedliche Weltrevolution, die die Geschichte kennt, im Nachhinein wie ein Wunder. Sie ist ja identisch mit dem Ende der bipolaren Welt. Ich erinnere mich an einen Besuch mit Franz Josef Strauß bei Gorbatschow, zwei Jahre vor der Wende in Moskau. Beide verstanden sich gut. Während des Gesprächs kam die Rede auf die Frage, ob sich das kommunistische System wohl nachhaltig reformieren lasse. Strauß war der Meinung: Nein. Ebenso gut, sagte er, könne man versuchen, Schneebälle zu rösten.

Und? Was antwortete Gorbatschow? Kam die Rede auch auf die Situation der beiden deutschen Staaten? Intern war doch bekannt, dass die DDR bankrott war.

Gorbatschow war natürlich anderer Ansicht, an Einzelheiten erinnere ich mich nicht. Nur dass eine Art Vorhang zwischen den beiden herunterging, als Strauß die deutsche Frage anschnitt, ist mir noch deutlich vor Augen. Gorbatschow meinte etwa dem Sinne nach, das Problem werde irgendwann in der Zukunft die Geschichte selber lösen, zur Zeit sei es aber nicht aktuell. Strauß war da ganz anderer Überzeugung. Ich höre noch, wie er mir sagte: Ich komme mir vor wie der Prophet Moses auf dem Berg Nebo: Ich sehe das Gelobte Land, aber ich werde es nicht mehr betreten. Er hat Recht behalten: Ein Jahr später starb er, ein weiteres Jahr darauf war die Wende da.

Auch Gorbatschow hatte hinsichtlich des Falls der Mauer nicht Unrecht. Es kann doch niemand sagen, das habe irgendjemand geplant und im Griff gehabt. Die Weltgeschichte hängt mitunter an scheinbar lächerlichen Details wie der Pressekonferenz des Politbüro-Mitglieds Schabowski, in der dieser die neuen Reiseerleichterungen bekannt gab, woraus sich dann die Öffnung der Mauer ergab. Es war unklar, ab wann diese Regelungen gelten sollten – da haben sie die Menschen in der Nacht des 9. November 1989 selber in Kraft gesetzt. So konnten wir alle wie vor über zweihundert Jahren schon Goethe bei der Kanonade zu Valmy sagen: Von hier und heute geht eine neue Epoche der Weltgeschichte an, und ihr könnt sagen, ihr seid dabei gewesen.

Die Frage ist, ob wir das Neue dieser Epoche schon begriffen haben. Der Feind ist zwar verschwunden, doch die Denk- und Handlungsschablonen, das Freund-Feind-Denken selbst ist geblieben. Das Inhumane daran ist die Absolutheit. Im anderen, im Gegner, wird nicht der Mensch gesehen, sondern das feindliche Potenzial, das vernichtet werden muss. Es ist dieser »Begriff des Politischen« überhaupt, der sich mit der Epoche des Overkills überlebt hat.

Er stammt vom Staatsrechtler Carl Schmitt aus den Zwanzigerjahren des vorigen Jahrhunderts. Ich habe ihn immer abgelehnt. Auch die Achtundsechziger polemisierten gegen ihn, aber so, dass sie nun Schmitt selbst zum Feind stempelten. Sie bestätigten damit nur das, wovon sie glaubten, sich emanzipiert zu haben. Das hat, wie wir jüngst wieder erfahren haben, auch viele Biografien aus der linken Szene mitbestimmt.

Ich habe Schmitt im Zusammenhang meiner Arbeit über den Widerstandskämpfer Ernst Niekisch persönlich kennen gelernt, ein liebenswürdiger alter Herr, dem man seine messerscharfen Analysen nicht glauben mochte. Er war damals achtzig Jahre und geistig noch sehr rege. Er fühlte sich durch die außerparlamentarische Opposition jener Zeit bestätigt, durch die Situation des Kalten Krieges überhaupt. Dabei verwies er auf den ersten Satz seiner Schrift über den Begriff des Politischen: *»Der Begriff des Staates setzt den Begriff des Politischen voraus.« Mich würde interessieren, wie Sie das sehen.*

Mir ist dieses Denken immer fremd geblieben, zumal ich die theoretische Brillanz nicht von ihren Folgen abspalten kann. Nehmen Sie einen Satz wie: »Souverän ist, wer über den Ausnahmezustand entscheidet.« Der Ausnahmezustand ist der Kriegszustand, ein solcher Souveränitätsbegriff hat mit einer Demokratie nichts zu tun, im Gegenteil. Wir leben dann nicht in einer Zivilgesellschaft, sondern in einer permanenten Bürgerkriegssituation. Die hat es immer wieder in der Geschichte gegeben, so etwa während des Peloponnesischen Kriegs im alten Griechenland oder im hundert Jahre währenden römischen Bürgerkrieg, den erst der spätere Kaiser Augustus in der Schlacht von Actium beendet hat. Aber das ist nicht unsere Situation.

Carl Schmitt sah sich durch die absolute Feindschaft des Kalten Krieges, die jeden Augenblick in die Apokalypse eines dritten Weltkriegs umschlagen konnte, bestätigt. Das wurde vor allem während der Kuba-Krise deutlich. Ich hatte damals meinen Wehrdienst hinter mir und befand mich in Berlin. Dort hielt alles den Atem an. Fast täglich konnte ich bei meinen Gängen an der Mauer in Berlin-Mitte beobachten, wie diese absurde Grenze wuchs und die Trennung immer nachhaltiger wurde.

Sie fragten, wie ich das Feld des Politischen im Vergleich zu Carl Schmitt sehe. Zunächst einmal bezweifle ich, dass das, was wir das Politische nennen, überhaupt auf einen Begriff gebracht werden kann. Die gefährliche Suggestivkraft von Schmitts Analysen liegt darin, dass man auch als Kritiker sich immer schon auf seinem Terrain befindet und damit der Anziehungskraft seiner Thesen nur schwer entgehen kann. Ich bin seit über dreißig Jahren politisch tätig und würde mich weigern, diese Arbeit samt den unterschiedlichen Erfahrungen, die daraus resultieren, in Begriffe und Definitionen zu pressen. Dafür ist die politische Wirklichkeit unserer Zeit viel zu komplex.

Es dürfte aber kaum zu bestreiten sein, dass unsere Welt tatsächlich nach dem Freund-Feind-Schema funktioniert. Insofern befinden wir uns in einer merkwürdigen Situation: Wir spüren, dass wir mit diesem Verständnis von Politik eigentlich nicht mehr leben können, tun es aber trotzdem. Vielleicht sind wir gezwungen, ganz neu die Frage zu stellen: »Was ist Politik?« Oder besser: »Was müsste sie sein, wenn sie an der Schwelle des neuen Jahrtausends den gegenwärtigen und künftigen Herausforderungen gerecht werden soll?« Meine These ist: Wir müssen den Begriff des Politischen von Carl Schmitt umdrehen, nicht weil er von Carl Schmitt stammt, sondern weil die politischen Mechanismen unserer Welt noch immer so funktionieren, wie er sie vor siebzig Jahren definiert hat. Die Umkehr von Schmitts politischem Begriff lautet: Die Voraussetzung aller künftigen Politik ist die Überwindung *des Freund-Feind-Denkens, der* Abschied *vom Feind.*

Das ist dann in der Tat kein Begriff des Politischen mehr, sondern eine Forderung, ein Postulat. Die Gefahr dabei ist, dass ein solches Postulat an der Wirklichkeit vorbeigeht, gerade weil es sie ändern will. Andererseits ist es richtig: Sitze ich mit Vertretern verschiedener Interessengruppen an einem Tisch, komme ich nur zu einem tragbaren Ergebnis der Verhandlungen, wenn niemand »Krieg« führt und den anderen als »Feind« bekämpft. Es geht ja stets um ein bestimmtes Problem, zumeist von erheblicher Kompliziertheit. Freund-Feind-Fixierungen nützen da nichts, sie schaden bloß. Natürlich ergeben sich immer leicht Polarisierungen, die sich selbstständig machen, doch die Aufga-

be besteht darin, derartige Gefahren möglichst früh zu erkennen, die Spannungen zu neutralisieren und produktiv umzusetzen. Ich gebe zu, dass das innenpolitisch leichter ist als in der Außenpolitik. Andererseits stellt sich immer mehr der Eindruck ein, dass die klassische Außenpolitik allmählich zur Weltinnenpolitik wird.
Ich habe das erst wieder bei meiner Reise in den Nahen Osten Ende April 2001 erlebt. Hier dominiert das Freund-Feind-Denken dermaßen alle Bemühungen um Frieden und Sicherheit, dass man sagen könnte: Gelingt in dieser Region ein dauerhafter Frieden, sind wir einen großen Schritt auf dem Weg vorangekommen, uns vom Feind als solchem zu verabschieden.

Ich möchte in diesem Zusammenhang an eine berühmte Begegnung erinnern, die in den Kontext von Weizsäckers Gesprächsschema »Geist« und »Macht« gehört. Sie kann bei der Frage »Was ist Politik?« hilfreich sein. Die Begegnung liegt fast zweihundert Jahre zurück, doch Geschichte ist ja nichts Totes, im Gegenteil. Entsprechend befragt, zeigt sie uns Perspektiven, die gerade nicht in die Vergangenheit, sondern voraus in die Zukunft weisen:
Erfurt 1808. Kaiser Napoleon beherrscht nahezu ganz Europa. Auf dem so genannten Fürstentag huldigt ihm alles, was Rang und Namen hat. Goethe hat im benachbarten Weimar die Ereignisse seit der Französischen Revolution von 1789 nicht nur kritisch, sondern leidgeprüft begleitet. Nationale Gefühle, wie sie erst in den Jahren darauf als Folge der napoleonischen Herrschaft aufkamen, waren ihm fremd. Der von Ihnen erwähnte

Ausspruch nach der Kanonade von Valmy zeigt, dass Goethe über die tagespolitischen Ereignisse hinaus den tiefen Einschnitt in der Geschichte damals erkannt hat: Alle politischen Ideen und Institutionen, die ökonomischen, technischen und wissenschaftlichen Voraussetzungen der Moderne gründen in der zweiten Hälfte des achtzehnten Jahrhunderts.

Goethe war aber alles andere als ein Freund der Revolution. Dazu hätte er ihre ungeheuren Opfer legitimieren müssen, wozu er aber im Rahmen seiner Überzeugung von Humanität nicht bereit war.

Das ist richtig. An Napoleon hatte er ja begrüßt, dass er die Revolution für beendet erklärt hatte. Die napoleonischen Kriege, die sich ihr anschlossen, hat er allerdings ebenso abgelehnt. Als er nun hörte, dass ihn der französische Kaiser empfangen werde, stellte er sich ihm am 2. Oktober 1808 vor. Für Napoleon wie für die meisten Zeitgenossen im In- und Ausland war Goethe der jugendliche Dichter des Werther, *den Napoleon mehrfach gelesen hatte. Die Begegnung dauerte auch nicht lang, zumal der Kaiser während der Audienzen seine Regierungsgeschäfte fortzusetzen pflegte. Er war stets auf mehreren Ebenen präsent. Goethe hat die Begegnung selber kurz und nüchtern beschrieben: Es geht um die Kunst, die Dichtung, um den Stoff für Dramen und Tragödien, die nach der Überzeugung Napoleons nicht aus der Geschichte, sondern aus der Gegenwart genommen werden müssen. In diesem Zusammenhang fällt der berühmte Satz: »Die Politik ist das Schicksal.«*

Die Frage ist, was er mit »Schicksal« gemeint hat. Auch Napoleons Gegner haben betont, dass der große Korse nicht nur ein Willens-, sondern ein Verstandesmensch war, wie es ihn in der Geschichte sonst nicht gegeben hat. Dass das Schicksal der Menschen auch von anderen als rationalen Mächten bestimmt sein könnte, war für ihn nicht von Interesse. Es hat seine Überlegungen und Aktionen jedenfalls nicht bestimmt.

Ich habe mir den entsprechenden Absatz notiert. Goethe schreibt: »So kam er – Napoleon – auch auf die Schicksalsstücke (der französischen Dramen) mit Missbilligung. Sie hätten einer dunkleren Zeit angehört. Was, sagte er, will man jetzt mit dem Schicksal? Die Politik ist das Schicksal.«

Das meine ich: Es handelt sich hier nicht um das antike Fatum, das unbeeinflussbar auf tragische Weise über die Menschen verhängt ist. Vermutlich hätte Napoleon auch auf die Frage, ob er an ein Wirken Gottes in der Geschichte glaube, ungeduldig die Achseln gezuckt und gesagt, dafür gäbe es nicht die geringsten Anhaltspunkte, das müssten die Menschen schon selber besorgen. Genau in diesem Sinne müssten sie politisch werden und künftig ihr Schicksal in die eigenen Hände nehmen. Und das ist eine Forderung, die heute mehr denn je gilt. Angesichts der Weltkriege des letzten Jahrhunderts und der globalen Krisen, mit denen wir es zu tun haben, können wir uns, was die Politik angeht, nicht mehr auf einen Weltenlenker berufen und uns damit aus der Verantwortung entlassen. Wie dagegen der Einzelne sein persönliches Schicksal empfindet, ob er sich von Gott geführt und gehalten weiß, steht auf einem anderen Blatt.

Insofern war Napoleon ein moderner Mensch.

Zweifellos. Er hätte aber nach meiner Überzeugung Gott auch nicht geleugnet. Dafür war er zu intelligent. Es darf andererseits jedoch auf keinen Fall der Eindruck entstehen, Napoleon könne für uns Heutige auf irgendeine Weise politisch als Vorbild gelten. Er hatte zwar eine konkrete Vision von der Einheit Europas, versuchte diese jedoch mit den Mitteln der militärischen Despotie durchzusetzen. Zwar hatte er erkannt, dass die Menschen mit der neuen Epoche in anderen als den bisherigen geschichtlichen Dimensionen denken lernen müssten, er selbst aber orientierte sich noch an den alten Vorstellungen französischen Hegemoniestrebens.

Aus den Befreiungskriegen gegen Napoleon erwächst ja erst das, was wir seitdem Nation nennen. »Was ist des Deutschen Vaterland?« lautete die Frage von Ernst Moritz Arndt. Sie sprach vielen Deutschen damals aus der Seele, sodass kein Zweifel über die Antwort bestehen konnte: Ein Deutschland in Frieden und Freiheit. »Die Freiheit, das ist die Nation«, so der andere Dichter jener Zeit, Ferdinand Freiligrath. Das war zwar gegen die napoleonische Fremdherrschaft gerichtet, bedeutete aber zugleich ein Votum für alle jene Rechte und bürgerlichen Freiheiten, die heute unter dem Begriff des »Verfassungspatriotismus« bekannt sind. Die jüngste Diskussion um die so genannte Leitkultur krankte ja nicht zuletzt an der mangelnden Kenntnis historischer Zusammenhänge.

Ich möchte diese Diskussion hier auch nicht wieder aufnehmen, obwohl es zehn Jahre nach der Einheit und unter den Bedingungen der globalisierten Welt kein Wunder ist, wenn die Deutschen am Beginn des einundzwanzigsten Jahrhunderts wieder neu zu fragen beginnen: »Was ist des Deutschen Vaterland?« Schon 1989/90 haben uns die ostdeutschen Landsleute gelehrt, wie wichtig und modern diese Frage in einer gewandelten Welt ist. »Die Freiheit, das ist die Nation«, zitieren Sie Freiligrath – Nation und Freiheit waren für die Revolutionäre von 1848/49 eine Einheit. Allerdings sind hier auch die Wurzeln des modernen Nationalismus zu suchen, was nicht vergessen werden darf.

Vom früheren Bundespräsidenten Gustav Heinemann wird kolportiert, er habe in diesem Zusammenhang gesagt: »Ich liebe nicht mein Vaterland, ich liebe meine Frau.«

Ich weiß nicht, ob das stimmt. Wenn ja, handelt es sich um ein klassisches Missverständnis. Beides schließt sich doch nicht aus, sondern ein, nicht anders als Privat- und Amtsperson.

Der junge Goethe hat die Frage auf eine ganz eigene Weise beantwortet: »Da, wo wir lieben, ist Vaterland.«

Da spricht der Weltbürger, den wir heute vielleicht neu entdecken müssten, um von ihm zu lernen, dass die Liebe zur Heimat, zu jener engeren Region, aus der wir stammen, in der wir leben und arbeiten, der Liebe zu den größeren Einheiten nicht widersprechen muss. Von der Heimatregion zur Weltregion als Heimat, vom Staatsbürger zum Weltbürger – ich glaube, nur so geht der Weg, nicht umgekehrt. Wer überall und nirgends verwurzelt ist, kann nicht erfahren, was Bindung heißt. Sie bedeutet nicht Fessel, sondern Verbundenheit mit dem, woher man stammt. Das ist nicht nur das Land, die Natur, sondern die Kultur, die Sprache, die Geschichte. Bayern hat eine rund tausendfünfhundertjährige Geschichte, die eingebettet ist in die Deutschlands und Europas. Wer nicht weiß, woher er kommt, kann auch nicht sagen, wohin er geht.

Einheit, Frieden und Freiheit – das ist auch heute noch jene Trinität, ohne die Politik als Schicksal, als geschichtliche Aufgabe, nicht möglich ist. Wir müssen uns diese Dreieinigkeit nun aber im Horizont jener Vision der »One World« vor Augen führen, von der vor rund sechzig Jahren der amerikanische Präsident Theodore Roosevelt gesprochen hat. Im Kosovo-Konflikt auf dem Balkan haben wir wieder einmal gesehen, wie weit wir in Europa von einem zuverlässigen Krisenmanagement entfernt sind. Manchmal gewinnt man den Eindruck, als hätten das die früheren Generationen besser gemacht als wir. Denken Sie an die Habsburger Monarchie, die jahrhundertelang diese Region als Vielvölkerstaat regiert und weitgehend befriedet hat. Als die Tito-Herrschaft auf dem Balkan zusammenbrach, wusste man im Westen seit langem, dass die gesamte Region kollabieren könnte. Man fragt sich, was die westlichen Krisenstäbe eigentlich machen, außer sich selber zu verwalten.

Das lässt sich nicht so einfach kurzschließen. Die großen Demokratien haben sich durch schmerzhafte historische Prozesse Kontrollmechanismen erarbeitet, die oft schwerfällig und uneffektiv erscheinen mögen, die aber unverzichtbar sind. Außerdem befinden sich die nationalen Regierungen einer Demokratie in ständigem Rechtfertigungszwang gegenüber ihren Bürgern, dem die transnationalen Zusammenschlüsse nicht oder nur unvollkommen unterworfen sind. Das gilt auch noch für Europa. Solange sich das nicht grundlegend ändert, haben hier die Medien jene besondere kritische Funktion, über die wir schon gesprochen haben.

Die Medien machen aber inzwischen selber Politik, nicht so sehr im Sinne der Parteipolitik als in der Darstellung dessen, was der Öffentlichkeit als Realität verkauft wird. Diese enthält durch die ständig zunehmende Beschleunigung der Informationsverarbeitung einen so hohen Grad von Irrealität, dass auch die Politik, die sich im Zentrum der medialen Flimmerzone befindet, zu keiner stabilen Konstitution finden kann. Es ist, als hätte sich neben den drei klassischen Gewalten der Judikative, Legislative und Exekutive eine vierte Macht, die »Mediative«, etabliert. Sie produziert jenes virtuelle Weltbild, das dann als Realität erscheint, während die Realität zur »Einbildung« wird. Zuletzt könnte so die Demokratie zur »Mediokratie« verkommen.

Ich verstehe Ihre Kritik, zumal ich als Politiker immer wieder selbst direkt betroffen bin. Aber ich möchte doch festhalten, dass wir insgesamt eine vielfältige Medienlandschaft haben, die mit unabhängigen Köpfen und Redaktionen einen wichtigen Beitrag zur Demokratie leistet. Es wäre daher ungerecht, wenn man bestimmte bedenkliche Erscheinungen den Verantwortlichen pauschal zum Vorwurf machen würde. Die überwiegende Mehrzahl der Journalisten bemüht sich um genaue Analysen und entsprechende Kommentierung, das ist überhaupt keine Frage. Und gerade diese Journalisten sind es zumeist auch, die mit wachsendem Unbehagen und entsprechender Kritik auf die Fehlentwicklungen reagieren.
Problematisch ist vor allem die Überlagerung der politischen Berichterstattung durch die Unterhaltungsbranche, die eine Tendenz zum Infotainment hervorruft. Wenn der Unterhaltungswert zum entscheidenden Kriterium wird, hat das natürlich gravierende Auswirkungen auf Darstellungsweise und Themenauswahl. Das gilt vor allem für das Fernsehen. Kommt noch der telegerechte Zwang zur Komprimierung und Verkürzung hinzu, weil dem Zuschauer angeblich keine Bild- und Wortsequenzen von mehr als dreißig Sekunden Dauer zuzumuten sind, entsteht die Gefahr, dass die Komplexität der Wirklichkeit ausgeblendet wird und sich reale und virtuelle Welt ununterscheidbar vermischen. Die Äußerung in einem Interview oder einer Pressekonferenz wird mitunter so verkürzt wiedergegeben, dass sie dementiert beziehungsweise kommentiert werden muss. Auch dieser Kommentar geht durch viele Köpfe, wird bearbeitet und reflektiert und hat schließlich mit der Ausgangsnachricht, die den Bürger nur

selten erreicht, kaum noch etwas zu tun. Die »Mediative« ist keine vierte Gewalt neben den drei anderen, sondern eine neue Macht, die die klassischen durchgreift und verändert. Wir müssen aufpassen, dass sie die Trennung der anderen Gewalten nicht wieder aufhebt.
Eines ist jedoch klar: Es gibt das Recht auf freie Meinungsäußerung, auch die Informationspflicht seitens der Medien. Aber es gibt kein Recht auf Sensation und keine Pflicht zur Unterhaltung, sonst würde in der Tat die Demokratie von der »Mediokratie« abgelöst. Wir haben heute wie bei jeder revolutionären Technologie noch zu wenig Distanz zur Medienwelt, nicht nur die Produzenten, auch die Konsumenten. Zudem ändert sich die Situation im Bereich der Informationstechnologien von Jahr zu Jahr. Aber das wird sich beruhigen und ausbalancieren. Was mir als sicher erscheint, ist, dass wir hier zu einer Form stärkerer Selbstkontrolle finden müssen, die die heutigen Verwerfungen glättet. Ich bin zuversichtlich, dass die Medien dann das werden, was sie wörtlich genommen ja eigentlich sind: Medium, Mittel der Gesellschaft, also Instrument und nicht Zweck, der zum Selbstzweck wird.

Ein Mittel der Politik?

Ein Instrument zur Information und Urteilsbildung. Die Medien erzeugen ein Bild, das Wirklichkeit wiedergeben soll. Es kann aber nur Ausschnitte zeigen, niemals die ganze Realität. Heute wird Politik zu stark *für* die Medien gemacht. Doch in einer Demokratie geht es um argumentative Diskussion, nicht um Stimmungsbilder und Akklamation. Auch in der Mediendemokratie muss das so sein.

Sie verlangt keineswegs weniger, eher mehr Verantwortlichkeit, sowohl bei den Politikern wie von den Medienvertretern. Schließlich geht es um die »Polis« insgesamt, um die Gemeinschaft der Bürger, so wie sie vor zweieinhalbtausend Jahren schon von den Griechen gedacht worden ist.

Politik im Sinne der griechischen Polis? Von dort stammt ja nicht nur das Wort »Politik«, sondern alles, was wir damit verbinden. Die Polis symbolisierte in den Stadtstaaten Athen, Theben oder Korinth die soziale Gemeinschaft schlechthin. Außerhalb ihrer gab es zwar andere Völker, aber das waren »Barbaren«. Diese verfügten nicht über die Möglichkeit humanen Daseins im Sinne öffentlicher Verantwortlichkeit. Der heutigen Globalisierung des Markts, der Ökonomie, der Technik, der Wissenschaft müsste künftig die Globalisierung des Bewusstseins folgen. Aber nicht bloß als Spiegel der Medienwelt, sondern im Sinne globaler Verantwortlichkeit.

Das wäre in der Tat jene Aufgabe, die sich aus dem Satz »Die Politik ist das Schicksal« ergibt. Denn wenn wir, die menschliche Spezies, verantwortungsbewusst unser Schicksal auf dieser Erde selber in die Hand nehmen und gestalten wollen …

… müssen …

… gut: müssen, so ist die dringlichste Aufgabe in der Tat die Globalisierung des Bewusstseins. Wir müssen ein neues Gefühl, und ich sage bewusst »Gefühl«, für die Vernetzungen, die Wechselwirkungen, die Interdependenzen in unserer Welt entwickeln. »Global Village« – ob das Dorf die Welt ist oder die Welt zum Dorf wird, an der Verantwortung für das Gemeinwesen ändert sich prinzipiell nichts.

Da die Globalisierung zum Schlagwort für Markt und Ökonomie geworden ist, wäre vielleicht Ernst Jüngers Formulierung vom »planetarischen Bewusstsein« besser. Der Planet ist die Erde selbst, der Globus das künstliche Bild, das wir uns von ihr gemacht haben. Müssen wir den »Weltstaat« ins Auge fassen?

Von einem Weltstaat halte ich nichts, er ist eine schlechte Utopie. Eine Weltzentrale bedeutet eine Weltdiktatur – ein Albtraum. Das Ordnungsmodell »Staat« lässt sich überhaupt nicht direkt auf die gesamte Erde übertragen. Es hat sich als Territorialstaat mit dem Beginn der Neuzeit im sechzehnten/siebzehnten Jahrhundert samt allen politischen und staatsrechtlichen Implikationen herausgebildet. Heute, vierhundert Jahre später, erleben wir, wie sich dieser neuzeitliche Territorialstaat aus der Geschichte wieder zu verabschieden beginnt, nicht aber der Staat selbst samt den Nationen, wie sie sich im neunzehnten und zwanzigsten Jahrhundert ausgebildet haben.

Das gilt auch für das neuzeitliche Denken, die Philosophie und die Wissenschaft. Vor Jahrzehnten, ich glaube, bald nach dem zweiten Weltkrieg, kam eine Schrift des katholischen Philosophen Romano Guardini mit dem Titel Das Ende der Neuzeit *heraus. Wir sprechen ja seit langem von der »Postmoderne« und wollen damit sagen, dass auch die Moderne, die vor gut zweihundert Jahren mit der Französischen Revolution begann, bereits wieder zu Ende gegangen ist, einschließlich ihrer politischen, gesellschaftlichen, ökonomischen Wertvorstellungen, Denkmuster und Institutionen.*

Ein Einschnitt also wie am Beginn der Neuzeit? Lassen Sie mich zunächst noch beim Ordnungsmodell »Staat« verweilen. Die Institutionen unserer Demokratie stammen aus der bürgerlichen Revolution von 1848, die gescheitert ist. Sie haben sich auf Dauer erst hundert Jahre später mit der Gründung der Bundesrepublik durchgesetzt, dann aber auch nachhaltig etabliert. Wir sehen denselben Ansatz bei den Vorstellungen von Europa. Auch hier wird es nicht, soweit wir überhaupt in die Zukunft blicken können, einen europäischen Einheitsstaat geben. Ich halte ihn auch gar nicht für wünschenswert.

Nach dem historischen Modell von 1848 sind auch die Vereinten Nationen als Weltparlament gegründet worden. Die Vereinten Nationen haben viel Konstruktives bewirkt, vor allem im Bereich der zahlreichen Unterorganisationen. Sie haben im Gegensatz zum Genfer Völkerbund eine politische Weltöffentlichkeit geschaffen, vor allem in den ersten drei Jahrzehnten ihres Bestehens. Aber sie können heute weniger denn je als Weltexekutive, -legislative oder -judikative fungieren, und zwar deshalb nicht, weil es »die Welt« als politisch handelndes Subjekt nicht gibt und auch nicht geben wird. Insgesamt setze ich auf das föderative, pluralistische Modell der Weltregionen, die ihre geographische, politische und geschichtlich-kulturelle Identität selber mitbringen und sich diese nicht von irgendwelchen ideologischen Planungstheoretikern abstrakt überstülpen lassen. Vielleicht kommen wir später noch darauf zurück, Amerika – Europa/Russland – Asien: Die Zukunft gehört nach meiner Überzeugung der tripolaren Welt, deren drei große Gravitationsfelder in einem hochkomplexen Beziehungs- und Abhängigkeitsgeflecht zueinander stehen. Für uns ist aber auf lange Sicht noch die nordatlantische Partnerschaft der entscheidende Ausgangspunkt aller sicherheitspolitischen Überlegungen.

Die tripolare Welt – was ist mit Indien und Australien, vor allem mit Afrika?

Die Frage ist berechtigt. Afrika ist ein Kontinent von komplizierter Struktur. Niemand vermag vorauszusehen, wie sich hier die Spannungen zwischen Nord und Süd, West und Ost ausgleichen werden. Eines ist aber keine Frage: Schon wegen seiner kolonialen Vergangenheit hat Europa auch hier eine besondere Verantwortung.
Bei Indien und Australien sprechen wir ebenfalls von Kontinenten. Ich glaube, beide werden sich so der tripolaren Welt zuordnen, dass ihre Eigenständigkeit außer Zweifel steht. Ich will aber noch einmal betonen: Die tripolare Welt bedeutet keine Herrschaftsordnung, im Gegenteil. Es handelt sich bei den Weltregionen um geographisch-ökonomische Zuordnungen, wie sie sich im regionalen Maßstab überall schon ausgebildet haben und weiterhin ausbilden werden. Roosevelts »One World« konstituiert sich ja schließlich nicht irgendwie, sondern in und durch diese drei großen Weltregionen. Und das ge-

schieht nach dem Prinzip der integrativen Kooperation, davon bin ich fest überzeugt.

Ich möchte einen Augenblick innehalten und zurückschauen: »Die Politik ist das Schicksal« – Walther Rathenau hat den Satz nach dem ersten Weltkrieg modifiziert und gesagt: »Die Wirtschaft ist das Schicksal.« Ebenso gut könnten wir heute formulieren: Die Wissenschaft und die Technik sind unser Schicksal. Das alles sagt im Grunde dasselbe: Die Menschen sind an einem Punkt der humanen Evolution angekommen, an dem sie ihr Schicksal selber gestalten, das heißt verantworten müssen. Gott ist kein Lückenbüßer, auf den man sich immer dann beruft, wenn etwas schief zu laufen beginnt. Er ist auch keine Versicherungspolice, die uns erlaubt zu sagen: Er wird es schon richten, wir können uns ruhig zugrunde richten.

Bisher hat Entwicklung und Überleben der Gattung die Natur, die Evolution besorgt. Das ist nun anders. Zum ersten Mal in der Geschichte verfügt der Mensch über die Macht, sich und seine Welt im Ganzen zu vernichten, gleichviel auf welchem Wege. Da wir dies nicht mehr einem Fatum zuschreiben können, müssen wir selber die Verantwortung dafür übernehmen. Tun wir dies, bedarf es einer »Metanoia«, einer Umkehr der ganzen »Seele«, wie Platon in seinem berühmten Höhlengleichnis ausgeführt hat. Wenn nun Politik zu unserem eigenen Schicksal geworden ist, müssen wir dies nicht nur erkennen, sondern auch annehmen, verantworten, einschließlich sämtlicher Fehlentwicklungen. Diese Verantwortung ist global, ob wir nun von einem Weltstaat oder der planetarischen

Polis sprechen. Die Art und Weise, wie wir die Verantwortung übernehmen, heißt jedenfalls Politik: Welt-Politik. Dabei müssen wir uns klar machen, dass für die gesamte Erde gilt, was wir bisher nur von den alten Städten kannten: Der Markt ist in der Stadt, nicht umgekehrt. Das gilt auch vom Weltmarkt: Er liegt in der globalen Polis, nicht die Polis im globalisierten Markt. Nicht anders der »Markt« der Meinungen und Überzeugungen, der Ethik und der Wissenschaft. Die globale Polis umfasst die gesamte Sphäre dessen, was wir tun und denken, auch was wir nicht tun, verdrängen oder unterlassen. Die Erde im Ganzen ist unser »Oikos«, unser Lebensraum.

Wenn wir auf eine tripolare Welt zusteuern, so lassen sich dieser »Triade« drei entsprechende weltpolitische Perspektiven zuordnen, nämlich die Trias Frieden, Einheit, Freiheit. Sie wird schon in der Präambel des Grundgesetzes genannt. Neu ist lediglich ihre weltgeschichtliche Dimension, denn sie gilt heute für den Planeten insgesamt. Allerdings handelt es sich dabei nicht nur um äußere Werteperspektiven, sondern auch um innere Orientierungen, die jeden Einzelnen von uns betreffen. Ob jemand mit sich im Krieg liegt oder mit seinem Leben Frieden gemacht hat, bedeutet einen großen Unterschied. Er ist dann entweder mit sich und der Welt zerfallen, wie wir zu sagen pflegen, oder mit sich im Reinen, also einig, und das bedeutet: innerlich frei. Mit anderen Worten: Die Welt sieht so aus, wie wir selber sind. Sie trägt unser Gesicht, gleichviel ob sie die Züge des Menschen zeigt oder bloß eine Karikatur davon.

Ich glaube, die Einsicht in die Wechselwirkung zwischen Welt und Mensch ist dabei entscheidend. Aber ich kann dem allen nur rational folgen, nicht emotional. Nüchtern betrachtet war die humane Evolution immer eine Geschichte gegen die Wahrscheinlichkeit des Überlebens. Ich glaube, dass wir den Mut zur Verantwortung, die Kraft zum Handeln nur deshalb finden, weil es Hoffnung gibt. Das ist jene Macht, die wir im Spiegelbild der Zivilisation nicht sehen können und die doch vorhanden ist. Ich will damit auf keinen Fall bestreiten, dass wir künftig auf ganz neue Weise dafür einstehen müssen, was wir tun und denken, auch unterlassen oder verdrängen. Denn es ist in der Tat evident: Die Folgen unseres Denkens und Handelns bestimmen heute immer nachhaltiger die Welt von morgen. Aber ohne Hoffnung können wir die gewaltigen Aufgaben nicht bewältigen. Was ich eigentlich sagen will, ist: Die Hoffnung ist für die Christen jene Kraft, die alles menschliche Tun und Denken trägt.

Das würde bedeuten, dass diejenigen, die verzweifeln, resignieren, sich abkehren oder verdrängen, blind wären. Sie glichen blinden Passagieren auf der Reise durch die Zeit. Blicken wir aber mit den Augen der Hoffnung auf unsere Welt, sehen wir sie so, wie sie wirklich ist. Wir erkennen dann, dass wir seit fünfzig Jahren im Zeitalter des Overkills leben und ebenso lange an seinen Krisensymptomen herumdoktern, ohne dem Weltfrieden einen Schritt näher gekommen zu sein. Wir haben heute ein Vielfaches der Atommächte wie vor fünfzig Jahren. Die Atombombe ist sogar zu einem Statussymbol für aufstrebende Großmächte geworden, von den B- und C-Waffen zu schweigen. Das zeigt, dass wir in Wahrheit nicht wissen, was wir tun, oder aber nicht tun, was wir wissen. Wir können die Erde zwar zu einem »schwebenden Grabhügel« machen, wie Nietzsche vor hundertzwanzig Jahren gesagt hat, zu einem wirklichen »Oikos«, einem Lebens-Raum, aber offensichtlich nicht. Die riesige akkumulierte Macht wirkt bisher wesentlich destruktiv, nicht konstruktiv. Wir müssen daher von einer Ohnmacht gegenüber unserer Macht sprechen, und das heißt konkret: Ohne Frieden gibt es weder Einheit noch Freiheit, weder Wohlstand noch Gerechtigkeit, ohne ihn gibt es künftig überhaupt keine Politik. Nicht einmal die Spiel- und Spaßgesellschaft hat eine Überlebenschance. Der Frieden ist mithin die Bedingung aller Bedingungen auf unserem kranken Planeten, die Conditio sine qua non.

Dem stimme ich zu, beharre aber darauf, dass wir uns dieser Einsicht nur stellen können, wenn unsere Grundhaltung nicht Resignation, sondern Hoffnung ist. Die Resignation macht blind, die Hoffnung sehend – sie macht vielleicht sogar weitsichtig.

»Apocalypse now«?

In den Siebzigerjahren gab es einen amerikanischen Film mit dem Titel »Apocalypse now«. Er zeichnete ein kritisches Bild des Vietnamkriegs und hat auf die Achtundsechziger-Generation stark gewirkt. Haben Sie ihn gesehen?

Nein, aber ich erinnere mich an den Titel, der dann zum Repertoire antiamerikanischer Schlagworte gehörte. Ich habe mich mit dem bei den Linken immer wieder aufkommenden Antiamerikanismus schon deshalb nie anfreunden können, weil er die politischen Realitäten nicht zur Kenntnis nimmt. Er vergisst, dass er selber ohne die Amerikaner gar nicht möglich wäre. Denn er setzt den Schutz der Freiheit und die Sicherheit unserer Demokratie durch die amerikanischen Verbündeten während des Kalten Krieges voraus. Es gab nach 1945 keinen Sonderweg der Deutschen irgendwo zwischen Ost und West. Ich würde sogar umgekehrt sagen: Wenn die schrecklichen Erfahrungen von 1933 bis 1945 einen Sinn haben, dann den der endgültigen Integration der Deutschen in die freiheitlich-demokratischen Völker Europas und der Welt. Sonst wären die ungeheuren Opfer umsonst gewesen. – »Apocalypse now« musste ich nicht im Kino sehen. Wir Deutschen haben sie erlebt, und ich als heranwachsender Bub immerhin das Nachbeben noch.

In den Siebzigerjahren mischte sich die Militanz der Vietnamgegner mit den radikalen Kräften der so genann-

ten Außerparlamentarischen Opposition und der »Friedensbewegung«. Das wurde an den biografischen Verwerfungen grüner Spitzenpolitiker in jüngster Zeit wieder deutlich. Immerhin war Frieden damals noch ein Thema, das ein weites Echo in der Bevölkerung fand. Wenn man gegen die Rüstungs- und Militärpolitik war, hieß das nicht, dass man gegen die Amerikaner als solche war. Schließlich waren die Amerikaner selber tief gespalten. Vielleicht war man gerade für die Amerikaner, wenn man gegen ihre Interventionspolitik war? Heute wissen wir ja längst, dass der Vietnamkrieg für die USA ein ebensolches Desaster war wie der Afghanistankrieg für die ehemalige UdSSR. Auch der Golfkrieg erregte vor zehn Jahren noch die Gemüter, im Kosovo-Konflikt war das anders.

Ich möchte nicht missverstanden werden: Wenn Menschen sich für den Frieden engagieren und sie tun dies mit den Mitteln friedlicher Demonstration, so halte ich das nicht nur für legitim, sondern für eines der wichtigsten politischen Rechte unserer Zeit. Das Schlimmste, was einer Demokratie passieren kann, ist das Desinteresse ihrer Bürger an den Ereignissen in der Welt. Durch die tägliche Allgegenwart der Medien ist aber genau das die Gefahr. Es ist dem Einzelnen nicht mehr möglich, diese Überproduktion an Informationen und Sensationen zu verarbeiten. Er schaltet ab und nimmt nur noch das Dauerflimmern der News wahr, die ihm als solche nichts mehr sagen. Auf der anderen Seite der bunte Schein der Spiel- und Spaßgesellschaft, wie Sie sie nennen, die zunehmend auch die Fragen der Politik zur Unterhaltung verkürzt. Was allerdings den Kosovo-Krieg angeht, so halte ich ihn mit den anderen Konflikten, die Sie erwähnt haben, nicht für vergleichbar.

Etliche von denen, die damals zu der unruhigen, auch gewaltbereiten Jugend der Achtundsechziger gezählt haben, sitzen nun selber an den Schalthebeln der Macht. Für die Grünen bedeutete der Kosovo-Krieg eine Zerreißprobe innerhalb der Partei entlang der Bruchlinie von »Fundis« und »Realos«. Von heute her gesehen ein Nachhutgefecht: Die »Falken« setzten sich gegenüber den »Tauben« durch.

Die Bezeichnung »Falken« halte ich hier für deplatziert. Die klare Haltung Deutschlands im Kosovo-Konflikt, die mit Ausnahme der PDS von allen Fraktionen des Bundestags geteilt wurde, ist und bleibt eine der wenigen Entscheidungen der Bundesregierung, die ich grundsätzlich für richtig halte. Wenn hier gezögert und gewackelt worden wäre, hätte das politisch wie psychologisch verheerende Folgen gehabt; zuerst auf dem Balkan, dann innerhalb des Bündnisses selbst. Manche hielten den Einsatz ohne klares Mandat der UNO völkerrechtlich für fragwürdig, weil sich hier Wollen und Sollen nicht zu decken schienen. Aber wann ist das in der Politik der Fall? In der Regel läuft es auf ein gewissenhaftes Prüfen des Für und Wider, auf eine sorgfältige Güterabwägung hinaus. Dann muss gehandelt werden. Gegenüber Gewalt, Folter und Massenvertreibung kann es keine Berufung auf das Nichteinmischungsprinzip in die inneren Angelegenheiten eines Staates geben. Schließlich basiert das Völkerrecht auf dem

Humanitätsprinzip, das es durchsetzen soll. Vielleicht sollte jemand den Kanzler an die Haltung der PDS vor zwei Jahren erinnern, wenn er heute schon an die sonstigen Diskrepanzen zwischen der SED-Nachfolgerin und den übrigen Parteien im Deutschen Bundestag nicht zurückdenken mag. Seine Aufgabe wäre hier nicht, mit der äußersten Linken zu koalieren, sondern deren Wähler so in die SPD zu integrieren, wie das die Union auf der rechten Seite des Parteienspektrums getan hat. Das zeigt einmal mehr: Gerhard Schröder will nicht Politik gestalten, sondern seine Macht erhalten.
Doch das nur nebenbei. Vielleicht war der Kosovo-Konflikt ein Beitrag zur Wende innerhalb der Völkerfamilie, ich meine in dem Sinn, dass die Weltgemeinschaft dergleichen künftig nicht mehr dulden wird, weil sie es sich nicht leisten kann. Im eigenen Haus Europa danebenstehen und zuschauen – dafür habe ich kein Verständnis. Diskutieren kann man mit Recht nur die Frage, warum erst so spät reagiert wurde.

Lassen Sie uns einen Augenblick bei Europa verweilen. Das Thema ist eine fast unendliche Geschichte. Wächst hier wirklich zusammen, was zusammengehört, oder driftet es wieder auseinander?

Ohne dass wir hier schon erörtern könnten, wie Europa im Einzelnen reformiert werden müsste, möchte ich betonen: Wir brauchen einen klaren Bauplan für das europäische Haus insgesamt. Andernfalls wurschtelt oder wuchert sich Europa bloß durch. Was dann entsteht, ist eine konzeptionslose, immer weiter gehende Zentralisierung der Bürokratie, die die Handlungsfähigkeit der Nationen, der Regionen weiter einschränkt.

Das »Haus Europa« – eigentlich eine statische Vorstellung.

Immerhin sollte klar sein, dass ein Haus von unten nach oben, nicht umgekehrt gebaut werden muss. Im globalen Wettbewerb haben wir die einmalige Chance, unseren Kontinent zu einer Art Modell auszubauen, indem wir die grundlegende Frage von Einheit und Vielheit neu durchdenken und vielleicht paradigmatisch für andere Weltregionen lösen – jedenfalls für eine mittelfristig absehbare Zeit. Wir bekämen so einen Wettbewerb in Sachen Integration. Vor allem in Amerika und in Asien wird aufmerksam verfolgt, wie wir Deutschen, aber auch die Europäer insgesamt ihre Einheit gestalten.

Dann wären die Bausteine die Nationen: Europa der Vaterländer?

Ich möchte noch weiter in die Geschichte zurückgehen: Die Grundbausteine sind die Regionen. Frage ich nach dem Ursprung Europas, so kann ich nicht sagen: Er liegt in Griechenland oder in Italien. Europa speist sich neben der griechischen Philosophie und der jüdisch-christlichen Religion aus vielen Quellen. Beispielsweise aus dem römischen, aber auch aus dem germanischen Recht.

Ich meine, der Ursprung Europas lässt sich recht genau lokalisieren, im tiefsten Grunde liegt er in der gesamten

Mittelmeerregion. Vielleicht kann man sagen: Europa ruht auf drei Säulen, für die symbolisch die Städtenamen Athen, Rom, Jerusalem stehen. Athen steht für Kunst und Wissenschaft, Rom für Recht und Politik im weitesten Sinn, und Jerusalem verweist auf alles, was mit dem Glauben und den daraus resultierenden Werten zu tun hat. Liegt nicht hier der Grund für all jene Überzeugungen, die tradiert, konserviert, bewahrt werden sollen?

Was die Werte angeht, ohne Zweifel. Aber lassen Sie uns auf das Europa von heute zurückkommen. Wir sprechen vom Europa der Nationen und Regionen. Ich halte den Begriff der Region, wie gesagt, für zentral. Gerade weil es um die Menschen geht, nicht um Institutionen. Diese kommen erst in zweiter Linie.

Menschen sind nicht nur denkende und handelnde, sondern vor allem auch fühlende Wesen.

Genau das. In diesem Sinn ist für mich der Region das Gefühl Heimat zuzuordnen, der Nation als Verantwortungsgemeinschaft die Haltung des Patriotismus, von dem der so genannte Verfassungspatriotismus nicht abgespalten werden kann. Europa ist schließlich unsere Kultur, wobei Kultur die Einheit der geschichtlichen Leistungen unserer Vorfahren insgesamt, also aller vorausgegangenen Generationen in dieser Weltregion darstellt.

Einschließlich der Fehlleistungen wie die Kreuzzüge, die Religionskriege, die kolonialen Eroberungen, schließlich die Weltkriege im vergangenen Jahrhundert …

Genau. Nicht zu vergessen der Holocaust. Das ist wie im Leben des Einzelnen auch. Er darf die dunklen Abschnitte in seinem Leben nicht verleugnen, sondern muss sie zu bewältigen versuchen. Deutschland liegt im Herzen Europas.

Europa hat mit seiner Wissenschaft und Technik, seinen politischen und ökonomischen Ideen, Formen und Institutionen bis hin zum Völkerrecht den Globus revolutioniert. Insofern ist Globalisierung nichts Neues. Sie findet seit Jahrhunderten statt und ist seit Kolumbus' Entdeckungen weitgehend identisch mit der Europäisierung der Welt.

Zugleich erleben wir aber einen zur Globalisierung synchron verlaufenden Prozess: den der Regionalisierung. Ich habe das in einer Rede in New York so ausgedrückt und sinngemäß dabei Franz Josef Strauß zitiert: Bayern ist meine Heimat, Deutschland ist mein Vaterland, in Europa liegen unsere kulturellen Wurzeln des christlichen Abendlandes. Dieses Europa ist unsere gemeinsame Vergangenheit. Das Europa der Vaterländer ist unsere gemeinsame Zukunft. Ich füge als eine Selbstverständlichkeit hinzu: Ich bin zwar ein überzeugter Europäer, aber Europa wird meine Heimat und mein Vaterland nie ersetzen können. Das hat mit nationaler Abschottung oder regionalem Separatismus gar nichts zu tun. Dieses Bekenntnis entspricht der Sicht einer überwältigenden Mehrheit der Menschen. Die Bürger vertrauen auf ihre Lebenserfahrung, in der die Nation als Kultur-, Geschichts- und Schicksalsgemeinschaft Teil ihrer Identität ist.

Das würde zur Grundfrage unseres vorausgegangenen Gesprächs zurückführen: »Was ist des Deutschen Vaterland?« Die Frage hat ja nicht erst Ernst Moritz Arndt, sondern die Menschen zu allen Zeiten in Europa beschäftigt. In Ciceros Schrift Über den Staat *heißt es: »Das Beste, was es gibt, sind die Bemühungen um das Wohl des Vaterlandes ...«*

Nicht anders zweitausend Jahre später John F. Kennedy in seiner berühmten Antrittsrede, die mir als Zwanzigjährigem damals mächtig imponiert hat: »Frage nicht, was dein Land für dich tun kann, frage, was du für dein Land tun kannst.« Menschen haben nur eine Zukunft, wenn sie um ihre Herkunft wissen, menschlich, geographisch, geschichtlich. Politik, die das nicht erkennt, muss scheitern, regional, national, international. Die Bürger Europas sind kein Rohmaterial für Planungstechnokraten. Sie werden umso offener für die rasanten Veränderungen unserer Zeit und die damit notwendig verbundenen Reformprozesse sein, wenn sie spüren: Sie werden in ihren Nöten und Ängsten, ihren Hoffnungen und Beschädigungen von den Politikern ernst genommen und nicht zu bloßen Objekten eines undurchschaubaren, anonymen Globalisierungsprozesses degradiert.

»Wir vereinigen keine Staaten, sondern Menschen«, hat Jean Monet gesagt. Wenn wir nicht aufpassen, bauen wir ein Europa ohne Europäer; die Skepsis wächst, zumal angesichts der Osterweiterung. Wenn das Europa der 15 schon mehr Probleme produziert als löst, wird dann nicht ein Europa der 20 oder gar 30 Mitglieder ein Monstrum sein?

Die Gefahr besteht in der Tat. Andererseits ist die Osterweiterung, die man analog zur deutschen Wiedervereinigung besser als europäische Vereinigung bezeichnen sollte, unbedingt notwendig. Sonst scheitert Europa überhaupt. Die Schwierigkeit liegt darin, dass es, ähnlich wie bei der deutschen Vereinigung, für die Vereinigung eines ganzen Kontinents keinerlei geschichtliche Parallele gibt, die auch nur annähernd vergleichbar wäre. Nicht nur wir Deutschen, sondern die Europäer insgesamt befinden sich hier politisch auf vollkommenem Neuland. Deshalb muss hinter Europa nicht allein die Harmonisierung des Binnenmarkts, der Euro, die gemeinsame Sicherheits- und Außenpolitik stehen, es muss eine zentrale Perspektive geben, die alle politischen und ökonomischen Teilaspekte integriert.

Das könnte der Natur der Dinge nach eigentlich nur die »Perspektive Ost« sein, die zu einer »Aussöhnung Ost« führen muss. Was wir brauchen, ist ein »Versöhnungswerk Ost«. Gelingt dieses, wäre es zugleich die wichtigste Friedensinvestition, die wir für die deutsche und europäische Sicherheit leisten könnten. Sicherheit durch Versöhnung – das war einst die Leistung der Union bei der »Westintegration«. Was nun konsequenterweise folgen muss, ist die »Ostintegration«. Ohne sie bleibt die Vereinigung Europas eine Illusion.

Zumindest ein Torso, ein beständig gefährdetes Fragment. Europa und insbesondere wir Deutschen befänden uns politisch, geschichtlich, moralisch in einer dauernden Schieflage. Vom »Maß der Dinge« im Sinne einer europäischen Ausgewogenheit könnte keine Rede sein.

Der Kosovo-Konflikt war ein Krieg in Europa. Das ist vielen gar nicht richtig ins Bewusstsein gedrungen. Niemand wurde des Sieges froh, wenn es denn einer war. Wochenlang liefen die Bilder von einem angeblich »sauberen« Hightech-Krieg um die Welt.

Es gibt keinen »sauberen« Krieg, es hat nie einen gegeben. Was es gab, war politische Notwendigkeit im wörtlichen Sinn: die Intervention als Ultima Ratio.

Das Vorgehen der Nato hatte etwas Zwiespältiges, politisch sogar fast Altmodisches. In der Luft wurde ein Hightech-Krieg des einundzwanzigsten Jahrhunderts geführt, am Boden herrschten geradezu archaische Zustände: Angst, Not und ein Flüchtlingschaos, das durch den Luftkrieg noch verschärft wurde. Die Bilder von den Flüchtlingslagern, die Aufnahmen von den Luftangriffen, dazu die militärischen Kommuniqués der Nato in der Sprache von medizinischen Bulletins – das öffentliche Bewusstsein war mit den Widersprüchen überfordert, die ihm Abend für Abend appetitlich wie in Klarsichtfolie verschweißt auf dem Bildschirm serviert wurden. Das der Politiker ebenfalls? Was war das politische Ziel der Luftangriffe, in welchem Auftrag handelte die Nato, wie sollte Russland eingebunden werden, der traditionell wichtigste Verbündete der Serben? Musste nicht die Bevölkerung Jugoslawiens den Krieg als gegen sich gerichtet empfinden, wenn sie tagtäglich miterlebte, wie die Infrastruktur des Landes zerbombt wurde?

Die Fragen sind bekannt, die Antworten auch. Zweifellos wurden Fehler gemacht, vor allem wurde in der Hoffnung auf eine politische Lösung, wie gesagt, zu lange gezögert. Vor allem Europa hat sich militärisch und politisch als nicht ausreichend handlungsfähig erwiesen. Darin kann man mit guten Gründen eine Schwäche der Demokratien sehen, die sich noch verstärkt, wenn sie derart verflochten sind wie im nordatlantischen Bündnis. Zugleich ist die Kompliziertheit der Entscheidungsprozesse eine Stärke: Sie zeigt, dass der Einsatz von Waffen tatsächlich immer die Ultima Ratio ist und bleiben soll. Im Übrigen war das politische Ziel klar: Die Vertreibung aus dem Kosovo zu stoppen, ob mit oder ohne Milósevic. Und das ist ja auch gelungen.

Gut, aber das Unbehagen sitzt tiefer, und nur deshalb komme ich auf den Problemkomplex zurück. Fehlplanungen, Verkettungen ungünstiger Umstände, verspätete Erkenntnisse und Einschätzungen, das kommt mehr oder weniger überall vor. Es könnte aber sein, dass wir in eine Phase der Geschichte eintreten, in der der Einsatz von Waffen nicht einmal mehr eine Ultima Ratio ist, sondern eine »Perversa Ratio«. Wollte man die Einstellung, die hinter den modernen Formen kriegerischer Auseinandersetzungen steht, nach den Erkenntnissen der Verhaltensforschung interpretieren, so handelte es sich um Atavismen, um prähominide Verhaltensmuster früherer Evolutionsstufen, die wir noch immer in uns herumtragen. Müssten wir uns nicht angesichts des Overkill-Potenzials endlich von dieser Erblast emanzipieren?

Es mag so sein, wie Sie sagen. Aber was zeigt uns das? Es bleibt uns nichts anderes übrig, als uns der tatsächlichen

Situation zu stellen. Sie formulieren zu Recht im Konjunktiv, und nur so halte ich das Thema hier und heute für diskutabel. Um es mit Ihrer Formel zu sagen: Nicht allein der »Geist« muss die Zukunft antizipieren, auch die »Macht«, die Politik. Wer Radikallösungen durchzusetzen versucht, bringt noch mehr Unglück in die Welt, nicht Glück. Politik ist das geduldige Bohren von harten Brettern, hat der große Soziologe Max Weber gemeint, der hier in München gelehrt hat. Manchmal sind es auch Mauern aus Beton. Und dass diese wie von selber fallen wie 1989, ist die extreme Ausnahme, die an ein Wunder grenzt. Auf absehbare Zeit haben wir es mit dem mühsamen Geschäft der Abrüstung zu tun, wobei oft die Gespräche als solche schon wichtig sein können, nicht nur das Resultat. Manchmal ist es bereits ein Erfolg, das Erreichte nicht preisgeben zu müssen, wie wir heute wieder erleben.

Wird nicht zumeist um- statt abgerüstet? Und werden dabei nicht veraltete Systeme ersetzt durch so genannte neue Generationen von noch effektiveren Waffen, falls es dergleichen überhaupt gibt? Werden wir die Geister, die wir riefen, überhaupt noch los?

Ich hoffe doch, wir müssen sie loswerden! Eine konfliktfreie Welt wird es allerdings nicht geben, die ist uns auch nirgends verheißen. Was wir erreichen müssen, ist eine politisch gewaltfreie Welt. Das ist ein entscheidender Unterschied. Politische Ethik ist nicht so sehr Gesinnungsals Verantwortungsethik, um noch einmal Max Weber zu zitieren. Das heißt, es geht nicht darum, ethische Flaggen zu hissen, sondern möglichst konkrete Ergebnisse zu erzielen. In diesem Sinn hat die Nato vor zweieinhalb Jahren ihr Ziel im Kosovo erreicht. Die Lage dort ist zwar weiterhin nicht so stabil, wie es wünschenswert wäre, aber die Vertreibung wurde gestoppt. Und vor Jahresfrist musste das Milósevic-Regime gehen. Hin und wieder treten die beabsichtigten Wirkungen eben erst mit erheblicher Verzögerung ein.

Worauf ich hinauswill, ist die Frage, warum es keine nennenswerte Friedensbewegung mehr gibt, auch keine neue öffentliche Sicherheitsdebatte anlässlich der von der rot-grünen Regierung durchgesetzten Wehrreform. Diese erscheint als eine betriebswirtschaftliche Frage, als müsste eine Firma wegen Missmanagements verschlankt und umstrukturiert werden. Als zu Beginn des Jahres die ersten Soldatinnen in die Kasernen einrückten, um dort auch an der Waffe ausgebildet zu werden, wurde dies in den Medien unter dem Titel der »Emanzipation« kommentiert. Endlich war die Wehrgerechtigkeit durch Änderung des Grundgesetzes realisiert. Einzelne Stimmen, die fragten, worin denn der gesellschaftliche Fortschritt liege, wenn auch die Frauen nun »die Lizenz zum Töten« hätten, gingen unter.

Die Formel »Lizenz zum Töten« wird dem Problem in keiner Weise gerecht.

Ich will zunächst ja auch nur sagen: Die realen Möglichkeiten der Zerstörung überschreiten längst jede Vorstellungskraft, doch in der Öffentlichkeit wird davon in einer Weise geredet, als handelte es sich um die Schaffung neuer

Arbeitsplätze. Wie ist es möglich, dass das Overkillsyndrom, das wahrhaftig alle angeht, nur noch als Aspekt der Jobmentalität erscheint? Es ist wie beim Fernrohr, das umgedreht wird. Die Gegenstände erscheinen nun klein und handlich, wir halten sie uns so vom Leib. Doch die Distanz ist optischer Schein, wir tricksen uns selber aus. In diesem Sinne muss man darauf hinweisen, dass der Dienst mit der Waffe schon insofern keine Selbstverständlichkeit ist, als der Souverän, der Staat, dabei seinen Bürgern nach außen hin gebietet, was er nach innen verbietet: den Einsatz von Waffen. Das stammt aus der Zeit der Territorialstaaten, deren Souverän der Fürst war, nicht das Volk. Es gab stehende Heere, man führte Kriege um Länder und Provinzen. Das war eine völlig andere historische Situation. Da erhebt sich doch die Frage: Wie legitimiert sich heute die Wehrpflicht, dazu noch für Frauen und in Zeiten, die wir doch Friedenszeiten nennen?

Natürlich. Das ist mir ja auch verständlich, zumal im Fall der Soldatinnen noch etwas anderes hinzukommt: Die Verfasser des Grundgesetzes hatten aus Gründen des christlichen Humanismus den Dienst an der Waffe für Frauen ausgeschlossen. Auch ist weithin wohl nicht bekannt, dass hier der Europäische Gerichtshof in die deutsche Verfassung eingegriffen und bestimmt hat, dass nun auch in der Bundeswehr Soldatinnen an der Waffe ausgebildet werden sollten beziehungsweise könnten. Hintergrund sind die europäischen Gleichstellungsrichtlinien aus dem Arbeitsrecht.

Dominiert da nicht die Gleichheits- und Emanzipationsperspektive das Bewusstsein allzu einseitig? Mit anderen Worten: Ist die Gleichheit mit und an der Waffe noch zeitgemäß oder müssten wir uns nicht alle, Frauen wie Männer, von der Waffe als solcher emanzipieren? Bisher war der Krieg nur der Vater aller Dinge. Wird er künftig auch die Mutter aller Dinge sein? Sollte er nicht, um im Bild zu bleiben, zum Waisenknaben der Gesellschaft werden? Im Grunde geht es um die alte Frage: Bestimmt die Rüstung den gesellschaftlichen Konsens oder der gesellschaftliche Konsens die Rüstung?

Das sind eine ganze Reihe von Fragen, die mir durchaus verständlich sind. Auch der Hintergrund. Wir müssen aber auf dem Boden der Realität bleiben. Ich halte die letzte Frage politisch für verfrüht und insofern für wirklichkeitsfremd. Als Politiker bin ich in erster Linie ein Anwalt der Gegenwart, die ihre eigene Qualität hat. Zugleich trage ich Verantwortung für die Zukunft, die ja durch jede Entscheidung immer mitbestimmt wird. Das nordatlantische Bündnis und die Einbettung der Bundeswehr in dieses Bündnis bleiben auf lange Zeit unverzichtbar. Die Nato ist die einzige durchsetzungsfähige internationale Organisation, und sie wird das auf absehbare Zeit auch bleiben. Hier besteht kein Widerspruch zu meiner Haltung in der Frage der Eigenständigkeit Europas. Tatsächlich darf die Stärkung des europäischen Pfeilers nicht zu einer Schwächung des Bündnisses selbst werden.

Wie sollte das auch möglich sein, wenn es denn ein so unverbrüchliches Bündnis ist und bleiben soll? Trotzdem muss es sich in einer ständig wandelnden Welt auch selber wandeln. Die Nato von 1960, als Sie bei den Gebirgsjägern und ich bei der Luftwaffe den Wehrdienst ableisteten, ist natürlich nicht die Nato von heute. Die Personen, die sie jetzt bestimmen, sind mehr oder weniger alle durch den Kalten Krieg in ihrer Mentalität bestimmt worden. Wir alle spüren aber, dass wir in einer Übergangszeit leben. Daher die Unsicherheit gegenüber den neuen Herausforderungen. Das so genannte amerikanische Jahrhundert ist vorbei, ich glaube, die Epoche von Supermächten ist insgesamt vorbei.

Es ist richtig, dass sich in den letzten Jahren, vor allem seit 1989/90, viel verändert hat. Diese Veränderungen haben sich in Deutschland, in Europa abgespielt, nicht in Amerika. Deshalb reagieren die Europäer heute anders als noch vor fünfzehn Jahren und bringen damit ein gewisses Moment der Unsicherheit ins Bündnis. Das ist aber auch eine Chance und zeigt, dass die Nato ihre Aufgaben und Ziele neu definieren muss. Es ist wie bei der EU: Durch die Osterweiterung kommen nicht bloß ein paar neue Partner hinzu, sondern aus Westeuropa entsteht ein neues, das eigentliche komplette Europa, in dem sich nun alle zu Hause fühlen müssen. Bei dermaßen elementaren Sicherheitsfragen dürfte das Wort »zu Hause« kaum überzogen sein. Dazu gehört, dass die Europäer sich nicht nur finanziell und militärisch-technologisch stärker engagieren müssen, sondern auch politisch. Das meint die Bereitschaft, Verantwortung zu tragen in der Welt. Die Europäer können nicht länger erwarten, dass die Amerikaner auch künftig in Europa als Feuerwehr fungieren, nur weil die Europäer zum effektiven Krisenmanagement unfähig sind.

Dafür müssen sich die Amerikaner klar machen, dass unser unmittelbarer Nachbar nicht Kanada oder Mexiko ist, sondern Russland, das größte Land der Welt. Die gemeinsame Geschichte mit ihm währt mindestens doppelt so lang wie die gesamte Geschichte der USA.

Es mag auch künftig eine Nato ohne Russland geben, es gibt aber keine Sicherheit in Europa ohne Russland. Das ist eine Erfahrung, die die Geschichte der letzten zweihundertfünfzig Jahre lehrt. Die Amerikaner sind es gewohnt, klar ihre nationalen Sicherheitsinteressen zu definieren. Sie kommen am besten damit zurecht, wenn auch die Verbündeten das tun. Entscheidend ist, dass Sicherheit primär eine politische Kategorie ist, keine technologisch-militärische.

Die große Leistung Adenauers bestand darin, dass er das alles dominierende Interesse der Menschen nach umfassender Sicherheit vor fünfzig Jahren klar erkannt hat. Das politische Resultat war die »Integration West«, die Aussöhnung mit Frankreich, mit England, die Freundschaft zu den USA. Was als eigentliche Aufgabe der Zukunft noch vor uns liegt, ist – ich wiederhole es – die Entsprechung: die »Integration Ost«.

Das wird durch die Osterweiterung der EU geschehen. Sie muss und wird kommen, und zwar zügig. Die Weltgeschichte wartet nicht darauf, bis die Europäer ihren Partikularismus so weit überwunden haben, dass sie außen- und sicherheitspolitisch mit einer Stimme reden können. Aber diese Erweiterung muss sorgfältig vorbereitet werden, institutionell wie finanziell. Die Qualität der Vereinbarungen, die Sensibilität für die unterschiedlichen Interessenlagen – all das ist wichtiger als die Erfüllung irgendeines Terminplans.

Gut, daran zweifelt im Grunde auch niemand mehr. Vielleicht kann aber der historische Hintergrund hilfreich sein, vor dem sich das Ganze abspielt und den wir Deutsche nicht vergessen sollten: In Hitlers Wahnvorstellungen gab es vor allem zwei Feinde, die Juden und die Slawen. Beide waren für ihn und sein Regime »Untermenschen«. Militärisch und politisch führte er den eigentlichen Krieg im Osten, nicht im Westen. Das *war sein Vernichtungskrieg. Er galt vor allem den Russen, die nahezu zwanzig Millionen Tote zu beklagen hatten. Dass Unrecht wieder Unrecht, Hass und Vertreibung erzeugt, haben vor allem die Menschen in Ost- und Mitteldeutschland erfahren müssen. Meine Mutter ist im Winter 1944/45 mit uns drei kleinen Kindern zwischen eineinhalb und sechs Jahren aus dem damaligen Kempen etwa achtzig Kilometer östlich von Breslau in Richtung Westen geflohen. Es war der letzte Transport, ein Zug mit offenen Viehwaggons. Ich erinnere mich an russische Flieger, die den Transport angriffen, sodass der Zug hielt und alle draußen in den Gräben, unter Bäumen, im Wald Deckung suchen mussten, bis deutsche Abfangjäger kamen.*
Das Stigma des Flüchtlings hat uns bis in die Fünfzigerjahre begleitet, die Frage: »Was ist des Deutschen Vater-

land?« war für Millionen Deutsche alles andere als eine akademisch-historische. Ebenso wenig die Frage nach der Aussöhnung, sowohl mit dem Westen wie mit dem Osten. Geschichte steht ja nicht bloß in Büchern, sie wird erfahren, erlitten, erlebt, unabhängig von den nationalen Grenzen. Die Sieger schreiben die Geschichte, heißt es. Aber wir müssen lernen, zwischen den Zeilen zu lesen, weil dort die Geschichte der Verlierer geschrieben steht.

Politisch gesehen ist die Aussöhnung mit dem Osten seit langem im Gange, nicht erst seit Willy Brandts »neuer Ostpolitik«. So neu war sie nun auch wieder nicht, sondern sie wurde unter den Bedingungen der Fünfziger- und Sechzigerjahre unter Adenauer eingeleitet. Auch Franz Josef Strauß hatte in den Siebziger- und Achtzigerjahren seinen Anteil daran. Aber das drang kaum in die Öffentlichkeit, denn dort beschäftigte der Ost-West-Konflikt die Gemüter. Dann brach das sozialistische System zusammen, die Zeit war reif, die Geschichte hatte selber die Weichen gestellt.

Adenauer und de Gaulle in der Kathedrale von Reims, Helmut Kohl mit François Mitterrand auf dem Schlachtfeld von Verdun, begleitet von Ernst Jünger – müsste nicht der nächste Bundeskanzler zu einer Geste von ähnlichem Symbolgehalt bereit sein, etwa am Mahnmal des ehemaligen Stalingrad? Ich halte das nicht nur für wünschenswert, sondern für notwendig. Frieden und Aussöhnung gehören zusammen, sonst bleibt es beim bloßen Waffenstillstand, und der Kalte Krieg wird nur durch den Heißen Frieden abgelöst.

Der Gedanke ist in der Tat nachdenkenswert …

Es ist eine Frage …

… aber eine an den nächsten Bundeskanzler.

Und was meint der Bayerische Ministerpräsident?

Der steht selbstverständlich in der großen Tradition der CDU/CSU und ihrer Friedenspolitik. Die Aussöhnung mit unseren osteuropäischen Nachbarn muss ihre Vollendung in der Aussöhnung mit dem russischen Volk finden, das ist zwingend. Alles andere wäre Halbherzigkeit im wörtlichen Sinn. Politik für die Menschen – ich wiederhole das – muss Politik für Herz und Verstand sein. Für beide ist deutlich: Frieden lässt sich so oder anders definieren, das Entscheidende ist, ihn zu praktizieren, zu realisieren.

Verschöbe sich dann nicht das Schwergewicht der Nato nach Europa? Nicht militärisch, wohl aber politisch?

Das Hauptquartier der Nato steht in Brüssel, da, wo auch die Zentrale der EU ist. Das Bündnis hat weit mehr den Europäern genützt als der Sicherheit der USA. Darin liegt ein Ungleichgewicht, das nicht länger bestehen kann. Die Europäer können künftig nicht mehr nur Sicherheitsnehmer sein, sie müssen auch Sicherheitsgeber werden. Was die amerikanischen Verbündeten betrifft, so glaube ich, dass sie sich insofern in einem Zwiespalt befinden, als sie einerseits die Verantwortung einer Weltmacht nicht mehr in dem Maße weiter allein tragen wollen und können wie bisher, andererseits jedoch ihre nationalen Sicherheitsinteressen weiterhin international, weltweit definieren. Wenn diese in der Ostsee wie am Golf, im Pazifik wie im Indischen Ozean liegen, dann heißt das doch, dass sie von denen der anderen Völker nicht isoliert werden können. Wir alle müssen lernen, dass sich die eigene Sicherheit *durch* die der anderen definiert, nicht mehr gegen sie.

Ist es ein Zwiespalt der Amerikaner oder ein unauflösliches Dilemma, aus dem nur herausgefunden werden kann, wenn sich das regionale Sicherheitsnetz des Nordatlantikpakts zu einem globalen auswachsen kann? Das wäre zwar nicht in den nächsten vier, fünf Jahren, wohl aber in den nächsten vier bis fünf Jahrzehnten möglich.

Ein derartiges Internet der globalen Sicherheit, ein »Safety-Internet« sozusagen, klingt gut, ist aber noch lange Utopie. Immerhin ist es eine Vision, die voraussetzt, dass sich das Schwergewicht von der militärischen zur politischen Sicherheit verlagert. Beides gehört zusammen, ist aber nicht identisch. Ich muss das immer wiederholen, weil wir gewöhnt sind, Sicherheit militärisch zu interpretieren. Mittelfristig denke ich an zwei gleichberechtigte Partner USA – Europa, ich meine das vereinigte Europa mit seinem gesamten wirtschaftlich-technischen Gewicht. Dass es dabei immer unterschiedliche Interessen geben wird, ist klar. Dem sollten die Aufgaben, die Pflichten entsprechen, das ist ja in einer guten Ehe nicht anders. Wenn einer der beiden Partner stärker wird, muss das nicht gegen den anderen gerichtet sein, sondern besagt nur, dass das eigentliche Gleichgewicht noch nicht gefunden worden war. Ohne Parität gibt es keine Partnerschaft. Ist sie gefunden, werden beide stärker, jedenfalls dann, wenn keiner mehr den anderen zu dominieren versucht. Aber ich möchte das Bild der Ehepartner nicht überstrapazieren. Auch das Denken in »Gewichten«, wobei es dann Schwer-, Mittel- und Leichtgewichte gibt, erinnert zu stark an den Boxsport. Da assoziiert man die Kampfarena, den Ring, es gibt Sieger und Verlierer, nach Punkten oder nach dem K.-o.-System. Alles das sind Strukturen, in denen sich die Politik der Zukunft gerade nicht mehr abspielen kann. Ich glaube, da sind wir einer Meinung. Zunächst müssen die Europäer erst einmal untereinander einig sein, wenn schon nicht beim Geld, dann doch wenigstens im Geist.

Die Astronomen sagen, es gäbe im Weltraum ebenso wenig einen geometrisch perfekten Kreis, wie die Erde eine vollkommene Kugel ist. Es gäbe nur ellipsenförmige Gebilde. Ellipsen sind aber durch zwei Brennpunkte definiert. Wäre das ein Bild, das die Bündniswirklichkeit von morgen spiegelt?

Das wäre eine Idealvorstellung, könnte aber nur mittelfristig die innere Struktur der Nato wiedergeben. Die Frage ist doch, wie wir zu einem globalen Sicherheitsnetz kommen. Das muss so geknüpft sein, dass es grundsätzlich niemanden mehr ausschließt, gleichgültig, wo die Schwerpunkte innerhalb dieses Safety-Internet liegen werden.

Das wirft die Frage nach den weltpolitischen Subjekten von morgen auf: Wer ist der Souverän?

Richtig. Die plausibelste Konstellation scheint mir, wie gesagt, die der »Triade« zu sein. Es ist auch die realistischste, weil sie den sozialökonomischen Gravitationsfeldern entspricht: Amerika – Europa/Russland – Ostasien. Das sind die Freihandelszone NAFTA, der europäische Binnenmarkt und die in der ASEAN und APEC zusammengeschlossenen asiatischen Länder. Die Russen reden nach dem Zusammenbruch der Bipolarität von einer multipolaren Welt. Das erscheint mir zu abstrakt. Ich glaube vielmehr an die Tripolarität der Weltregionen, in der keine Region mehr Hegemonialmacht sein kann, denn dann hätte sie automatisch die beiden anderen gegen sich. Das bedeutete ein weltpolitisch relativ stabiles gleichseitiges Dreieck der Macht- und Verantwortungsbalance, die ohne die atlantische Partnerschaft von heute aber nicht möglich wäre.

Das klingt optimistisch. Befinden Sie sich damit nicht in einem ausgesprochenen Gegensatz zu den Amerikanern, jedenfalls zu dem offiziell zur Schau getragenen Pessimismus ihrer Sicherheitsorgane? Zumeist ist ja das Verhältnis zwischen Neuer und Alter Welt umgekehrt: Die Amerikaner sind die Optimisten, die Europäer, vor allem die Deutschen, die Skeptiker oder gar Pessimisten. Es heißt dann oft: Bei denen geht schon wieder mal das Abendland unter. Geht es nicht vielmehr auf in der künftigen »One World«?

Ob auf oder unter – es wird sein, was es immer war: ein integraler Bestandteil der »One World« wie jede andere Weltregion auch. Im Übrigen müssen sich Optimismus und Pessimismus nicht widersprechen. Das Verhältnis ähnelt vielleicht dem System der kommunizierenden Röhren: Ist jenseits des Atlantik mehr Zuversicht, dann hier bei uns mehr Skepsis. Das kann nun auch einmal umgekehrt sein, Hauptsache bleibt doch, beide korrigieren sich gegenseitig. Dann kommen realistische Einschätzungen heraus.

Die USA sind die einzig verbliebene Weltmacht, aber nur, was das militärische Potenzial betrifft. Zugleich sind sie eine Nation unter anderen Nationen und wissen nicht mehr so recht, wie sie die internationalen Aspekte ihrer Weltmachtpolitik als nationales Sicherheitsinteresse deklarieren sollen, ohne dass sie als Hegemonialmacht auftreten. Denn das wird die übrige Welt immer weniger akzeptieren – ein Dilemma, das künftig ein Grund ständiger Spannungen sein könnte.

Trotzdem müssen die Verbündeten die nationalen Sicherheitsinteressen der Amerikaner ernst nehmen. Wenn sich zum Beispiel die Einwohner der texanischen Stadt Dallas durch mit Massenvernichtungswaffen ausgerüstete Interkontinentalraketen »terroristischer Regimes« im Nahen Osten oder in sonst einer Weltregion bedroht fühlen, so können wir darüber nicht bloß lächeln, nur weil wir selber mit dieser Bedrohung vierzig Jahre lang haben hautnah leben und überleben müssen. Aber Sie sprachen von einer pessimistischen Vision der Zukunft. Welche meinen Sie?

Die Global Trends 2015-*Studie des National Intelligence Council der CIA, die im Zusammenhang mit unabhängigen Forschungsinstituten erarbeitet und Anfang 2001 publiziert wurde. Danach ergeben sich die Hauptgefahren für die Welt künftig daraus, dass Autorität und Macht der Staaten zurückgehen und »nicht-staatliche Akteure« international vernetzter »Terrorbanden« eine immer größere Rolle spielen: »Demographischer Druck, soziale Unruhen, religiöse und ideologische Extreme sowie internationaler Terrorismus« werden danach die Welt destabilisieren. Dabei sind die internationalen Verbrechersyndikate, die besser ausgestattet sind als die nationalen Geheimdienste, die gefährlichsten Feinde. Sie verfügen unkontrolliert über nukleare Vernichtungswaffen, treiben mit chemischen und biologischen Kampfstoffen wilden Handel und bilden terroristische Kader in Afghanistan, dem Sudan, Libyen, im Iran und Irak aus. Hinzu kämen, so heißt es, die weitere Explosion der Bevölkerung in Asien, der ein Rückgang der Geburten in USA, Europa und Russland gegenüberstünde. Dazu Massenwanderungen der Ärmsten der Armen, Hunger-, Wasser-, Klimakatastrophen täten ein Übriges und riefen ihrerseits wiederum gewaltige Seuchengefahren hervor, von der ständig zunehmenden Gefahr dauernder ethnischer Konflikte abgesehen. Kurz: Apocalypse now? Halten Sie sie für realistisch oder wird hier bloß aus Angst der Sicherheitsorgane, in der Welt von morgen vielleicht überflüssig zu sein, eine Horrorvision der Zukunft gegeben?*

Weder noch. Die Ansätze der Studie halte ich für durchaus realistisch, vor allem was die sozialen Probleme angeht.

Der Politikwissenschaftler und Berater des amerikanischen Außenministeriums Samuel Huntington hat den CIA-Bericht dahingehend kommentiert, dass er die »Migration für das zentrale Thema unserer Zeit« halte.

Die Migrations- sowie Bevölkerungspolitik mit ihren vielschichtigen Aspekten ist in der Tat das eigentliche Thema der Zukunft, auch für die Europäer, auch für Deutschland.

Die Frage ist, wann die gigantischen Militärhaushalte mit den äußerst langfristigen und ebenso notwendigen Investitionen in die desolate Infrastruktur der Erde kollidieren. Vor allem die allgemeine Wehrpflicht, der so genannte Staatsbürger in Uniform, erscheint als nostalgisches Relikt. Ist da nicht bald im wahrsten Sinn des Wortes Ende der Fahnenstange? Der Staatsbürger kann doch nur dann Uniform tragen, wenn die Uniform noch den Staatsbürger trägt. Das ist nicht mehr der Fall. Ich bin überzeugt davon, dass die allgemeine Wehrpflicht nicht erst in Zukunft, sondern schon heute für die Mehrheit der Bevölkerung ein Auslaufmodell der »wehrhaften Demokratie« ist. Sodann das geplante amerikanische Raketenabwehrsystem NMD …

Langsam, da darf nicht alles miteinander vermengt werden. Auf die Wehrpflicht komme ich später noch zurück. Was das National-Missile-Defense-System angeht, so muss es erst einmal technisch ausgereift sein. Und da gibt es noch erhebliche Probleme. Vor dem Jahr 2010 wird es kaum einsatzbereit sein. Wenn das heute schon von den Fachleuten vorausgesetzt wird, werden es in Wirklichkeit zwölf oder fünfzehn Jahre werden, und das ist eine lange Zeit in unserer rasend sich verändernden Welt. Es kann also reiflich abgewogen werden, welchen Sicherheitsaspekt das NMD-Raketensystem tatsächlich abdeckt und wie groß die politischen Risiken dabei sind.

Mit anderen Worten: In der Zwischenzeit muss entschieden werden, welcher Sinn darin liegt, die »One World« sicherheitspolitisch wieder zu parzellieren. Es entstünde eine Art neues Mittelalter, mit Festungen, Mauern, Gräben und Zugbrücken, nun freilich auf der Hightech-Ebene, was aber politisch auf dasselbe hinausläuft. Das alles widerspricht der Logik, dem Drive der Geschichte insgesamt. Es gibt keine isolierte Sicherheit einer Nation, einer Weltregion mehr; schon gar nicht eine Unverwundbarkeit. Das ist keine Illusion, sondern ein Wahn, der keinen Sinn ergibt. Teilen wir die Erde in unterschiedliche Sicherheitszonen ein, bringen wir hervor, was wir beseitigen wollen: Unsicherheit.

Einen Moment bitte: Zunächst einmal haben wir es mit realen Bedrohungen zu tun, angesichts derer entsprechend den bisherigen Sicherheitssystemen kooperiert werden muss. Sodann sprechen Sie von Zeiträumen, die für den Politiker, der hier und heute handeln muss, in ziemlich weiter Zukunft liegen. Deshalb will ich erst einmal die aktuellen verteidigungspolitischen Aufgaben nennen:

1. das Krisenmanagement auf dem Balkan,
2. die europäische Verteidigungsinitiative und
3. die so genannte Nato-Erweiterung, die ich analog zur

europäischen Vereinigung lieber als Ergänzung oder Komplettierung der Nato bezeichnet sähe, und zwar für alle beitrittswilligen und beitrittsfähigen Länder. Allerdings mit einem wesentlichen Unterschied bezüglich Russlands: Das geographisch größte Land der Welt, unser europäischer Nachbar, kann und darf nicht ausgeschlossen werden, im Gegenteil.

Schließlich: Die elliptische Struktur mit den beiden Brennpunkten Amerika – Europa könnte in der Tat mittelfristig das Grundmuster eines Sicherheitsnetzes sein, das sich dann als jenes Safety-Internet globalisieren müsste, von dem bereits die Rede war, nicht anders als das Info-Internet auch.

Welche Rolle hier die allgemeine Wehrpflicht spielen kann, ist mir nach wie vor nicht einsichtig. In der Ära des Overkills sind alle bedroht. Wenn sich aber alle bewaffnen, um sich zu verteidigen, besteht die Gefahr eines Krieges aller gegen alle. Die »wehrhafte Demokratie« muss Zivil tragen, nicht Uniform. Wo aber ist der Feind, wo Feindesland – »wo, bitte, geht's zur Front«? Müssen wir nicht im Zeitalter interkontinentaler Raketen mit atomaren Mehrfachsprengköpfen Sicherheit völlig neu definieren? Auch stellt sich die Frage, ob heutzutage, da die Bundeswehr zu einer Art Firma wird, die möglichst kostengünstig bei hoher Effizienz Sicherheit produzieren soll – ob in einer solchen Zeit noch ein eigenes Ethos des Soldaten begründet werden kann. Ein Job braucht kein Ethos, wohl aber der Dienst. Wem dienen die Soldatinnen und Soldaten? Dem Frieden? Auf die Frage, ob die Bundeswehr tatsächlich eine »Friedensarmee« sei, antwortete der Vorsitzende des Bundeswehrverbands Bernhard Gerz klar und eindeutig: »Das ist sie nicht. Kernauftrag der Bundeswehr ist und bleibt die Verteidigung des Landes. Das wird sich nicht ändern.« Sind die Sicherheitsfragen nicht eine viel zu ernste Sache, als dass man sie den Fachleuten und Militärs überlassen sollte?

Das ist wieder ein ganzes Bündel von Fragen, bei dem man leicht den Kern der Sache aus dem Auge verliert. Ich möchte noch einmal zusammenfassen: Gerade wenn die Welt der nahen Zukunft so aussehen sollte, wie sie der CIA-Bericht darstellt, dann sind die Gefahren einer Balkanisierung der Weltpolitik außerordentlich groß. Ich hoffe, die Studie hat Unrecht, kann aber so wenig wie irgendein anderer ihren Wahrheitsgehalt relativieren oder gar ausschließen. Der starren Abschreckung des Kalten Krieges folgt die flexible Antwort auf den so genannten Cyberterrorismus der Zukunft. Das wird zunächst eine eminente Herausforderung auf der Ebene der Prävention sein, und zwar im Bereich der Informationstechnologie. Hier also wird der Hightech-Krieg geführt, und zwar lange, bevor geschossen wird. Dabei ist klar: Wer hier vornedran ist, verhindert, dass überhaupt geschossen wird.
Ich gebe Ihnen aber zu: Wir werden geraume Zeit sicherheitspolitisch in zwei verschiedenen Welten leben, in der des Overkills, die absurd ist, weil niemand zweimal sterben oder den anderen mehrmals töten kann, und in einem Szenario, wie es der CIA-Bericht entwirft. Dabei werden aber in der Analyse Daten und Fakten von heute derart simpel extrapoliert und für die Zukunft hochgerechnet,

dass in der Öffentlichkeit tatsächlich der Eindruck entstehen kann, hier würden die Sicherheitsorgane eine schwarze Zukunft erfinden, um die eigene Existenz zu rechtfertigen. Da möchte ich doch noch einmal ganz allgemein sagen: Die Hoffnung führt immer weiter als die Angst. Zugleich gilt aber auch, was Sie in einem anderen Zusammenhang bereits ähnlich gesagt haben: Sicherheit kann nur derjenige geben, der in sich selber Sicherheit gefunden hat.

Ein Wort noch zum Overkillsyndrom. Das Unheimliche liegt ja nicht allein in der Bedrohung der Gegenwart. Würde unsere Zivilisation tatsächlich Suizid begehen, wäre nicht nur alle Zukunft, sondern auch die gesamte Vergangenheit ausgelöscht. Alle, die vor uns gelebt haben, ihre Leistungen, ihre Verfehlungen, ihre Freuden, ihre Leiden – kurz: alles, was das Menschenleben je ausgemacht hat, wäre liquidiert. Anders gesagt: Da es ohne Gegenwart weder Zukunft noch Vergangenheit gibt, würden wir nicht nur den Zukünftigen ihr Lebensrecht nehmen, sondern auch den Vergangenen, die vor uns gelebt haben. Ihnen würde nämlich so die Möglichkeit genommen, in uns, den Nachlebenden, fortzuleben. Sie würden mithin noch einmal sterben, doch dieser zweite Tod wäre Mord. Wer aber weder Vergangenheit noch Zukunft hat, lebt überhaupt nicht, ja er hat nie gelebt. Die Evolution würde zur totalen Re-volution, wir hätten sie eigenmächtig zurück auf Null gedreht. Eine solche Macht hatte der Mensch in seiner Geschichte noch nie. Deshalb steht er wirklich an einem Wendepunkt, der die Frage rechtfertigt: »Apocalypse now«? Wenn die Antwort nur unsere Spiel-

und Spaßgesellschaft ist, amüsieren wir uns tatsächlich zu Tode. Wir gleichen dann dem Patienten, der krank ist, weil er Angst davor hat, erwachsen zu werden. Er will nicht wissen, was er tut, er verweigert sich der Diagnose und damit einer Therapie.

Das ist aber nur die Hälfte der Wahrheit, auch hier kennen wir die ganze Wahrheit nicht. Allerdings ist der Teil, den wir wissen können, wenn wir nur wollen, in der Tat schlimm genug. Der politisch Handelnde kann versuchen, sich diese Zusammenhänge deutlich zu machen, dann aber muss er entscheiden und nicht wie das Kaninchen gelähmt auf die Schlange starren.

Wir können nur richtig handeln, wenn wir richtig denken, nicht umgekehrt.

Was heißt hier richtig, was falsch? Mir klingt das zu allgemein.

Falsch heißt in der Frage der Sicherheit: von der Abschreckung her denken. Das ist eine militärische, keine politische Kategorie, denn sie schlägt das Denken in eine Wie-du-mir-so-ich-dir-Haltung in Bann: Wenn du mich angreifst und mich umbringst, habe ich noch das Potenzial, auch dich umzubringen. Overkillst du mich, overkill ich dich. Das hat nichts mit Denken zu tun, es sind Drohgebärden aus einem früheren Stadium der Evolution, die zu reproduzieren kein Ruhmesblatt der wissenschaftlichen Weltzivilisation ist. Verbreitet ist die Meinung, unser Überleben während des Kalten Krieges zeige doch, wie erfolgreich die »Logik« der Abschreckung gewesen sei. Aber wirklich wissen können wir das nicht. Es könnte ja sein, dass wir nicht wegen, sondern trotz dieser »Logik« überlebt haben. Dann könnten wir das nicht als eigene Leistung ausgeben, sondern müssten es als Wunder bewerten. Wir hätten vielleicht auch »Glück« gehabt. Aber »Glück« ist ebenso wenig eine politische Kategorie wie »Zufall«. Das Überleben muss unsere eigene Leistung werden, das steht unwiderruflich auf der Agenda der humanen Evolution.

Können Sie das präzisieren?

»Abschreckung ist Glaubenssache«, erklärte 1998 der Befehlshaber der Atomstreitkräfte im Strategic Command (StratCom) Admiral Richard Mies in Omaha: »Abschreckung ist, was der Gegner von uns befürchtet, und nicht, was die USA wirklich beabsichtigen.« Abrüstung ja, aber er könne sich nicht vorstellen, »wie man den Geist wieder in die Flasche zurückbekommen soll, wenn die Kenntnisse einmal raus sind«. Deshalb blieben die US-Atomwaffen auch so lange bei den Verbündeten stationiert, wie diese es für richtig hielten. Auf die Frage: »Gegen wen? Die Nato hat doch keine Feinde mehr«, lautete die Antwort: »Das ist eine politische Entscheidung, die gemeinsam mit unseren Verbündeten getroffen werden muss.«

Das ist die Situation: Die Overkillwaffen bestimmen durch ihr Vorhandensein die Logik des Schreckens, die umgekehrt wiederum die Overkillwaffen legitimiert. Das ist aber die Logik der Militärs, der Techniker der Macht.

Werden diese nun nach dem Sinn dieser Logik gefragt, verweisen sie auf die Politiker, die ihn liefern sollen. Politik, die das auf dem Boden der so militärisch festgeschriebenen Tatsachen tut, spricht dann von einer Politik des nationalen Sicherheitsinteresses. Das ist in der Tat ein Teufelskreis. Deshalb die konkrete Frage: Haben wir noch den Feind, der das gewaltige Overkillpotenzial, die allgemeine Wehrpflicht samt Rüstungsindustrie rechtfertigt?

Zunächst: Es schließt sich auch ein anderer Kreis, nämlich der des bisherigen Gesprächs. Denn wir haben ja jenen »Begriff des Politischen« diskutiert, der sich Carl Schmitt zufolge im Verhältnis von Freund – Feind erschöpfen soll. Legen wir diesen Begriff noch zugrunde, lautet die Antwort auf Ihre Frage: ja und nein. Zum einen müssen wir die Welt so nehmen, wie sie wirklich ist. Da lässt sich der Feind heute nicht mehr geographisch fixieren. Vielmehr definiert er sich als Outlaw, der die fragile Lebensordnung unserer Welt bekämpft. Er ist also als Bedrohung noch sehr real. Zum anderen müssen wir an die Zukunft, die Welt von morgen denken, und da stimmen wir überein: Notwendig ist in der Tat der Abschied vom Feind.

Wir tragen aber die Freund-Feind-Unterscheidung auch in uns und müssen den »Feind« dort bekämpfen, wie seit zweitausend Jahren der christliche Glaube lehrt. Denn »Feind« ist immer der »Andere«, der »Fremde«, der uns unbequem ist oder überhaupt in Frage stellt.

Das stelle ich nicht in Abrede. Doch zunächst geht es ja um den politischen, nicht den persönlichen Feind. Da geraten wir in psychologische, vielleicht theologische Fragen, die von den politischen zunächst einmal zu trennen sind.

Dieser Hinweis ist in der Tat zentral, doch lassen Sie ihn uns noch etwas zurückstellen. Die entscheidende Stelle bei Carl Schmitt geht nämlich wirklich von einem völlig anderen Verständnis aus. In seiner Schrift Der Begriff des Politischen *von 1932 heißt es: »Die Begriffe Freund, Feind und Kampf erhalten ihren realen Sinn dadurch, dass sie insbesondere auf die reale Möglichkeit der physischen Tötung Bezug haben und behalten.« Und davon darf heute ja nun wirklich keine Rede mehr sein.*

Gut, da wissen wir, worüber wir sprechen. Das Thema ist ja derart komplex, dass es sich nicht im Überschriftenstil darstellen lässt.

Was kommen wird, ist auf alle Fälle das, was Sie mit Roosevelt die »One World« nennen. Sie kann nur als pluralistische Weltgesellschaft vorgestellt werden. Politisch organisierbar ist sie nach meiner Überzeugung allein in der so genannten Triade. Jede der drei Weltregionen muss dabei ihre eigenen Organisationsmuster finden, und diese werden im Prinzip föderalistisch, demokratisch und subsidiär sein. Anders können die hochdifferenzierten Regionen untereinander weder politisch noch ökonomisch kommunizieren. Mit anderen Worten: Die Zeit der Ideologien ist vorbei. Auch dem religiösen Fundamentalismus mit seinen politischen Ambitionen gebe ich auf Dauer keine Zukunft, obwohl er eine Region wie Zentralasien vorübergehend destabilisieren könnte. Er wird aber dem globalen Modernisierungsdruck auf Dauer nicht standhalten, und das ist gut so. In diesem Sinne lässt sich also weder geographisch noch sozialökonomisch oder politisch-ideologisch der Feind künftig so lokalisieren, wie wir das seit Jahrhunderten gewöhnt sind.

Im Kosovo-Konflikt war er noch lokalisierbar?

Ja und nein. Dieser Krieg ging nicht gegen die Serben, sondern gegen das Milósevic-Regime und seine aggressive Expansionspolitik. Das ist kein politischer, sondern ein krimineller Aspekt. Um es klar zu sagen: Der Feind von gestern ist immer der mögliche Partner von morgen, in diesem Fall das jugoslawische Volk. Insgesamt zeigt uns die erfolgreiche Westintegration, was hinsichtlich der Ostintegration noch zu leisten ist, damit auch dort aus Feinden Freunde werden. Wie dabei die Aussöhnung mit Frankreich der Schlüssel nach Westen war, so ist die Aussöhnung mit Russland der Schlüssel zum Osten. Wir müssen auch hier den Ausgleich, das Maß der Dinge, finden, sonst ist Sicherheit auf dem europäischen Kontinent auf Dauer nicht möglich.

Demnach realisiert sich die »One World« in der Überwindung des tradierten Freund-Feind-Denkens?

Das ist die notwendige Konsequenz aus den Erfahrungen der Geschichte. Wer sich außerhalb der völkerrechtlichen Normen bewegt, kann entsprechend der innerstaatlichen Analogie nur noch als Verbrecher, als Kriegsverbrecher, als kriminell definiert werden. Kein bestimmter Staat mehr, kein Volk, keine Nation, weder eine Rasse noch eine soziale Klasse beziehungsweise eine bestimmte Religionsgemeinschaft kann mehr als Feind deklariert werden, sondern …

… nur das konkrete politische Verhalten *innerhalb der Völkergemeinschaft. So der internationale Terrorismus.*

Genau. Auch die großen mafiosen Strukturen, die sich künftig noch stärker innerhalb der Weltgesellschaft ausbilden werden und dabei alle politischen Kategorien und Definitionen sprengen. Dabei müssen wir uns aber immer vor Augen halten, dass die »One World« eine ferne Zielvorstellung ist, bis zu deren Realisierung es ein weiter Weg mit vielen Hindernissen und Gefahren ist.

Ohne diese Vision ist es auf keinen Fall anders, im Gegenteil: Das zeigt die Gefahr durch die so genannten Schurkenstaaten.

Ich halte den Begriff aus der Vulgärsprache für ausgesprochen unglücklich, aber er hat sich irgendwie eingebürgert. »Sorgestaaten« klingt besser, aber auch harmloser, was ebenfalls ein Nachteil ist. Schließlich sind ja nicht die Staaten »Schurken«, auch nicht die Völker, es sind die Parteiungen, die »Parteien«, die Staaten und Völker okkupieren können, um sie für ihre Zwecke zu missbrauchen. Hier muss also genau differenziert werden, wie wir Deutschen ja am besten wissen. Wo ein Staat, ein Volk es zulässt, dass sich ein Regime mit kriminellen Ambitionen etabliert, wird es zur Bedrohung, zum Feind der übrigen Staaten- und Völkergemeinschaft. Diese wird einen Grundwertekatalog aufstellen müssen für die Kriterien, was ein verurteilungswürdiges Verhalten auf zwischenstaatlicher Ebene ist – gerade so, wie das ja innerhalb der Staaten ebenfalls geschehen ist. An erster Stelle wird die Gefährdung des Friedens stehen, nicht anders als im innerstaatlichen Bereich auch. So gesehen sprechen wir hier nicht mehr von Außenpolitik, sondern von der künftigen Weltinnenpolitik. Globalisiert sich das Verbrechen, genügt der Schutz in der Provinz nicht mehr.

Die Bekämpfung von Kriminellen ist Sache der Polizei. Also brauchten wir Streitkräfte, die im Kern eine internationale Polizeitruppe darstellen mit entsprechender Ausrüstung, Logistik und Motivation. Diese müsste der Weltregion entsprechen, der sie jeweils zuzuordnen ist. Noch einmal: Wie passt da die allgemeine Wehrpflicht hinein?

Ich sprach ja bereits von den beiden unterschiedlichen Sicherheitswelten, an deren Übergang wir heute stehen. Die Weltinnenpolitik ist in der Ökonomie des Weltmarkts, in Wissenschaft und Technik bereits da. Im Sicherheitsbereich stehen wir noch mit einem Bein im zwanzigsten, mit dem anderen schon im einundzwanzigsten Jahrhundert. Welches das Stand-, welches das Spielbein ist, darüber kann man streiten. Solange wir in dieser Übergangszeit leben, halte ich die Wehrpflicht für einen wichtigen Beitrag unseres jetzigen Sicherheitssystems. Dabei ist für mich neben der Landes- und Bündnisverteidigung vor allem wichtig:

- Die feste Verankerung der Bundeswehr und ihre Anerkennung in der Gesellschaft, die auf Grund unserer Geschichte bei uns noch immer nicht so gegeben ist wie anderswo.
- Sodann die Mitverantwortung des Einzelnen für Frieden, Freiheit, Recht und Menschenwürde in unserem Staat.
- Und nicht zuletzt, dass in einer Zeit, in der der Gemeinsinn zunehmend schwindet und das Ego Vorfahrt beansprucht, die Wehrpflichtigen gehalten sind, für eine gewisse Zeit dem Allgemeinwohl zu dienen. Ich schließe da den zivilen Ersatzdienst mit ein.

Lassen Sie mich in diesem Zusammenhang an die klassische Maxime der preußisch-deutschen Heere erinnern, mit der man damals die Partisanen zu besiegen hoffte: Die Truppe bekämpft den Feind, Marodeure werden von der Polizei erledigt. Implizit ist damit der Konflikt zwischen Staaten vorausgesetzt, samt ihrem Kriegsrecht. Das ist aber innerhalb der Weltgesellschaft, wenn ich Sie richtig verstanden habe, so künftig nicht mehr der Fall. Die Weltgesellschaft ist eine Zivilgesellschaft, die prinzipiell nur jene Kräfte zum Feind hat, die sich ihrer Ordnung widersetzen und sie zerstören wollen. Da liegt die Analogie zur polizeilichen Berufsarmee nahe. Sie bekämpft die Terroristen so wie der nationale Rechtsstaat seine innenpolitischen Feinde. Sie wäre mithin eine Friedens- und Sicherheitseingreiftruppe mit klar umrissenen Kompetenzen, eingebunden in eine entsprechende völkerrechtliche Jurisdiktion. Die »wehrhafte Demokratie« bestünde darin, dass jedes Land innerhalb seiner Welt-

region den ihm zugemessenen Beitrag in personeller, finanzieller und technologischer Hinsicht leisten müsste.

Das liegt in der Konsequenz der Gedankenführung und ist im Ansatz bei der europäischen Verteidigungsinitiative ja auch so gedacht. Aber ich muss noch einmal darauf hinweisen, dass das heute noch Zukunftsmusik ist. Für absehbare Zeit ist Sicherheit eine Aufgabe auf der historisch gewachsenen Ebene der Nationalstaaten und ihrer Bündnisse. Insofern können sowohl Sie recht haben wie auch ich. Vielleicht wäre ein dem nordatlantischen Pakt vergleichbares Sicherheitssystem über den Pazifik hinweg möglich? Dergleichen hat es ja schon mit der SEATO gegeben. Aber das wäre eine Aufgabe der Amerikaner einerseits und der Chinesen, Japaner, der Ostasiaten andererseits. Russland wäre dabei wie Amerika schon aus geographischen Gründen eine Art Bindeglied zwischen dem atlantischen und dem pazifischen Sicherheitssystem. Beide Länder können sich ja über die Beringstraße hinweg gewissermaßen die Hände reichen.

In diese Zukunftsvision passt das amerikanische Raketenabwehrsystem nicht hinein, schon deshalb nicht, weil ihm keine Gesamtvision vorausgeht, die – abgesehen vom Horrorszenario des CIA-Berichts – die Welt von morgen antizipiert. Der Traum von einer technisch zu realisierenden Unverwundbarkeit stellt das Gegenteil dar. Denn er verlässt sich auf Technik anstatt auf die Veränderung des Bewusstseins. Es scheint so, als würde immer mehr politische Verantwortung an die technischen Subsysteme delegiert, einschließlich der Polytechniker, die sie erfinden, verkaufen und etablieren.

Richtig. Kein noch so perfektes Abwehrsystem kann jene Kommunikation der Menschen untereinander ersetzen, deren Ziel es sein muss, diese Systeme durch Interessenausgleich, Verständigung und Verträge überflüssig zu machen. Dabei träumen Amerikaner und Europäer offenbar unterschiedliche Träume, die einen eher technische, die anderen soziale. Wahrscheinlich ist, dass eine Parzellierung der globalen Sicherheit in verschiedene Schutzzonen einen Rückfall in den Kalten Krieg bedeuten würde. Das darf natürlich nicht sein. Vielmehr müssen wir kooperieren, um das bisherige System fortzuentwickeln. Das, was wir hierzu über die »Integration Ost« gesagt haben, zielt ja genau in diese Richtung. Wir können aber nur vorsichtig Schritt für Schritt vorgehen und die gegenwärtigen Sicherheitsstrukturen so reformieren, dass sie zugleich für jene künftige Welt offen sind, in der sämtliche Sicherheitsfragen Aufgaben der Weltinnenpolitik sein werden. Es ist heute noch nicht zu übersehen, ob das alles zugleich zu leisten ist, wahrscheinlich nicht. Dafür sind die Anforderungen zu hoch. Und die Sicherheitsstrukturen stellen ja schließlich nur *einen* Aspekt der äußerst komplexen und ebenso labilen Weltinfrastruktur dar.

Die Labilität sämtlicher Biosysteme hat sich in der Tat erheblich erhöht. Die wachsende Gefährdung wird zwar täglich erfahren, aber nicht mehr eigens realisiert. Sie wird als notwendig zu zahlender Preis für einen als selbstverständlich geltenden »Fortschritt« empfunden. Dabei bleibt unklar, was heute unter Fortschritt verstanden werden soll. Die Idee, die Vorstellung vom Fortschritt ist zweihundertfünfzig Jahre alt. Es hat sie so weder zuvor gegeben, noch wird es sie künftig geben. Bildlich gesprochen, befinden wir uns wie auf einem sich unter uns fortbewegenden Transportband, das sich ständig beschleunigt. Wir haben seiner Bewegungsrichtung den Rücken gekehrt. Um nicht fortgerissen zu werden, laufen wir in die entgegengesetzte Richtung und treten so auf der Stelle. Doch mit wachsender Beschleunigung geraten wir außer Atem und brechen irgendwann zusammen. Mehr tot als lebendig kommen wir in der Zukunft an.

Es ist wahr, das Band können wir nicht abschalten, ohne Bewegung gäbe es kein Leben, keine Geschichte, keine Zeit. Die Politik kann ja nur insoweit steuern und stabilisieren, wie es die Menschen zulassen. So hilft es nichts, den so genannten Reformstau auf Teufel komm raus auflösen zu wollen, wenn dadurch ein Gefühlsstau aus Angst und Abwehr gegen den Modernisierungsdruck entsteht. Gerade weil unsere Welt immer fragiler und verletzlicher geworden ist, ist es so wichtig, neu darüber nachzudenken, was Sicherheit sein kann und was nicht. Es gibt keine absolute Sicherheit. Wer das glaubt, träumt nicht nur, sondern befindet sich außerhalb der Realität. Aber es gibt relative Sicherheit, für die der Weltfrieden unbedingte Voraussetzung ist. Denn Krieg ist – darin stimmen wir überein – nicht mehr eine Fortsetzung der Politik mit anderen Mitteln, wie vor bald zweihundert Jahren Clausewitz noch sagen konnte, sondern er bedeutet die Vernichtung der Politik. Carl Friedrich von Weizsäcker hat bereits vor Jahrzehnten gesagt: Frieden ist die Bedingung des atomaren Zeitalters.

Schlussfolgerung also: Sicherheit ist primär Schutz vor äußerer Gewalt. Das schließt den kriminellen Aspekt des neuen terroristischen Feindes ein.

Richtig. Definieren wir aber Sicherheit als »Schutz vor«, müssen wir zugleich hinzufügen: Frieden heißt auch sozialer Frieden, also Schutz vor Armut und Verelendung. Das ist uns Bayern in der CSU immer geläufig gewesen. Daher christlich-*soziale* Union. Bei allen militärpolitischen Überlegungen müssen wir uns künftig immer vor Augen führen, dass die gewaltigen Kosten der Verteidigungsausgaben in jenen Bereichen fehlen, aus denen sich weltweit die Konfliktstoffe regenerieren: den sozialen Verwerfungen der Armut, dem international operierenden Terrorismus sowie den kriminellen Syndikaten, die die eigentlichen Nutznießer der labilen Systeme sind. Eine Polizei allein hilft nicht. Das ist im internationalen Bereich nicht anders als im nationalen. Was wir ebenfalls brauchen, ist eine globalisierte soziale Marktwirtschaft. Die Modelle sind da, doch die Umsetzung in die Praxis ist die eigentliche Mühsal. Der Politiker, der sechzehn Stunden am Tag im Geschirr steht, kann sich zwar im Gespräch grundsätzliche Gedanken machen über die Welt von morgen, dann aber hat er es wieder mit den Problemen des Länderfinanzausgleichs, mit den Verordnungen aus Brüssel zu tun oder auch mit der Frage: Wie sieht eine am Verbraucher orientierte Landwirtschaft aus, die nicht gegen den Bauern, sondern mit ihm gestaltet wird? Kann hier die Industrie überhaupt noch das Paradigma der Produktion sein?

Ich möchte an dieser Stelle an den alten Einstein erinnern, der gesagt hat: Wir haben die Macht des Atoms entfesselt. Wollen wir aber einer »Katastrophe ohnegleichen« entgehen, brauchen wir eine »wesentlich neue Denkungsart«. Einstein blickte auf den Abwurf der ersten Atombomben auf Hiroshima und Nagasaki zurück. Ich habe vor Jahren, als ich in Japan war, zur Zeit des Kirschblütenfests die Gedenkstätte von Hiroshima besucht. Damals gab es die Äußerungen des Piloten Paul Tibbets noch nicht, der bei der US-Air-Force einen jener so genannten Tarnkappenbomber vom Typ B2 fliegt, die bis zu achtzehn Tonnen an Atomwaffen transportieren können. Auf seinen Großvater gleichen Namens angesprochen, der am 6. August 1945 die Bombe auf Hiroshima abgeworfen hatte, sagte Tibbets 1998: »Ich ziehe den Hut vor dem, was er getan hat. Er flog ins Unbekannte, und dennoch hat er seinen Job erledigt.« Sodann lässt er keinen Zweifel daran, dass auch er nicht anders handeln würde: »Wenn mir befohlen wird, Atomwaffen einzusetzen, werde ich damit kein Problem haben.« Und er fügt hinzu: »Ich muss doch Vertrauen in die politische Führung des Landes haben.«

Der Mann hat insofern Recht, als ohne Vertrauen in die politische Führung Streitkräfte in einer Demokratie nicht agieren können. Weswegen dieser Hinweis trotzdem unbefriedigend ist, hat einen anderen Grund. Es ist leicht, sich über die Äußerungen, die Sie zitiert haben, moralisch zu entrüsten. Schwieriger ist es, sich klar zu machen, dass wir hier alle vor einem noch unauflöslichen Dilemma stehen: Nicht nur militärisch, auch ökonomisch haben Wissenschaft und Technik Machtmittel hervorgebracht, die die Gefahr in sich bergen, dass das Menschliche des Menschen in ihm untergeht. Genau dieses Problem steckt auch hinter der so genannten Politikverdrossenheit. Schröder und Fischer glauben noch, sie könnten das Dilemma in eine Modernisierungsrhetorik verpacken, die so tut, als hätte man alles fest im Griff. Ich glaube dagegen, dass ungeschminkte Ehrlichkeit in der Politik mehr denn je das Gebot der Stunde ist. Das gilt auch für Fragen der Weltpolitik. Die lange Friedenszeit von über einem halben Jahrhundert, die hinter uns liegt ...

... *Experten haben ausgerechnet, dass seit 1945 rund hundertfünfzig Kriege in der Welt geführt worden sind und sich die Zahl der Atommächte in derselben Zeit versechsfacht hat ...*

Das ist richtig, aber ich meine die Möglichkeit eines neuen Weltkriegs, mit der wir vierzig Jahre lang rechnen mussten, und zwar mitten in Europa, mitten in Deutschland. Also: Diese lange Friedenszeit ist das Resultat einer im Grunde absurden Konstellation: Die Waffen, deren ungeheure Vernichtungswirkung niemand sich vorstellen kann, mussten da sein, damit sie nicht eingesetzt wurden. Zwar hat sich die politische Situation seit zehn Jahren von Grund auf gewandelt, doch nicht die Waffensysteme, auch nicht unsere Mentalität. Beides ist noch so wie vor zwanzig Jahren, ein Überhang von Abwehrpotenzial, dem die Wirklichkeit nicht mehr entspricht. Ich gebe Ihnen also Recht: Nun müsste jene qualitativ neue Denkungsart sich durchsetzen, von der Albert Einstein vor vierzig Jahren schon gesprochen hat. Aber eben nicht allein bei den Politikern, sondern bei allen Zeitgenossen.

Man könnte fragen: Wie steht es mit der Sicherheit in uns, mit dem Schutz vor uns selbst, vor den Verblendungen, die wir ständig neu produzieren? Wirft das nicht ein anderes Licht auf »den Feind«, der ja gerade nicht immer nur der andere ist, der uns bedroht? Vom »planetarischen Bewusstsein« her gedacht, müssten wir sagen: Wir selbst sind es, die uns bedrohen. Hier wäre der Ansatz, an dem Carl Schmitts Begriff des Politischen tatsächlich überwunden werden könnte. Der Feind, schreibt Schmitt, ist der Andere, der Fremde, und es gehört zu seinem Wesen, »dass er in einem besonders intensiven Sinne existenziell etwas Anderes und Fremdes ist«. Dann kann er im »konkret vorliegenden Konfliktsfalle« entsprechend bekämpft werden. Danach ist die eigentliche politische Kraft die Fähigkeit, die Menschen in Freund und Feind zu »dissoziieren«, also zu trennen. Wir müssen heute genau umgekehrt sagen: Die eigentliche politische Fähigkeit in unserer so gefährdeten Welt ist die der Assoziation und Integration. Denn in der »One World« ist nicht nur der Frieden, sondern auch die Freiheit eine unteilbare Einheit. Wenn Sicherheit zum einen Schutz vor Gewalt ist, zum anderen Schutz vor Verarmung, wäre dann nicht die dritte Komponente der Schutz der Freiheit? Freiheit ist nicht allein eine äußere Angelegenheit, sondern hat ihren Grund in uns selbst.

Dem kann ich voll und ganz zustimmen. Es geht nicht nur um die bürgerlichen Rechte, um Verfassungsfragen und

Rechtsstaatlichkeit, so außerordentlich wichtig das alles ist. Vielmehr überwölbt die Freiheit die anderen Aspekte der Sicherheit. Denn Schutz vor Gewalt zielt auf eine gewaltfreie Welt, nicht, wie ich schon sagte, auf eine Welt, die ohne Spannungen und Konflikte ist. Der Schutz vor Verelendung, vor Verarmung, wäre eine Welt, die frei wäre von diskriminierenden sozialen Unterschieden. Das bedeutet nicht, dass global überall dieselben Verhältnisse herrschen müssten, das wäre auch unmöglich, eine unsinnige Utopie. Es bedeutet aber wohl, dass so weit wie irgend möglich überall halbwegs gerechte Lebensbedingungen herrschen müssen – zumindest als Chance. Dann wäre das alles überschattende Migrationsproblem der Zukunft entschärft. Frieden und Freiheit bedingen einander, nur wo Frieden herrscht, kann Freiheit sein und umgekehrt. Sonst handelt es sich um einen Friedhofsfrieden, und der dient nicht dem Leben, sondern dem Tod.

In der Überlieferung des christlichen Glaubens gibt es einen Frieden, der »höher ist als alle Vernunft«.

Das ist wahr. Aber damit verlassen wir das Gebiet der Politik, jedenfalls im engeren Sinn. Sie kann eine Richtung vorgeben, doch die Vorstellung einer ewigen Harmonie ist eine Illusion. Hier ist Nüchternheit angesagt. Utopie, Utopia – das ist übersetzt ein Nirgendwo-Land. Es sind nicht zuletzt die Utopisten, die viel Unheil in die Welt gebracht haben.

Politik als unser aller Schicksal, als geschichtliche Aufgabe zu verstehen hat mit Utopismus nichts zu tun. Sie ist vielmehr identisch mit all jenen Bemühungen, die dem Leben immer wieder neu die Möglichkeit geben …

… in Frieden, Freiheit und Sicherheit zu leben, ja. Dabei ist ja eigentlich schon deutlich geworden, dass Frieden und Freiheit zwar *in* dieser Welt, aber nicht allein *von* dieser Welt sind. Vielleicht gilt das auch von der Sicherheit.

Für den Glauben schon. Denn auch die Sicherheit gründet in jener Wahrheit, die nicht von dieser Welt ist. Sie macht den Menschen in sich selber frei und damit sicher. Aber das führt jetzt wohl zu weit.

Politisch jedenfalls. Das Resümee lautet daher: Jede Politik muss im Wesentlichen Friedenspolitik sein. Der Satz klingt so einfach, dass leicht übersehen wird, wie schwer die Verwirklichung ist. Ihr gilt ja vor allem die Kunst, das politisch Notwendige zu tun. Wenn wir diese Kunst nicht erlernen, werden wir niemals erfahren, worin heute das Maß der Dinge liegt. Der erste Schritt dazu ist jedenfalls der Abschied vom Feind – daran kann kein Zweifel bestehen.

II. Teil:

Raumschiff Erde

»Baustelle Deutschland«

Im Frühjahr 2001 hatte Ihr Generalsekretär Thomas Goppel ein neues physikalisches Phänomen entdeckt, nämlich das Echo ohne Ruf. Sonst sagt man ja: Es schallt so aus dem Walde heraus, wie hineingerufen wird. Was Goppel ausgemacht hatte, war aber ein Echo, dem überhaupt kein Ruf vorausgegangen war.

Das zielte auf die leidige Diskussion um die Kanzlerkandidatur in der Union. Da lief nicht nur das Echo dem Ruf voraus, sondern es gab sogar Echolaute ohne Ruf. Das war tatsächlich selbst in der Welt der Politik ein neues Phänomen, denken Sie an Möllemann, an die FDP, die ebenfalls einen Kanzlerkandidaten suchte. Es scheint nicht mehr wichtig zu sein, was gesagt wird, sondern allein, dass etwas gesagt wird. Entscheidend ist, dass Aufmerksamkeit erregt wird, es zählt nur noch der Unterhaltungswert. Zeit der Narren, meint Wolfgang Schäuble, wir lebten in einem permanenten Karneval. Das kann einem wohl manchmal so vorkommen, ich selbst möchte allerdings nicht so weit gehen.

Warum »leidige« Kandidatendiskussion? Es ist doch verständlich, dass die Öffentlichkeit daran interessiert ist zu erfahren, wen die Unionsparteien als Kandidatin oder Kandidaten aufstellen. Gerhard Schröder hat gespottet, sie würden das erst nach der Wahl tun.

Im Frühjahr 1998 hatten wir bei den Sozialdemokraten ebenfalls ein neues Phänomen. Es gab einen Kandidaten, der sich selbst aufgestellt hatte, die Partei wollte Schröder nicht.

Das hat sich geändert, jetzt geht es um die Union. Den Kanzler kennt man ja nun.

Das ist die Frage. Mit Schröder hatte damals keiner gerechnet, Oskar Lafontaine jedenfalls nicht.

Helmut Kohl auch nicht. Und Sie?

Ich habe mich nicht mit Schröder, sondern mit der SPD verkalkuliert. Zu Willy Brandts und Helmut Schmidts Zeiten war sie kein bloßer Kanzlerwahlverein, sie stand für eine Sache, eine bestimmte Politik. Das war nicht die Politik der Union, aber es war doch eine Position, ein Programm, ein Konzept. Dass 1998 das Kriterium für die Kanzlerkandidatur auf einmal eine Landtagswahl wurde, war in der Tat etwas Neues. Dann die Bundestagswahl selbst. Auch durch den Wahlsieg schaffte Schröder die Akzeptanz beim Wähler zunächst nicht. Ich höre noch das Wort vom »Medienkanzler«. Daran ist auch heute noch insofern etwas richtig, als Schröder in erster Linie kein Macher, sondern ein Darsteller, ein Verkäufer von Politik ist.

Wird die Frage nach seiner Akzeptanz nicht inzwischen durch seine Beliebtheit beantwortet?

Nein, im Gegenteil. Die demoskopische Popularität verstellt sie nur. Es geht ja um Politik, nicht um Showbusiness. Beliebtheit ist eine mediale Kategorie, die mehr den Bekanntheitsgrad anzeigt als die Wahlchancen. Heute versucht die Politik durch immer neue demoskopische Umfragen die Hand an den Puls der Zeit zu legen, um der Stimmung im Land auf die Spur zu kommen. Die Ergebnisse werden in die Öffentlichkeit zurückgespiegelt und stellen dann ein politisches Faktum dar.

Die Öffentlichkeit erfuhr damals immerhin, dass Schröder schon Jahrzehnte zuvor am Gartenzaun des Bonner Kanzleramts gerüttelt und gerufen haben sollte: Da will ich rein!

Er ist ja auch hineingekommen. Das Problem ist heute, dass niemand so recht weiß, warum er dort in der nächsten Legislaturperiode bleiben sollte. Die Frage, wer Gerhard Schröder ist, stellt damit ein Politikum dar: Wofür steht der Kanzler, womit fällt er? Steht er überhaupt oder dreht und wendet er sich wie ein Mobile im Wind? Das politische Klima wird rauer, nicht nur in Europa, wie wir spätestens seit der Konferenz von Nizza wissen, auch weltweit. Da werden die Bewegungen des Kanzlers heftiger, ohne dass klar wäre: Hat er die Hand am Ruder, hat das Ruder ihn in der Hand? Natürlich, das ist überzogen formuliert, aber in der Sache mache ich mir Sorgen. Zwischen dem Bild, das von der Regierungsarbeit in die Öffentlichkeit projiziert wird, und der politischen Substanz des tatsächlich Geleisteten klafft eine gewaltige Lücke. Hier gilt die Devise: Kommt der Chef nicht zur Sache, braucht die Sache einen neuen Chef.

Jedenfalls wird man den Eindruck nicht los, dass die Allianz aus Macht und Medien, die ihn trägt, selber den Wind macht, den sie zum Segeln braucht. Hinzu kommt noch etwas anderes: Es ist, als ob die Zielmarke, die den Kurs der Politik bestimmt, an den Bug des Staatsschiffs genagelt worden wäre. So kann man immer behaupten, man liege genau richtig im Wind, und dabei auf den Kapitän verweisen, der oben auf der Brücke steht.

»Oben« ist keine politische, sondern eine persönliche Standortbestimmung. Schröder wollte immer nach »oben«, dort ist er nun, dort will er bleiben. Der politische Kompass der SPD ist inzwischen ganz auf ihn geeicht. Nicht der Kanzler zeigt in eine Richtung, die Richtung ist der Kanzler selbst.

Entspricht das nicht der Egomanie, dem Menschenbild unserer Zeit? Schröder hat ja auch die »Neue Mitte« entdeckt. Ist sie ebenfalls ein Medienphänomen?

Die »Neue Mitte« gleicht einer Art Wanderdüne. Der Wind des Zeitgeists treibt sie immer da hin, wo Schröder steht. Die Regierungskoalition hat wesentlich vom Finanzskandal der CDU gelebt, denken Sie an die glänzenden Ergebnisse des halben Dutzend Landtagswahlen im Jahr 1999. Es gab nach der gewonnenen Bundestagswahl nur rechnerisch eine rot-grüne Mehrheit im Land, keine politische. Ohne die Spendenaffäre der CDU – das kann man sich heute nicht klar genug vor Augen führen – wäre die Koalition mitsamt ihrer »Neuen Mitte« längst schon vom Winde verweht.

An der Affäre selbst gibt es nichts zu deuteln, wobei ja der Versuch, die Leistung Helmut Kohls insgesamt zu diskreditieren, misslungen ist. Immerhin handelt es sich um die größte Parteienkrise in der Geschichte der Bundesrepublik.

Das bestreite ich auch nicht. Ich mache auch keine Gegenrechnung auf, wie das mit dem Hinweis auf den seinerzeitigen Neue-Heimat-Skandal geschehen ist. Das wäre kleinkariert. Es geht nicht nur beim Staat, sondern auch bei den Parteien immer um das Wohl des Ganzen, um uns alle. Aber die Krise des Gegners ist noch keine eigene politische Leistung. Steuer-, Renten-, Gesundheits- und Wehrreform, vom überregulierten Arbeitsmarkt zu schweigen – das ist eine »Wetten, dass ...«-Politik: Wetten, dass ich Kanzler werde, wetten, dass ich Kanzler bleibe ... Wetten, dass – bis 2008 oder 2010?

Die Wetten, dass die Union die Wahl im Herbst 2002 gewinnen könnte, stehen – sagen wir – eins zu drei. Würden Sie darauf wetten, dass die Union schon wieder regierungsfähig ist, wo sie doch kaum als oppositionsfähig erscheint?

Die neue Führung der CDU hatte es schwer, Tritt zu fassen. Aber stellen Sie sich bloß einmal Müntefering dabei vor. Da klappt ja nicht einmal im eigenen Landesverband das, was er Parteireform zu nennen pflegt. Ich glaube, in der Union wachsen die führenden Persönlichkeiten mit den Problemen, in der SPD dagegen die Probleme mit der Führung. Im Übrigen ist für mich Politik gerade nicht eine »Wetten, dass …«-Veranstaltung. Deshalb kann ich Ihre Frage nach der Bundestagswahl auch nicht in der Weise beantworten, wie ich sie gerade am politischen Gegner kritisiert habe. Fragen Sie aber nach den Chancen der CDU/CSU, wieder stärkste politische Kraft zu werden, so bin ich alles andere als hoffnungslos. Die Union war nie ein Club von Defätisten oder eine bloße Schönwetterpartei. Wenn es darauf ankam, haben sich noch immer alle zusammengerauft und sich geschlossen hinter die Führung gestellt. Krisen sind immer auch Chancen, zur Besinnung zu kommen. Und einer Neubesinnung bedarf es in der Tat, da es um Konzepte, Werte, Perspektiven und Visionen geht. Das ist etwas anderes als permanente Retuschen an einem Pleiten-, Pech- und Pannensystem. Hochmut kommt bekanntlich vor dem Fall, und was sonst ist diese zur Schau getragene Mischung aus Arroganz und Ignoranz, mit der den Wählerinnen und Wählern suggeriert wird: Auch wenn sie es selber noch gar nicht wüssten, so wüsste es doch die Regierung schon, wie sie in einem Jahr mehrheitlich entscheiden würden …

Bekommen wir eine rote Hauptstadt, eine rote Republik? Sieht Deutschland nur noch rot?

Nein, das glaube ich nicht. Da haben ja die Wählerinnen und Wähler das entscheidende Wort zu sprechen und nicht Gerhard Schröder. Schließlich geht es doch nicht um die Optionen des Kanzlers, sondern um die Optionen der Wähler zu diesem Kanzler. Sind die Scheinwerfer ausgeknipst, in deren Licht Schröder agiert, sieht es politisch finster aus. Denken Sie an die Inflationsrate, das faktische

Nullwachstum der Wirtschaft, mit dem Deutschland in Europa Schlusslicht ist, an die hohe Arbeitslosigkeit und die noch immer enorme Steuerbelastung des Bürgers trotz aller Reformbemühungen. Die Rolle des Spaßkanzlers lässt sich nicht länger durchhalten, da ist endgültig »Schluss mit lustig«, und zwar zu Recht.

Ist Schröders »Neue Mitte« eine linke Mitte?

Die Bezeichnungen »links« und »rechts« besagen von Jahr zu Jahr immer weniger. Die Koalition hat sie natürlich als linke Mitte ausgemacht, nach dem Prinzip: »Ich sehe was, was du nicht siehst.« Ich jedenfalls kann die Mitte nicht bei SPD, PDS und den Bündnis-Grünen erkennen und die meisten in diesem Lande ebenfalls nicht. Schröder erkennt seine »Neue Mitte« nur deshalb, weil er sie stets da ansiedelt, wo er selber steht. Sie folgt ihm sozusagen ständig nach. Im Grunde handelt es sich um die alte Linke.

Und die FDP?

Die Freien Demokraten möchten gerne wieder Wechselpartei sein, weil sie irgendetwas von Wechselwählern gehört haben. Vor allem möchte die FDP gern Waage am Zünglein sein – aber wir werden ja sehen, was da gewogen und für zu leicht befunden wird.

Geht es aber nicht um etwas anderes? Die Wählerinnen und Wähler denken nicht mehr in »Lagern« oder »Blöcken« und immer weniger in festen Parteibindungen. Sie sind weniger denn je weltanschaulich fixiert und orientie-

ren sich aktuell am inhaltlichen Politikangebot. Sie wählen, was sie zur gegebenen Zeit für attraktiv, für überzeugend halten.
Bei einem unserer ersten Gespräche haben Sie ja das Bild von der »Politik nach dem Supermarktprinzip« geprägt, und ich denke, dem entspricht bei den Wählern im Extremfall eine Art Warenhausmentalität: Politik als Sonderangebot im Sommerschlussverkauf. Vor allem die jüngeren Wähler legen sich nicht mehr ein für alle Mal fest, sondern entscheiden von Wahl zu Wahl. Sie sind flexibel, so gesehen vielleicht auch insofern labil, als sie morgen womöglich ganz anders reagieren als heute oder gestern. Insofern sind die Reaktionen immer schwerer vorauszusagen, sie erfolgen aus dem Augenblick. Das heißt auch, dass die Medien stark mitbestimmend sind und die Umfragen so aussagekräftig werden wie die Wettervorhersagen: Entweder wird es anders, oder es bleibt, wie es ist.

Das trifft für den Alltag zu. Versucht man aber die Oberfläche zu durchstoßen und in die tieferen Gefühlsschichten einzudringen, nimmt man die Unsicherheit, die Verkrampfungen, die Ängste der Menschen wahr: Die Modernisierungsskepsis, die Sorge über die fragilen Nahrungs- und Lebensmittelketten, über die verdrängte, aber gerade deswegen beunruhigende Sicherheitslage, sodann die Globalisierung der Kriminalität sowie die Migrationsfragen und das Generationenproblem. Und schließlich: Die Eltern verstehen oft ihre Kinder nicht mehr und die Kinder die Eltern nicht. Da schmilzt dann auch der Respekt voreinander wie Schnee in der Sonne. Respekt ist das Gefühl für die Würde des Anderen.

Kurz gesagt, die Welt ändert sich so rapide, dass nur eins noch sicher zu sein scheint: die wachsende Unsicherheit. Sie produziert Heimatlosigkeit, ja Unbehaustheit und neue Verdrängungsphänomene. Auch die Spiel- und Spaßgesellschaft ist ja ein Krisensymptom. Die Menschen ahnen im Unterbewusstsein, dass jede Form von gesellschaftlicher Infantilisierung eine Entmündigung darstellt. So weiß im Grunde jeder, dass der ökologische Countdown nicht nur läuft, sondern galoppiert. Doch die Unterhaltungsindustrie hat den Bürger fest im Griff, das politische Bewusstsein wird narkotisiert.

Ich kann Ihnen da nur zum Teil folgen, da ich täglich mit Menschen aus allen Bevölkerungsschichten Kontakt habe. Das sind Begegnungen, die mir immer wichtig gewesen sind. Es ist trotz aller Schwierigkeiten viel Zuversicht bei den Menschen. Deshalb kann ich auch nicht verstehen, wie man Politik als PR-Geschäft betreiben kann. Seit Berlin Hauptstadt und Regierungssitz ist, pulsiert der Kreislauf von Medien und Politik immer schneller. Womöglich haben wir bald nicht mehr nur das Echo vor dem Ruf, sondern auch die Nachricht vor dem Ereignis. Noch mag das System halbwegs transparent sein, doch es ist kalt und steril. Wenn man sich in letzter Zeit bei unseren Nachbarn so über die hysterischen Deutschen wundert, dann hat das mit dieser Situation zu tun. Das wiedervereinigte Deutschland ist eben nach wie vor eine Baustelle und wird es noch eine Weile bleiben. Selbst das neue Bundeskanzleramt würde Schröder am liebsten wieder umbauen, nämlich kleiner bauen. Aber so ernst ist seine Bescheidenheitsattitürde nicht gemeint. Sie ist wohl eher für die »Galerie« gedacht wie so vieles im offiziellen Berlin.

Berlin selbst ist ja eigentlich keine kalte Stadt und war es auch früher nicht. Fehlt bayerisches Gemüt?

Es fehlt der Ausgleich zwischen Tradition und Moderne. Politik muss nicht nur eine Verstandes-, sondern auch Herzensangelegenheit sein, das kann ich nur immer wiederholen. Mit dem Herzen dabei sein heißt aber nicht, dass ein medialer Personenkult zelebriert wird, weil man den Bürgern keine Sachfragen zutrauen zu können meint. Politik muss in ihren Entwürfen, Programmen und Initiativen wieder das humane Maß ausweisen, wie wir es mit der Vision von der aktiven Bürgergesellschaft tun. »Mitten im Leben« – »Von Mensch zu Mensch« – wer nicht spürt, dass die unmittelbare Zuwendung, die direkte Kommunikation zwischen den Bürgern und ihren gewählten Repräsentanten wieder entscheidend geworden ist, hat die Zeichen der Zeit nicht verstanden. Es gehörte stets zu den Stärken der Konservativen, nicht in abstrakten Modellen, Begriffen und Theorien zu schwelgen. Schon das Wort »Gesellschaft« ist abstrakt, ein Kollektivbegriff. Die Menschen sind immer einzelne, unverwechselbare Individuen, die weder in soziologischen Definitionen noch irgendwelchen technokratischen Funktionen aufgehen. Genau das ist aber in der Ego-Gesellschaft der Fall und wird den Bürgerinnen und Bürgern obendrein noch als Fortschritt verkauft.

Ein solches Menschenbild kann nur dann entstehen, wenn die Tatsache geleugnet wird, dass der Mensch ein unvollkommenes Wesen ist. Er muss dann vollkommen gemacht werden – ein im genauen Sinn des Wortes unmenschliches Unterfangen. Aber mit dem Industriezeitalter geht das Maschinenzeitalter zu Ende, und damit auch das maschinelle Denken. Der Politiker als Machttechniker hat ausgedient, auch in der modernen Version des Humantechnikers oder Sozialingenieurs. Hier liegt auch der Grund, warum das Image des perfekten Machers dem Politiker eher schadet als nützt. Es bestreitet ihm das Recht auf Irrtum, auf Schwächen und Fehler, er soll perfekt wie eine Maschine sein. Das schließt Lern- und Reifeprozesse aus.

Sie meinen, der sündige, also erlösungsbedürftige Mensch der Theologie erscheine in unserer Gesellschaft als defektes Wesen, das nun technisch perfektioniert werden muss?

Das meine ich. Es lässt sich an der Biotechnik unserer Tage erkennen: Es geht nicht nur um Heil-, sondern um Heils*wissenschaft. Dass Gott den Menschen erlöst, ist für dieses Weltbild ein Märchen aus alter Zeit. Künftig besorgt das der Biotechniker. Erlösung bedeutet bei ihm Reproduktion. »Wir graben den Schacht von Babel«, heißt es bei Franz Kafka lapidar. Dabei wird die Umkehrung des Mythos vom Turmbau zu Babel nicht erläutert, doch ist klar, dass die Hybris nicht mehr Gott im Himmel, sondern dem Menschen auf Erden, dem irdischen Leben gilt. Es soll noch einmal erfunden werden, diesmal technisch perfekt. So aber verfehlt der Mensch seine eigentliche Aufgabe, die ihn erst zum Menschen macht, nämlich* *sich als unvollkommenes Wesen anzunehmen, vor allem die eigene Endlichkeit. Er soll das Zeitliche nicht perfektionieren, sondern segnen, wie es früher hieß, allerdings nicht erst im letzten Augenblick. Das ist dasselbe, wie wenn die Psychologen lehren, das Wichtigste im Leben sei die Selbstannahme, die eigene Adoption.*

Aber es liegt in der Natur des Menschen, sich selbst und seine Lebensverhältnisse ständig verbessern zu wollen.

Jedenfalls in der Kultur des abendländischen Menschen. Für die indianische, die indische oder asiatische gilt das ursprünglich nicht. Es ist die europäische Kultur, die zur wissenschaftlich-technischen Weltzivilisation geworden ist. Dabei hat sie die regionalen Kulturen an den Rand gedrängt und entsprechende Aggressionen geweckt. Das sollten sich die Europäer vor Augen halten, wenn sie in Zukunft mehr Weltverantwortung übernehmen. Das Ende des kolonialen Zeitalters liegt kein halbes Jahrhundert zurück und löst noch immer starke Affekte aus, auch wenn es heute mehr die Amerikaner trifft. Sie haben ja in den letzten Jahrzehnten im Nahen wie im Fernen Osten die Kriege geführt. Die Rolle des Weltpolizisten, dem Europa als Hilfssheriff assistiert, kann nur als Machtdemonstration gelten, nicht als Politik. Wenn schon Polizisten, dann als zivile Ordnungshüter, also als Freund und Helfer, der für das Gesetz steht, es sich aber nicht selber macht. Doch das führt zurück zu unserem ersten Gespräch, nämlich auf die Frage: Wie legitimiert sich innerhalb der Weltgesellschaft die Macht?

Deshalb möchte ich lieber noch einmal auf die deutsche Situation zurückkommen. Die Achtundsechziger hatten ohne Zweifel eine reale innenpolitische Funktion. Das sehe ich nicht anders als Bundespräsident Rau, wenn auch nicht so emphatisch. Schließlich dürfen keine neuen Mythen entstehen, Aufklärung kennt keine Tabus. Der Anstoß kam damals aus den USA: der Vietnamkrieg, die Ermordung Martin Luther Kings, die Bürgerrechtsbewegung überhaupt, vor allem die Ermordung von Robert Kennedy, der sich 1968 anschickte, den Kampf ums Weiße Haus aufzunehmen. Schließlich die Unklarheiten um die Ermordung seines Bruders John F. Kennedy, der Warren-Report, der sie beseitigen sollte und mehr Fragen aufwarf, als er beantwortete. Alles das war mehr an Zumutungen, als die Weltöffentlichkeit ertragen konnte. Und so geriet das gesamte politische System des Westens ins Zwielicht. In der Bundesrepublik gab es die große Koalition, die niemanden überzeugte, danach die sozialliberale Regierung mit der charismatischen Figur Willy Brandts. Schließlich die heftigen Diskussionen um die Notstandsgesetze – das alles brachte die akademische Jugend auf den Plan. Die gesamten politischen Strukturen der beiden vergangenen Jahrzehnte gerieten unter Druck. Es ist kein schlechtes Zeichen für ein Land, wenn die Innovationsimpulse vom Campus der Universitäten ausgehen.

Haben Sie das damals als Jurastudent auch so gesehen?

Nein, im Gegenteil. Von Bayern her gesehen nahmen sich die Proteste und Aktionen in Berlin, Göttingen oder Hamburg als »preußische« Ereignisse aus, jedenfalls als norddeutsche, die sich auf beiden Seiten mit alten Ressentiments zu mischen begannen. Das schwappte auch erst später nach Süddeutschland über. Die konkreten Anlässe wie die Kritik an der Ordinarien-Universität interessierten mich damals mehr als die endlosen Theoriediskussionen, für die die Juristen ohnehin wenig übrig haben. Das war für mich alles akademischer Hochnebel. Wer hatte schon wirklich Adorno oder Habermas gelesen? Mein Denken zielte schon damals auf die praktischen Probleme. Einen »eindimensionalen Menschen« wie bei Marcuse konnte es für mich auch nicht geben, denn das bedeutete eine punktuelle Existenz. Vermutlich meinte Marcuse den zweidimensionalen Menschen, also die lineare Existenz. Diese entsteht durch die lineare Verbindung zwischen zwei Punkten und konnte als solche kritisiert werden, eine punktuelle dagegen nicht. Die schien mir ein ungenaues Gedankengebilde zu sein, das in der Realität zudem nirgendwo vorkommt.

Mir ging es anders, schon weil meine Studienfächer neben der Zeitgeschichte die Politik- und Sozialwissenschaften waren. So habe ich in Berlin die Anfänge der Studentenbewegung in den Sechzigerjahren miterlebt. Als »Außerparlamentarische Opposition«, die sich dann immer mehr radikalisierte, ist sie mir erst 1968/69 in Göttingen ins Bewusstsein getreten. Ich hatte damals mit der Dissertation über den Publizisten Ernst Niekisch begonnen, der wenig bekannt war, obwohl er als der Widerstandskämpfer gegen Hitler par excellence galt. Die alte Ordinarien-Universität verströmte damals nicht nur den »Muff von tausend Jahren«, sondern strahlte auch jene Aura aus, in der Wissen und Lernen noch nicht von den menschlichen Bezügen abgetrennt waren und Einfluss nahmen auf den persönlichen Werde- und Reifungsprozess. Von einem Doktoranden her gesehen war die Studentenbewegung eine Sache der Anfangssemester, die nicht wussten, wie und was und ob sie überhaupt studieren sollten. Man blickte mit wohlwollender Nachsicht auf sie, selbst wenn Vorlesungen und Seminare gesprengt und in langweilige Sit-ins umfunktioniert wurden.

Ein Jahr zuvor war Ernst Niekisch gestorben, er hatte sich vor allem mit seiner aus dem Jahr 1932 stammenden Kampfschrift Hitler, ein deutsches Verhängnis *die Nazis zum Feind gemacht. 1937 schlug die Gestapo zu und verhaftete im gesamten Deutschen Reich Niekischs »Widerstandskreis«. Niekisch wurde zu lebenslanger Haft verurteilt und im Mai 1945 von der Roten Armee aus dem Zuchthaus Brandenburg befreit.*

Ich erwähne das, weil gerade die unruhigen linken Studenten, namentlich Rudi Dutschke und andere vom SDS in den Sechzigerjahren Ernst Niekisch wiederentdeckten und Bücher wie Das Reich der niederen Dämonen, Die Legende von der Weimarer Republik, *vor allem aber die Autobiografie* Gewagtes Leben *zu studieren begannen. Oft besuchten sie auch den alten Mann, der in der Haft erblindet war, in seiner Wohnung in Berlin-Wilmersdorf. Wie ich später von seiner Witwe erfuhr, lasen sie ihm vor und sprachen über die politische Situation. Die jungen Leute suchten nicht nur ein anderes Weltbild als das der Elterngeneration, sondern einen geistigen Vater. Manche fanden ihn in Ernst Niekisch, andere in Herbert Marcuse, Horkheimer oder Adorno. Aber die Bewegung über-*

schlug sich, es folgten neue Jahrgänge mit anderen Zielen. Da ging es nicht mehr um Theorie, sondern um die Praxis des Protests, des Aufstands, des Bürgerkriegs. Von Karl Marx kannten die meisten nur den Satz: »Die Philosophen haben die Welt nur verschieden interpretiert, es kommt darauf an, sie zu verändern.« Dabei übersahen sie, dass nur der, der sie interpretiert, auch entsprechend verändern kann. Sonst bleibt alles Aktivismus, der sich am bloßen Erfolg orientiert und vom Opportunismus nicht mehr zu unterscheiden ist. Das ist einer der Gründe für die Hohlform heutiger Politik. Mit den Diskussionen und Kontroversen von damals haben die jetzigen Auseinandersetzungen wenig zu tun. Zu Beginn der Bewegung spielte sich das noch auf einem Reflexionsniveau ab, von dem im heutigen Berlin nicht einmal geträumt werden kann.

Politisch gesehen ist weder bei den Grünen noch bei den Sozialdemokraten von den kritischen Ansätzen der Siebzigerjahre etwas übrig geblieben. Auch das Hightech- und Reformpathos wirkt inzwischen angestrengt. Man ist an der Macht, weiß aber nicht mehr, warum. Daher wird der Motor der Gesellschaft nur noch getunt, damit er nicht ins Stottern gerät, sondern auf Hochtouren läuft. Er soll um des Fahrens willen flott gemacht werden, alles andere ist ohne Belang. Man sitzt am Steuer, wechselt von der linken auf die rechte Spur, wie es beliebt, es reicht, dass man fährt, unwichtig, wohin. Hauptsache, es gibt keinen Crash. Es darf aber auch nicht angehalten werden, weil sonst die Gefahr besteht, dass sich andere ans Steuer setzen, und die Fahrt ins Grüne ihr Ende hat.

Was die persönliche Situation angeht, so gibt es insofern bei mir Parallelen, als auch ich zu jener Zeit an meiner Dissertation arbeitete und zugleich als Assistent an der Universität Regensburg tätig war. 1968 heiratete ich, mein Leben mündete, wenn Sie so wollen, in gutbürgerliche Bahnen, ohne dass mir klar gewesen wäre, wohin mein beruflicher Weg mich führt. Eines muss ich aber sagen: Von der Herkunft aus meiner oberbayerischen Heimat, von allen familiären Bindungen und persönlichen Erfahrungen der Kindheit und Jugend, auch der Studentenzeit her hatte ich keinen Anlass, mich für die Studentenrevolte zu interessieren.

Aber Neues stößt zunächst immer auf Widerstand und Ablehnung, weil es das Gewohnte durcheinander bringt.

So denkt man nicht mit siebenundzwanzig oder achtundzwanzig Jahren! Da wollen Sie aktiv sein, handeln, streiten, das ist ja auch gut so. Zunächst interessierte mich also an den Sit-ins und Go-ins, dem Sprengen von Seminaren und Vorlesungen, ob und wieweit sie rechtens waren. So auch in meiner juristischen Dissertation, an der ich in jenen Jahren arbeitete. Ich kam jedoch zu dem Schluss, dass es sich dabei nicht um Rechtsverstöße im Sinne des Hausfriedensbruchs handelte. Dadurch wurde mir das Ganze aber nicht sympathischer, im Gegenteil.
Als tiefen Einschnitt empfand ich 1969 die Bildung der sozialliberalen Koalition durch Willy Brandt und Walter Scheel. Gleichzeitig begannen der SDS und andere linke Studenten- und APO-Gruppen, und nicht mehr der RCDS, die Diskussionen auf dem Campus zu beherrschen. Mich

stieß vor allem die Art und Weise ab, wie mit Andersdenkenden umgegangen wurde, wie man sie niederschrie oder auspfiff. Ich habe das selber erlebt. Es hat mit dazu beigetragen, dass ich nun ebenfalls begann, mich politisch intensiver zu engagieren und eine mögliche akademische Laufbahn oder die Tätigkeit als Anwalt nicht stärker ins Auge zu fassen.

Politisches Engagement, aber auf der anderen Seite der Barrikaden?

Barrikaden ist richtig: Die Radikalisierung, die wachsende Gewaltbereitschaft, diese ganze Stadtguerilla- und Bürgerkriegsspielerei stießen mich ab. Es ist schon erstaunlich, wie rasch unsere Gesellschaft diesem jahrelangen Terror von links, den Krawallen, Attentaten und politischen Morden Absolution erteilt hat, als handele es sich dabei um gleichsam notwendige Elemente einer lebendigen Demokratie. Diese sollte schlicht und ergreifend abgeschafft werden, da helfen alle durchsichtigen Retuschen von heute nichts!
Auch was die einzelnen Biografien angeht, kann man nach fünfundzwanzig oder dreißig Jahren nicht so tun, als habe es sich dabei lediglich um schlechte Manieren von halbstarken Randalierern gehandelt, die später entsprechend der Karrierestufe Einsicht und Reue gezeigt hätten. Aber ich will die Diskussion nicht vertiefen, sondern vertraue darauf, dass sich die ganze Problematik durch das Votum der Bürger bei der nächsten Bundestagswahl erledigen wird.
Dagegen möchte ich noch einen anderen Aspekt hervorhe-

ben: Der Gewaltbereitschaft, ja der Freude und Genugtuung an Randale und Terror entsprach die geistige Intoleranz. Schon die Behauptung, der Geist stehe links, wie es damals hieß, brachte mich in Rage. Zunächst war mir die Vereinnahmung des Geistes für eine einzige politische Richtung schon als solche vollkommen fremd. Geist war Geist oder nicht Geist, also Un-Geist. Den hatten die Deutschen 1933 bis 1945 erlebt, und die Ostdeutschen mussten ihn unter Ulbricht, Stoph und Honecker weiter ertragen. Aber Max Weber, Karl Jaspers oder Hannah Arendt den Geist abzusprechen, nur weil sie nicht zu den Hausheiligen der Linken zählten, fand ich grotesk.

Das ist aber eine Eigenart der Linken geblieben, ihr penetranter Dogmatismus, der den Andersdenkenden nicht zu überzeugen, sondern zu erledigen sucht. So entsteht jenes pseudomoralische Eifern, das wir auch bei der Behandlung der CDU-Spendenaffäre bis heute beobachten können. Ebenso bei der Diskussion über die Neubesinnung von Nation, Heimat, Vaterland, Kultur. Da wird noch immer der Geist als Weltgeist für sich in Anspruch genommen und monopolisiert, als lebten wir im Zeitalter der Inquisition. Selbst die Sentenzen des Bundeskanzlers gewinnen hier zunehmend an polemischer Schärfe, sodass der Eindruck entsteht, der politische Gegner solle mit dem Bann belegt werden. Wer das Klima im Untersuchungsausschuss zur Spendenaffäre wahrgenommen hat, musste sich an einen Jakobiner-Club mit lauter kleinen Robespierres erinnert fühlen. Salopp gesprochen: Links war nun da, wo der Daumen rechts ist. Dieser zeigte nicht nach oben, da war man ja selbst, sondern nach unten: Der Gegner sollte dafür büßen, dass er der Feind war – bei diesen Leuten ist das Freund-Feind-Denken aktueller denn je! Wer links ist, hat nicht nur den Geist für sich, sondern auch das absolut richtige Bewusstsein. Doch Politik, die moralisiert, hat nicht die Moral im Blick, sondern die Demoralisierung des Gegners, sie ist ein Moment der politischen Auseinandersetzung. Das werden wir im kommenden Wahlkampf wieder erfahren, und zwar mehr, als es für die Öffentlichkeit und die politische Kultur dieses Landes gut ist.

Weil Sie den Weltgeist zitierten – es gibt auch die »List« des Weltgeists. Sie bestand damals darin, dass die Achtundsechziger dazu beitrugen, die politischen Strukturen insgesamt aufzubrechen, bis hin zur Verständigungspolitik der kleinen Schritte, der damaligen neuen Ostpolitik.

Das will ich nicht bestreiten, vor allem im Rückblick nicht. Wären wir mit dreißig schon so erfahren wie mit sechzig, wäre das eigentliche Leben bereits zu Ende. Es gäbe weder eine weitere Entwicklung noch einen Lernprozess. Vergessen dürfen wir bei alldem nicht, dass die deutsche Szene nur der Vorbote eines weltpolitischen Bebens war, das zwanzig Jahre später zum Ausbruch kam und 1989/90 den »real existierenden Sozialismus« verschlang. Das größte Imperium der Weltgeschichte, das immer mit dem Namen Stalin verbunden sein wird, brach über Nacht wie ein Kartenhaus zusammen. Es war zugleich das hybrideste gesellschaftliche Experiment, das mit Millionen von Opfern verbunden war. Noch nie wurde ein falsches Welt- und Menschenbild so gnadenlos widerlegt! Es war ja nicht bloß die schlechte Praxis, die der hehren Idee widersprach, es war das sozialistische Paradigma von Politik überhaupt, das die Weltgeschichte nun erledigt hatte. Das haben Leute wie Oskar Lafontaine bis heute noch nicht verstanden.

Gerhard Schröder nun spielt ein frivoles Spiel, wenn er sich zum vierzigsten Jahrestag des Mauerbaus mit jener Partei liieren will, zu deren Vergangenheit die Morde an Mauer und Stacheldraht gehören. Wenn ihm das »Tut uns Leid!« der PDS hierzu reicht, zeigt das nur, wie weit der Werteverfall unter seiner Führung schon fortgeschritten ist. Mir genügt es nicht!

Wie steht es mit den anderen führenden Sozialdemokraten, mit Clement, Müntefering, Struck?

Das sind robuste Pragmatiker, die rote Ohren bekommen, wenn es um grundsätzliche Wertfragen geht. In Wahrheit steckt hinter dem sozialen Pathos der Linken das Weltbild des neunzehnten Jahrhunderts, der Bismarck-Zeit. Es ist das patriarchalische Vor- und Fürsorgeprinzip der sozialdemokratischen Urgroßväter Bebel und Liebknecht, das die Bürger zu Fürsorgeobjekten des Staates macht. Es nimmt so dem Einzelnen die Verantwortung ab, für sich und die Seinen selber zu sorgen. Vor hundertdreißig Jahren war das noch berechtigt, doch heute ist damit kein Staat zu machen, es hat rostrote Patina und Grünspan angesetzt. Schröder glaubt, rechte Haken und linke Gerade zugleich austeilen zu können: Hier die Bosse, diese Shareholder-Value-Attitüde für die »Neue Mitte«, dort die Gewerkschaftsideologie aus Kaiser Wilhelms Zeiten. Und dazwischen? Nichts. Das macht ihn angreifbar. An der neuen linken Mitte ist vor allem das eine neu, nämlich dass sie gar nicht vorhanden ist. Um die tatsächliche Mitte hat sich die Union jahrzehntelang gekümmert, denn diese Mitte ist der Stabilisierungsfaktor unserer Gesellschaft schlechthin. Schröder negiert, wo er herkommt, und er weiß nicht, wo er hinwill. Die ganze Dynamik, die da entfacht wird, ist bloße Drehung um sich selbst.

Wie erklären Sie sich den Drang der FDP, aus Rot-Grün eine rot-gelbe Koalition machen zu wollen?

Das ist nicht die ganze FDP, man kann auch nicht sagen, die »Möllemann-Partei«, das wäre zu einfach. Es gibt in der FDP genauso wie in den anderen Parteien die Nachdenklichen, und es gibt die Eiligen, die nicht schnell genug an die Macht gelangen können. Dass darunter dann das Selbstverständnis leidet, die Reflexion auf die wirklichen eigenen Interessen, ist nichts Neues. Wir in der Union kennen das von den Gedankenspielereien mit Schwarz-Grün. Man kann Möllemann in seinem Drang, die Partei mit sich selbst zu identifizieren, kaum kritisieren, denn das setzte ja voraus, dass er angeben könnte, was das Spezifische der Freien Demokraten künftig noch sein könnte. Aber das weiß niemand so genau, auch Guido Westerwelle nicht. So versucht man, die FDP im Gespräch zu halten, meist kommt aber nur Gerede heraus. Die FDP orientiert sich immer an der stärksten Fraktion, und welche das im kommenden Jahr nach der Wahl sein wird, das werden wir ja sehen. Meine eigentliche Sorge gilt der unglaublichen Beliebigkeit in den Grundsätzen, die in der Politik während der letzten Jahre eingerissen ist, bei der SPD, den

Grünen und auch bei der FDP. »18 Prozent« – das ist kein Programm, ein solcher Slogan ist das Alibi für ein Programm.

Ist Genschers umgekehrter Weg vor zwanzig Jahren, von der SPD zur Union, von Schmidt zu Kohl zu gehen, mit der heutigen Lage vergleichbar?

Weder konzeptionell noch personell. Die SPD verweigerte damals ihrem eigenen Kanzler in der vitalen Frage der Raketennachrüstung die Gefolgschaft – eine Art Schleudertrauma, das Schröder noch heute plagt. Daher sein Bemühen, die Partei so in den Griff zu bekommen, dass sie neben der Fraktion als eigenständige politische Kraft nicht mehr sichtbar ist. So schlägt er mal mit dem linken, dann wieder mit dem rechten Flügel, um etwas Luft zum Durchstarten zu bekommen. Aber fliegen tut er trotzdem nicht, die SPD wird flügellahm. Genscher blieb damals gar nichts anderes übrig, wenn er nicht in die Opposition gehen wollte. Die FDP ist so wenig wie die CDU/CSU eine klassische Oppositionspartei. Das ist bei der SPD ganz anders, wenn man ihre über hundertjährige Geschichte im Auge hat. Mit Unterbrechung in der Weimarer Republik war sie zumeist Oppositionspartei und hat da auch ihre beste Figur gemacht. Natürlich wünschen wir uns, dass das auch so bleibt. Im Übrigen fühlt sich die Schröder-SPD bei den Grünen viel wohler, da ja auch bei denen leidenschaftlich geplant und verwaltet, dirigiert und moralisiert wird. Und sollte es dünn werden mit der rot-grünen Mehrheit, ist da ja noch, wie gesagt, die PDS. Das wird dann als »Brückenbau« verkauft, vielleicht sogar als »Aufbau Ost«. Da stünde in

Deutschland alles auf Rot, nichts ginge mehr, und Politik wäre identisch mit Reform-Dauerstau.

Lassen Sie uns noch einmal dreißig Jahre zurückgehen. Wenn Sie das Menschenbild der Linken damals ablehnten …

Ich habe es nicht nur abgelehnt, es war mir wesensfremd. Ich konnte mir gar nicht vorstellen, wie ein politischer Denkansatz generell statt individuell sein sollte, abstrakt statt konkret, wie man vom Allgemeinen statt vom Besonderen, vom Kollektiv anstelle der unverwechselbaren Person ausgehen kann. Das widerspricht der gesamten abendländischen Tradition. Die Griechen haben das Individuum entdeckt, die biblische Tradition die unverwechselbare einmalige Person, den Menschen als Gottes Geschöpf. Jedenfalls haben die modernen Kollektivsubjekte wie Klassen und Rassen ausgedient, geblieben ist allein die Nation.

Das Letztere sehen die Linken inzwischen nicht anders.

Vielleicht, vielleicht nicht. Die Denkmuster sind die alten geblieben, dieser Glaube an Theorien und Begriffe, an Systeme, Methoden und Verfahrensweisen, in dem der Einzelne als bloßes Objekt jener Allgemeinheit erscheint, die heute nicht mehr Volk, sondern »Gesellschaft« genannt wird. Das macht keinen Unterschied. Ich habe den Verdacht, dahinter steckt im Letzten ein Misstrauen gegenüber der Natur, obwohl sich doch nicht bestreiten lässt, dass wir ein Teil von ihr sind.

Vielleicht mehr als Misstrauen: Ressentiments? Danach muss die Natur nicht korrigiert, sondern destruiert werden, denn nur so kann sie neu aufgebaut werden. Deshalb gleicht die wissenschaftlich-technische Zivilisation einer Baustelle, einem globalen Biolabor, in das der Zeitzünder der Selbstzerstörung eingebaut ist. Die Frage ist: Wie kann er entschärft werden? Die klassische Antwort lautet: durch die Vernunft. Was heißt heute Vernunft? Die Achtundsechziger sagten zu Recht: jedenfalls nicht technische Rationalität. Genau da liegt das Problem. Wie lässt sich erklären, dass die Natur ein Lebewesen hervorbringt, das sich und seinen Ursprung, die Natur, in Frage stellt, ja zerstört?

Darauf lässt sich allgemein keine Antwort geben, höchstens rein spekulativ.

Allgemein nicht, wohl aber individuell. Und dann wird sie zu einer existenziellen Frage, die nicht durch Sätze, Theorien, Formeln und Programme beantwortet werden kann, sondern durch das Leben selbst.

Dann bin ich einverstanden: Die Wahrheit ist immer konkret. Es geht nicht nur ums Wissen, sondern ums Gewissen eines jeden Einzelnen. Darauf will ich hinaus: Das Wissen ist allgemein, das Gewissen individuell. Nach meiner Überzeugung konstituiert das Gewissen den Einzelnen als verantwortlich handelnde Person. Diese stellt deshalb den Ausgangspunkt all meiner politischen Überlegungen dar. Das habe ich mir vor dreißig Jahren so noch nicht klar gemacht. Denn der Einzelne ist kein Gedanke, sondern eine konkrete Erfahrung, die jeder nur mit sich selber machen kann. Oft erfahren wir uns auch als Vereinzelte, und dann wird der andere Einzelne wichtig, das Du. Für das Kind ist das die Mutter, der Vater, später kommen die Geschwister, die Freunde hinzu. Für den Erwachsenen ist es der Lebenspartner, dem ich mich anvertraue, der sich mir anvertraut und der auch nicht austauschbar ist. Von hier aus baut sich die Familie auf – alles das sind Lebenserfahrungen, keine Begriffe und Theorien, auch keine weltanschaulichen Systeme oder irgendeine Wissenschaft. Frage ich nach den Werten, die uns derartige Erfahrungen ermöglichen, so fallen mir Worte wie Liebe, Vertrauen, Verantwortung ein. Zum Glück sind das nicht nur Worte. Ihnen entsprechen immer wieder originäre Erfahrungen, die man leugnen, aber nicht bestreiten kann.

Sehen wir die Ehe als Verantwortungsgemeinschaft, stellt sie das Paradigma für die Gemeinschaft als solche dar, jedenfalls dann, wenn diese in sich ausgewogen ist. Das kann, wie Sie sagen, nicht ohne Spannung und Konflikte sein, aber doch ohne Gewalt – Gewalt nicht nur physischer, auch psychischer Natur, von der selten die Rede ist. Interpretiert man das Wort »Schicksal« wie vorhin die Politik als Aufgabe, so ist nicht nur die Nation, sondern auch die Ehe eine Schicksals-, eine Verantwortungsgemeinschaft. Sie ist kein Selbstzweck, sondern sollte wie der Staat auch Schutz gewähren. Der eine steht für den anderen ein, und beide Partner wiederum für die Nachkommen, die Kinder.

Eine Gesellschaft kann nicht besser funktionieren als ihre kleinste Zelle, die Familie. Wir dürfen nicht so tun, als seien Trennungen und Scheidungen reine Privatangelegenheiten, die im Übrigen nur die Statistik etwas angehen. Sie bedeuten sehr wohl auch eine gesellschaftliche Angelegenheit. Wie sollen sich Kinder auf Lebensabschnittspartner einstellen? Werden sie so nicht vom Wichtigsten abgeschnitten, das sie benötigen, nämlich Nähe, Wärme, Geborgenheit? Kinder können nicht Produkte von Zeitverträgen sein. Sie werden verleugnet, wenn man sie, wie ich gelesen habe, als »Karriere-Killer« etikettiert. Hier wird deutlich, wie Egoismen die menschlichen Bindungen zu zerstören drohen. Für die Kinder ist die Familie Schutzzone und nicht Experimentierfeld für Selbsterfahrungsversuche. Vielmehr muss die Partnerschaft der Erwachsenen eine tatsächlich erwachsene, menschliche Beziehung sein, in der Kinder Liebe und Zuneigung erfahren, die stark und selbstständig macht. Dann sind sie für den Wettbewerb des Lebens gerüstet, von der Schule bis zur beruflichen Ausbildung und dem Berufsalltag.
Vor allem werden sie das, was sie selber erfahren haben, wieder ihren Kindern weitergeben. Es macht für die soziale Bindekraft, für den Lebensmut und die gesamte Kreativität einen entscheidenden Unterschied aus, ob eine Gesellschaft über Generationen hinweg Vertrauen und Verständnis oder Misstrauen und Verständnislosigkeit reproduziert. Es gibt nicht nur eine Umweltzerstörung, es gibt auch eine Innenweltgefährdung. Unsere äußere Lebenswelt heute sieht nicht anders aus, als wie es in uns aussieht: chaotisch, verantwortungslos – nicht generell, aber doch zu oft. Das zeigt, wie sehr es auf die Einstellung

ankommt. »Conservare« heißt bewahren, nicht restaurieren. Also kein bloßes Wiederherstellen dessen, was vergangen ist und sich überlebt hat. Restaurieren lassen sich Dinge nur in engen Grenzen, sie werden dann künstlich am Leben gehalten, weil sie aus sich selbst heraus nicht mehr lebensfähig sind.

Bewahren lässt sich nur, was wahr ist. Damit es wahr bleiben kann, muss es sich im Wandel der Zeiten neu bewähren. Die Ideologie des puren Neuen, das das Alte nicht bewahrt, sondern überholt, stammt aus der Vorstellungswelt der Industrieproduktion. Da ist umgekehrt das Neue das, was sich noch nicht bewährt hat, das Bessere, ohne dass begründet werden könnte, wieso. Hat es sich bewährt, ist es nicht mehr neu, sondern veraltet und überholt. Es wird zum »Auslaufmodell«, das seinerseits erneuert, überholt oder gleich ganz ersetzt werden muss. Dementsprechend ist inzwischen auch der Mensch, der natürliche, der kreatürliche Mensch, zum Auslaufmodell geworden. Die Humantechniker beginnen wie in Goethes Faust *mit der Produktion des »Homunkulus«.*
Das hat nur noch wenig mit der politischen »Linken« oder »Rechten« zu tun – der Mensch überholt den Menschen, sowohl links wie rechts. Technik und Wissenschaft sind indifferent gegenüber den traditionellen Zuordnungen, zunehmend auch die Ökonomie. Der Mensch wird so vermarktet, dass er als Mensch vom Markt verschwindet und durch ein biogenetisches Kunstprodukt ersetzt wird. Nicht nur die Politik, sondern die gesamte Allianz aus Big Science und Big Business ist unser Schicksal: Wir sitzen alle im selben Zug der Zeit. Doch die Aussichten

werden unscharf, die Konturen verschwimmen. Vielleicht liegt es an unserer Optik, jedenfalls nehmen wir immer weniger wahr. Allerdings erkennen wir, dass der Zug an Fahrt gewonnen hat, er rast so schnell dahin, dass mancher Reisende den Schluss daraus zieht, es ginge abwärts, was andere bestreiten. Sie verweisen darauf, dass die Flucht der Erscheinungen ein Augentrug ist. Wahr sei vielmehr, was im Zug geschehe. Vielleicht führe dieser überhaupt nicht und liege still auf freier Strecke, vielleicht auf einem Abstellgleis? Das sei ohne Belang, meinen wiederum Dritte. Für sie ist wichtig, dass das Dienstpersonal wechselt, damit der Service an Bord besser klappt.

Das Bild ist vielleicht literarisch interessant. Was aber soll der Politiker, der Entscheidungen treffen muss, damit anfangen? Der Zug der Zeit – na schön: Der Zeitgeist kennt weder Ziel noch Fahrtrichtung, auch das Wissen über die Herkunft verschwimmt immer mehr. Entsprechend unklar sind die Aussichten, die Einsichten strittig, an Bord geht es zuweilen chaotisch zu.

Ich finde das unbefriedigend, wir können schließlich nicht aussteigen, also einfach zurück zur Natur. Deshalb möchte auch ich einmal eine Frage stellen: Was soll »Ende der Industriegesellschaft« heißen? Auch das Informations- oder Wissenszeitalter kann die Industrie nicht ersetzen, sie setzt sie vielmehr umgekehrt voraus. Sie sprachen davon, dass Denken und Handeln, Werte und Überzeugungen den Grundmustern der Industriegesellschaft folgen. Welcher sonst, da wir doch weder Jäger und Sammler noch Hirten, Bauern oder Fischer sind? Selbst die Bezeichnung »Arbeiter« hat ihre Aussagekraft verloren. Wer mit der

New Economy zu tun hat, versteht diesen Begriff ohnehin nicht mehr. Entsprechend wird das Rechnen in Arbeitsplätzen, die gleich reservierten Sitzen im Theater addiert oder subtrahiert werden, der heutigen Wirklichkeit nicht gerecht. Es macht in der hochdifferenzierten, arbeitsteiligen Informationsgesellschaft keinen Sinn, in bloßen Arbeitsvolumina zu denken. Entscheidend ist weniger die Menge als die Qualität der Beschäftigung. Zu ihr gehören Ausbildung und Motivation. Um darüber hinaus größere Flexibilität und Verantwortung des Einzelnen zu erreichen, bedarf es variabler Arbeitszeiten, einer Deregulierung des gesamten Arbeitsmarkts. Das ist das Gegenteil von dem, was die Schröder-Regierung tut. Der Begriff der Mitbestimmung wurde einst als Gegenbegriff zur Fremdbestimmung, zur Entfremdung, gewonnen – das gehört ins zwanzigste Jahrhundert. In Zukunft geht es um die Eigenverantwortung des Beschäftigungssuchenden, auf die sich auch die Unternehmen stärker einzustellen haben.

Ich bin kein Ökonom, glaube aber, dass trotz des Innovationsschubs, den die New Economy der gesamten Gesellschaft gibt, diese doch nach denselben Gesetzen funktioniert wie die Old Economy. Wer das bisher noch nicht wusste, wurde durch die Börse entsprechend belehrt.

Schön. Und die Industriegesellschaft?

Nach meiner Überzeugung verhält es sich hier ähnlich. Wenn heute davon gesprochen wird, dass die Dienstleistungsgesellschaft die Industriegesellschaft ablöst, so sagt das nur dann etwas aus, wenn nicht bloß Begriffsetiketten getauscht werden, sondern klar ist, was der Grundzug der industriellen Gesellschaft ist. »Industria« hieß bei den Römern der Fleiß, die beharrliche Arbeit, die Leistung. Im siebzehnten und achtzehnten Jahrhundert war Frankreich mit seinem merkantilistischen Wirtschaftssystem das Vorbild in Europa. Zum gewerblichen Fleiß der »Industrie« gesellte sich dann zunehmend die »machina«, die Maschine, die bis dahin das Bau- und Transportwesen, auch die Kriegs-, vor allem die Belagerungstechnik bestimmt hatte. Das Wort »Maschine« stammt aus dem Griechischen und bedeutet »Mittel«, »Hilfsmittel«. Der berühmteste Ingenieur und Techniker der Antike ist die mythische Gestalt des Daedalus, der der Vater des Ikarus ist. Um aus der Gefangenschaft des Königs von Kreta zu fliehen, baute er für sich und Ikarus künstliche Flügel, wobei er den Sohn ermahnte, nicht zu hoch zu fliegen und der Sonne nicht zu nahe zu kommen. Doch Ikarus hörte nicht auf den Vater und stürzte ab. Die Technik hatte ihn nicht frei gemacht, sondern dazu verführt, die Grenzen zu überschreiten und das Maß, das den Menschen von der Natur gesetzt ist, zu sprengen. Das zeigt: Lange bevor es Technik in unserem Sinn gab, war ihre Ambivalenz, nämlich Hilfsmittel wie Gefahrenpotenzial zu sein, schon durchschaut.

Mit der Entdeckung der Dampfmaschine vor über zweihundert Jahren wird der menschliche Fleiß durch die maschinelle Arbeit ergänzt, bis hin zur »Denkmaschine«, dem Computer unserer Zeit. Zunächst wird körperliche, die Muskelarbeit, dann die geistige, die Denkarbeit, ersetzt. Dabei bestimmt der Nutzen, der Effekt die industrielle Tätigkeit. In die Maschine ist die technische und ökonomische Rationalität so eingebaut, dass die menschliche Arbeit nicht nur abgebaut, sondern am Ende überflüssig gemacht wird.

Im Grunde waren technischer und sozialer Fortschritt nie identisch und werden es auch in Zukunft nicht sein.

Genau das war ursprünglich der kritische Ansatz der Achtundsechziger-Generation. Er galt dem technischen, weniger dem humanen Leistungsprinzip. Die humane Welt sollte nicht industrialisiert, sondern die industrielle Welt humanisiert werden. Der Widerspruch bestand darin, dass sich die Kritik zunehmend als linke Opposition verstand, sich also auf jener Seite befand, auf der traditionsgemäß die Sozialdemokraten und Sozialisten zu finden waren. Diese wollten aber die Industriegesellschaft nicht abschaffen, sondern um*schaffen. Sie wollten besser teilhaben an ihr. Heute, eine Generation später, haben wir tatsächlich die Chance, die Industriegesellschaft so zu humanisieren, dass sie zur offenen Dienstleistungsgesellschaft wird.*

Gut, die freie Wettbewerbsgesellschaft, der nach dem Crash der sozialistischen Plangesellschaft die globale Zukunft gehört, kann die Industrie nicht nur nicht abschaffen, sie darf es auch nicht. Die Probleme auf unserem Planeten sind nur mit der Industrie und durch sie zu lösen. Sie kann sie aber umformen, so wenn sie den Begriff des Wachstums neu überdenkt. Er wurde bisher vor allem als Mengenwachstum interpretiert. Aber die neue Stufe der Informationstechnologie gibt uns die Möglichkeit, ihn künftig stärker qualitativ auszulegen. Dabei ist neben der Ökonomie auch die Ökologie eingebaut, wobei man genauer von Humanökologie sprechen muss. Das ist eine enorme Chance unserer Zeit, durch die die klassische Industriegesellschaft umgebaut wird.

Die deutsche, die europäische Gesellschaft werden so Teil der hoch differenzierten Weltgesellschaft sein, vielleicht ihr Motor, jedenfalls im politischen Sinn: In keiner anderen Weltregion ist die Integration so weit fortgeschritten wie in Europa, trotz aller Schwierigkeiten, die wir ja kennen. Hier bei uns ist auch der größte Erfahrungsschatz, der zeigt, wie Einheit und Pluralität in Einklang gebracht werden können. Ich denke, man kann die gesamte europäisch-abendländische Geschichte als einen Integrationsprozess verstehen. Gerade wir Deutschen in der Mitte des Kontinents wissen, welche ungeheuren Spannungen ethnischer, religiöser und sozialer Art im Laufe der Jahrhunderte miteinander in Einklang gebracht werden mussten. Diese oft sehr schmerzlichen Erfahrungen können vielleicht auch für die anderen Regionen nutzbar gemacht werden. Wir sehen nicht zuletzt am ostasiatischen Raum, welche riesigen Aufgaben dort zu bewältigen sind.

Mit meiner historischen Reminiszenz wollte ich nur darauf hinweisen, dass wir die klassische Industriegesellschaft nicht reformieren können, wenn wir nicht unser Urteilsvermögen reformieren, unser Denken also überdenken. Ihr Hinweis auf das Wachstum ist dabei zentral. Nicht nur die Bäume, auch die Volkswirtschaften wachsen nicht in den Himmel, sondern um den Globus herum.

Sie verwachsen miteinander und ineinander; es geht in der Tat um die Qualität, nicht die Quantität des Wachstums. Dazu gehört auch ein neuer Begriff der Produktion. Die vorindustrielle Wirtschaftsform war die Manufaktur, der Handwerksbetrieb. Hier ging es weniger um Schnelligkeit als um Gründlichkeit, die heute Nachhaltigkeit heißt. Ein Stuhl, den der Tischler herstellte, war nicht vom Umsatz, sondern vom Einsatz bei der Herstellung geprägt. In der Regel hatte er auch über Generationen Bestand. Einen solchen Stuhl hat van Gogh noch gemalt. Damit will ich andeuten, dass das Handwerk einen Bezug zum Kunstwerk hatte. Dürer verstand sich als »Handwerker«, er hatte Schüler, die aus seiner »Werkstatt« kamen. Das, was er herstellte, war als Werk seiner Hände kein Konsum-, sondern ein Kunstgegenstand. Heute verhält es sich umgekehrt: Kunst ist das, was das Kunst-Gewerbe nach den Gesetzen des Marktes als ästhetisches Produkt herstellt. Da immer schneller produziert wird, muss auch immer schneller konsumiert werden. Das hat sämtliche Lebensgebiete erfasst. Nun ist der Mensch selber dran: Der Verbraucher wird verbraucht.

Das sind keine neuen Erkenntnisse, es gibt nichts, was sich dem globalen Markt entzieht. Das kann man beklagen, man kann es aber nicht ändern. Trotz alledem hat auch der Markt seine Bedingungen. Als wir über die Sicherheit sprachen, hatten wir gesagt, dass der Frieden die Bedingung aller Bedingungen sei.

Man kann die »One World« auch als Rüst- und Waffenkammer verstehen, die sich im Zeitalter des Overkills

selber in Frage stellt. Insofern führt sich der globalisierte Markt ad absurdum, wenn er Produkte zulässt, die ihn liquidieren können.
Aber ich möchte noch auf Ihre Frage antworten, was »Industrie« als Paradigma unserer Gesellschaft heißt. Die Antwort lautet: Das Gesetz der industriellen Fabrikation ist nicht, wie wir meinen, die Produktion, sondern dem Wesen nach die Reproduktion. Nur wenn die maschinelle Fertigung identische Arbeitsvorgänge enthält, also reproduziert und entsprechende Ergebnisse zeitigt, ist sie erfolgreich, gleichviel ob sie Büroklammern oder Mikrochips fabriziert. Dieses Gesetz beherrscht auch die Biotechnik, die so humane Kopierverfahren herstellen kann. Wer aber hat das Copy-Right am Original?

Damit nehmen Sie Fragen zur Bioethik vorweg, auf die wir erst später zu sprechen kommen wollten. Darum will ich jetzt nur vorausschicken, dass ich strikt gegen die Ökonomisierung des Lebens bin, die sich hier ankündigt. Doch zunächst müssen wir uns fragen, ob es Möglichkeiten gibt, von der, wie Sie richtig sagen, maschinell reproduktiven Industriegesellschaft zu einer kreativ produktiven Dienstleistungsgesellschaft zu kommen? Ich behaupte: ja. Ich behaupte zugleich, dass dies die einzige gesellschaftliche Zukunftsvision darstellt, die human und zugleich nicht utopisch ist.

Bedeutet das, dass ähnlich wie in der Natur dem technischen Gesetz der Reproduktion das natürliche Prinzip der Individuation entgegengestellt wird?

Richtig. Ob Pflanzen, Tiere, Steine, Menschen – nirgends bringt ja die Natur identische Exemplare hervor.

Das wollte ich auch mit dem Hinweis auf den Künstler als Handwerker andeuten. Wie die Natur, so brachte auch der Künstler bis ins Zeitalter der Industrialisierung niemals identische, sondern nichtidentische Produkte hervor. Reproduzierte er andere Werke, war er ein Epigone, kopierte er sich selbst, war er am Ende, also ausgebrannt. Damit stellt sich die Frage: Was ist kreative Produktion?

Auch die Politik kann eine Kunst sein in dem Sinn, das Notwendige zur rechten Zeit zu tun. Durch die BSE-Krise sind zum Beispiel Gefahren deutlich geworden, die zeigen, was uns droht, wenn Pflanzen und Tiere, unsere Nahrungskette insgesamt, ausschließlich unter das technische Gesetz der Industrieproduktion geraten. Wir waren hier alle naiv, aber wir können daraus auch lernen, vor allem, was die Wechselwirkungen angeht. »Verbraucherschutz«, das ist nur ein Begriff. Die Frage ist doch: Was heißt eigentlich Ernährungs*industrie?* Wir müssen uns vor uns selber schützen, vor der Naivität, der Gewinnsucht, dem falschen Denken, das Nahrung ausschließlich als Fastfood definiert. Was die Landwirtschaft angeht, heißt das: Abschied von der Agrar*industrie.* Der Bauer darf nicht bloß Fabrikant, ein Industrieller sein, er muss auf neue Weise wieder mehr »Landwirt« werden, auch wenn bisher noch niemand sagen kann, wie das geschehen soll. »Klasse statt Masse« – das klingt wie: Wetter statt Klima. Es geht künftig zwar auch um höhere Preise, vor allem aber um ein

»höheres Bewusstsein«, um eine andere Einstellung, um ein Umdenken auch hier.

Sozialdemokraten wie Peter Glotz halten das für politische Romantik, bestenfalls für konservative Nostalgie. Verstünden die Bündnis-Grünen sich selber besser, wüssten sie, dass das Bündnis mit einer mehr oder weniger sozialtechnokratischen Schröder-SPD nicht zum »Umbau«, höchstens zu einem Anbau der Industriegesellschaft führen kann. Ist der Baustellencharakter nur Provisorium oder ein Charakteristikum der neuen Dienstleistungsgesellschaft?

Ich glaube, weder noch. Auch wäre die »Baustelle Deutschland« nicht das Schlimmste, wenn es einen Bauplan für die Arbeiten gäbe. Es gibt aber nicht einmal einen Architekten, der Kanzler fungiert als Polier: »Bring mir mal 'ne Flasche Bier ...« Überall herrscht umtriebige Ratlosigkeit. Sowenig es ein außenpolitisches Sicherheitskonzept gibt, gibt es ein innenpolitisches Ordnungskonzept. Ob Wolfgang Schäuble, Lothar Späth oder Alois Glück – der Entwurf der modernen Dienstleistungsgesellschaft, der Abschied von den Theorien der Siebzigerjahre nimmt, stammt von den Konservativen, der CDU/CSU. Der Entwurf der aktiven oder humanen Bürgergesellschaft bedeutet keine »konservative Revolution«, sondern eine konservative Evolution. Die Technisierung wird von einer neuen Humanisierung des Lebens ergänzt und umgekehrt. Zwischen dem bürokratischen Staatskapitalismus der früheren Ostblockländer und dem technokratischen Kapitalismus angelsächsischer Prägung nahm die konsensorientierte Soziale Marktwirtschaft immer eine Mittelstellung ein: Sie war effektiv *und* human und muss es auch in Zukunft wieder werden. Sie verschleudert nicht die wichtigste Ressource, über die wir verfügen, das Humankapital, sondern legt es so an, dass es für unsere Kinder und Enkel Zinsen bringt. Jede Generation hat die Schulden der voraufgegangenen mitzutragen. Verbrauchen wir die uns zur Verfügung stehenden Ressourcen, anstatt sie so zu hegen, wie der Gärtner einen Garten pflegt, wird aus den Schulden eine historische Schuld.

Können wir den Garten als Metapher für die neue, mündige Bürgergesellschaft nehmen? Der Mythos, dass die Erde ursprünglich ein Garten gewesen sei, dürfte so alt sein wie die biblische Erzählung von der Schöpfung der Welt. Die Geschichte vom Garten Eden, dem Paradies, zeigt zudem, dass der Mensch nicht Herr, sondern Teil der Schöpfung ist. Heute ist er keines von beidem, er gleicht einem Killer, der auf die Natur angesetzt worden ist. Die Erde als Garten – Carl Friedrich von Weizsäcker hat eins seiner Bücher Garten des Menschlichen *genannt. Es geht um das Humanum, das nach dem griechischen Philosophen Protagoras das »Maß der Dinge« ist.*
Was wir aber erfahren, ist das genaue Gegenteil: Die Welt als Industrie-Park, in den der »Human-Park« eingebaut werden soll. Gegen die Unterscheidung zwischen Zivilisation und Kultur ist oft polemisiert worden, doch sie trifft in der Sache heute mehr denn je. Schon bei den Römern, bei Cicero und Vergil, ist die Vorstellung von der »cultura« dem Ackerbau entnommen und dann auf den Menschen, der Mutter Erde dienen soll, übertragen worden. Es könn-

te doch sein, dass zweitausend Jahre später die Aufgabe darin liegt, Technik und Ökonomie so miteinander in Einklang zu bringen, dass sich die globale Polis nicht selber zerstört, sondern als Kultur-Werk begreift? Sie könnte ihren Oikos als Garten anlegen, unsere Biosphäre würde so tatsächlich zum Lebens-Raum.

Ich würde sagen, das sind Idealvorstellungen, eine Vision, eine Utopie. Aber wir brauchen dergleichen als Flucht- oder Zielpunkt unserer Perspektiven, nicht anders als die Vision eines Weltfriedens auch. »Garten des Menschlichen« – wer stimmte dem nicht zu? Ökologie und Ökonomie dürfen keine Gegensätze sein, so wenig wie Maschine und Mensch, Industrie- und Bürgergesellschaft. Nicht die Verwertung kann oberster Wert sein, vielmehr müssen wir der ökonomischen Wertschöpfung die humane Sinngestaltung hinzufügen. Sie erwähnten den jungen Goethe: »Da, wo wir lieben, ist Vaterland.« Wenn Mutter Erde im Ganzen zum Vaterland würde, könnten wir wirklich vom »Garten des Menschlichen« sprechen, von der Heimat des Menschen, seinem Zuhause in Raum und Zeit.

»2001 – Odyssee im Weltraum«

Haben Sie vor dreißig Jahren Stanley Kubricks Film gesehen, von dem in diesem Jahr wieder so viel geredet worden ist?

Ja, aber ich kann nicht sagen, er hätte mir in allem gefallen. Aber er war ungeheuer beeindruckend. Das Jahr 2001 war damals so weit weg, es hätte auch 2080 sein können.

Ich erinnere mich vor allem an die Atmosphäre des Films. Sie übertrug sich auf den Zuschauer, vor allem die Verlorenheit des Menschen im All. Dabei denke ich besonders an die Szene, in der sich der Großrechner des Raumschiffs, der alle Lebensfunktionen überwacht, gegen die menschliche Besatzung stellt, weil diese nicht perfekt genug ist für das große Abenteuer der Reise durch Raum und Zeit. Vielleicht ist das die stärkste Szene des Films: Der letzte Überlebende der Astronauten schaltet den Zentralcomputer ab, bevor er für immer das Raumschiff verlässt. Dabei stimmt der schon im Koma liegende Rechner das Lied an: »Hänschen klein ging allein in die weite Welt hinein …« Wir wollen es nicht wahrhaben, aber genau das ist die Situation des Menschen, also unsere Situation: Wir wissen nicht, ob das Weltall vom Menschen in seinem Raumschiff Erde Kenntnis nimmt, das sich mit dem Sonnensystem irgendwo an der Peripherie der Milchstraße bewegt.

Über das Leben auf der Erde sagte der Film allerdings wenig, abgesehen von ein paar betont trivialen Einblendungen über den Alltag in den USA. Sie kamen damals einer gewissen antiamerikanischen Stimmung bei den Intellektuellen entgegen.

Entsprach diese nicht eher der Einsicht, dass der »American Way of Life« nicht deckungsgleich ist mit dem »European Way of Life«? Beide gehören verschiedenen Weltregionen an, der Längengrad Null verläuft bekanntlich durch Greenwich bei London. Insofern stellt Europa die Weltregion Mitte dar, in deren Herzen Deutschland liegt. Amerika ist die West-, Asien die Ostregion.

Diesen Aspekt hat Lothar Späth in die Debatte eingebracht. Ich gebe zu, dass er etwas Suggestives hat. Die Bezeichnungen »West« – »Ost« als politische Bestimmungen haben nach Beendigung des Kalten Kriegs ihre Bedeutung verloren. Europa zum »Westen« zu zählen hatte nur so lange eine Berechtigung, als die Konfrontation zwischen freier und kommunistischer Welt bestand.

In Zukunft müsste es seinen eigenen Weg in der Mitte, in der Vermittlung suchen – das wäre eine Definition seiner »Realpolitik«: Die Kunst, Mitte und Mittler zu sein zwischen West und Ost, Nord und Süd. Auch die »Politik der Stärke« könnte so politisch anstatt militärisch interpretiert werden. Jedermann weiß, dass die Kunst der Vermittlung schon immer zu den eigentlichen Stärken erfolgreicher Politik gehörte. Europa ist auch geschichtlich dazu legitimiert, da es ja der Ursprung der Weltzivilisa-

tion ist. Es liegt nahe, dass hier deshalb auch die primäre Verantwortung liegt, die globalisierte Industriegesellschaft aus der Krise zu führen.

Europa als geschichtliche Aufgabe, sozusagen als weltpolitischer Auftrag? Das dürfte den Menschen schwer zu vermitteln sein. Die Politik ganz allgemein als Schicksal zu erfahren, auch die Wirtschaft, die Technik, die Wissenschaft – das sind keine ungewöhnlichen Vorstellungen. Aber Europa als Schicksal der Welt?

Man kann auch »technisch-wissenschaftliche Zivilisation« sagen, das ist nur eine andere Formulierung dafür. Es ist eine Tatsache, dass der Ursprung der Weltzivilisation in der Mittelmeerregion zwischen Europa, Afrika und dem Nahen Osten liegt, wie immer sich das in Zukunft mischen wird. Er liegt nicht in Australien, Korea oder Brasilien, wo er ja ebenso hätte liegen können. Das Mittelmeer trägt dabei seinen Namen zu Recht, es ist das Zentrum der europäischen Weltregion. Ohne Europa gäbe es nichts von dem, was weltweit heute unter Wissenschaft, Technik, Ökonomie und Politik verstanden wird, von der großen Trias der Wertperspektiven: Frieden – Einheit – Freiheit zu schweigen.
Ich möchte aber auf die Verlorenheit des Menschen im All zurückkommen, wie sie Kubrick dargestellt hat. 1969 erschien in den USA ein Buch mit dem Titel Operating Manual for Spaceship Earth, *zu Deutsch: »Bedienungsanleitung für das Raumschiff Erde«. Hier wurde im Anschluss an die erste Mondlandung der Versuch gemacht, die Erde als Einheit zu begreifen, damit sie nicht*

wie das Raumschiff im Film künftig manövrierunfähig würde. Ich erinnere mich gut an die Bilder von der Mondlandung: Die Erde steht halbiert über dem Mondhorizont vor nachtschwarzem Hintergrund. Das war nicht Kino, sondern wirklich, eine allerdings medial vermittelte Wirklichkeit, so wie sie sich uns inzwischen fast ausschließlich präsentiert.

Politisch diskutierten wir damals vor allem die Frage, wie sich das Bewusstsein der Menschen ändern müsse angesichts dieses Ereignisses, das in der Geschichte nicht seinesgleichen hat. Zum ersten Mal sahen die Menschen ihren Planeten von außen, etwa eine halbe Milliarde sollen es gewesen sein. Damals war ja das Fernsehen bei weitem nicht so verbreitet wie heute. Ich war fest davon überzeugt, dass sich das Bewusstsein nun ändern müsse, und zwar im Sinne der Einheit, der Einigkeit auf dem kleinen, Blauen Planeten. Aber ich habe mich getäuscht, obwohl der erste Blick vom Mond auf die Erde mit keinem anderen Ereignis der Geschichte zu vergleichen ist.

Mit Ausnahme des Overkillsyndroms. Beide Ereignisse stellen einen Höhepunkt in der menschlichen Entwicklung dar, einen Anruf, eine Frage: Was machst du mit der dir überantworteten Macht? Gehst du verantwortungsvoll damit um? Das dritte entscheidende Ereignis erleben wir nun in der Biotechnik unserer Tage, die zur Reproduktionsindustrie zu werden droht.
Bei der Raumfahrt war abzusehen, dass sie sich auf die Umwelt, den Orbit beschränken würde, da der finanzielle und technische Aufwand nicht dem wissenschaftlichen

Gewinn entsprach. Politisch blieb das Ereignis in der Tat folgenlos: Die Amerikaner pflanzten das Sternenbanner auf und ließen Müll auf dem Trabanten zurück. Die sowjetischen Kosmonauten meldeten aus dem Orbit zur Erde, dass Gott im Weltraum nicht zu erkennen und der Mensch alleine sei im All. In Kubricks Film gibt es immerhin noch den schwarzen Obelisken, der den Menschen hinaus in die Unendlichkeit zieht. In der Wirklichkeit blieb ihm aber nichts anderes übrig, als in die ihm zugemessene Endlichkeit seines fragilen Planeten zurückzukehren und dort das Überleben zu trainieren, nämlich die politische Kunst, das Raumschiff Erde in die Zukunft zu steuern.

Ich möchte auch hier die Gefahren eher als Chancen werten. Die Menschen sind lernfähige Lebewesen, nicht nur hinsichtlich der Instinktreaktionen, sondern der Vernunft. Allerdings lernen sie meistens erst sehr spät. Früher haben sie nach der Wahrheit gesucht, nach dem, was die Welt im Innersten zusammenhält. Mit Technik und Wissenschaft wurde die Neugier, die Experimentierfreude größer, sie wollten nun wissen, wie etwas gemacht wird, nicht, was es von sich aus ist. Was ich als Politiker kritisch anmerken muss, ist, dass sich die Neugier auf das Machen des Machbaren beschränkt, während die politischen Fähigkeiten damit nicht Schritt zu halten scheinen. Ich sagte ja schon, dass die entsprechenden Ideen und Institutionen, die Werte und Perspektiven über zweihundert Jahre alt sind. Politisch leben wir in vielem noch im Postkutschenzeitalter, während sich Teile unserer Gesellschaft bereits mit Überschallgeschwindigkeit bewegen.

Da hat sich eine unheimliche Schere aufgetan, die der gesamten Spezies den Lebensfaden abzuschneiden droht. Vielleicht könnte man in Erinnerung an Daedalus und Ikarus sagen: Der Geist des Menschen hat zwei Flügel, das technische und das politische Vermögen, beide im weitesten Sinn. Die politische Vernunft erscheint wie gebrochen oder unterentwickelt, dieser Flügel lahmt, sodass der Geist nicht fliegen kann. Kommt Ikarus ins Trudeln, steht der Geist vor dem Sturz?

Das kann ich nicht glauben. Aber weil sich die Schere zwischen den Möglichkeiten der Politik und jenen von Wissenschaft und Technik nicht noch weiter öffnen sollte, müssen wir politische Fantasie entwickeln. Es geht ja nicht nur um die biotechnische Manipulierbarkeit des Menschen, sondern in erster Linie darum, ob und wie wir uns auf dieser Erde einrichten und zu Hause fühlen können. Da dürfen nicht die ökonomischen Interessen die grundlegenden vitalen Interessen dominieren, zumal es für uns alle zusammen mehr als genug zu tun gibt. Es muss doch möglich sein, dass die Wissenschaft so archaische Bilder wie die der riesigen Scheiterhaufen getöteter Tiere künftig verhindert und eine effektive Seuchenbekämpfung entwickelt! Hier kann die Politik steuern, indem sie ihre Mittel so einsetzt, dass im Interesse aller geforscht und entwickelt wird. Schließlich haben auch die menschlichen Krankheiten und Seuchengefahren eine neue Dimension erreicht – denken Sie nur an Krebs oder an Aids.
Aber etwas anderes noch: Mir gefällt die Bezeichnung »Raumschiff Erde« nicht. »Raumschiff« ist ja schon für sich genommen ein monströser Begriff. Ich würde lieber

bei der natürlichen Metapher vom Garten bleiben. Die Gleichgültigkeit gegenüber der Raumfahrt hat einen einfachen Grund: Der Mensch spürt, dass der Sinn seines Lebens auf der Erde und nicht hinterm Mond liegt. Trotzdem wird und muss er weiter forschen und experimentieren. Aber klar ist auch, dass die Wissenschaft dem Leben zu dienen hat, nicht umgekehrt.

Die Menschen sind Zeitreisende, jeder Einzelne reist durch seine Lebenszeit. Wie er sie gestaltet, bestimmt seine Biografie. Ich verstehe zwar nicht viel von Physik, doch so viel habe auch ich von Einstein gelernt: Raum und Zeit sind ein Kontinuum und nicht voneinander zu trennen, wobei die Erfahrung der Zeit alle anderen dominiert. Das heißt: Das Leben ist begrenzt, ohne ein Wissen um seine Grenzen ergibt es keinen Sinn. Nach den Erkenntnissen der Astrophysiker gilt die Evolution für das Universum insgesamt. Auch die Welt hat Anfang und Ende, eine Geschichte, eine Biografie: Das Maß der Dinge ist ihre Endlichkeit.

Das ist eine wahre Erkenntnis, ein schöner Satz, aber was bedeutet er für die Politik? Ich muss immer wieder auf den praktischen Bezug verweisen, sonst verlieren wir uns in allgemeinen Spekulationen. Die Erkenntnis der Endlichkeit ist für den Christen eine Selbstverständlichkeit. Sie ist ein notwendiges Wissen, denn sie zeigt ihm die Grenzen auf. Wir sind nicht unsere eigenen Schöpfer, wie uns die Biotechniker glauben machen wollen, wir sind Mitwirkende an der Schöpfung, Partner der Natur.
Mensch und Natur können nur miteinander, nicht gegen-

einander leben. Auch hier darf es nicht Feindschaft geben, notwendig ist Partnerschaft. Sonst wäre ja das Leben sich selber Feind, und das kann nicht sein, auch wenn wir oft das Gefühl haben, genau das sei der Fall. Wir haben Teil an der Natur, sie hat Teil an uns. Dass Wissen Macht ist, reicht nicht mehr hin. Jetzt muss das Gewissen Basis des Wissens sein.

So verstanden, könnte Politik ein neues Weltverhältnis begründen und zeigen, wie wir unseren Planeten sanieren und zur Heimat aller Menschen machen können. Dann kehrte sich der Satz »Wissen = Macht« in »Macht = Wissen« um. Wissen, das aus dem Gewissen lebt, wie Sie es fordern, ist verantwortetes Wissen, die Verantwortlichkeit selbst. Die Frage ist allerdings: Wie bringt man der Wissenschaft das Gewissen bei, sodass sie dem Leben, nicht das Leben ihr dient? Der Satz »Wissen = Macht« stammt von dem Engländer Francis Bacon und ist vierhundert Jahre alt. Er stellt keine Erkenntnis, sondern eine Behauptung dar. Wie ist es möglich, dass wir noch immer nach einem derart alten Grundsatz leben, obwohl uns die tägliche Erfahrung zeigt, was für verheerende Konsequenzen er hat?

Vielleicht liegt es daran, dass wir nicht hinreichend aufgeklärt sind? Aufklärung ist ja kein einmaliger Vorgang, dazu keiner, über den linke Theoretiker das Deutungsmonopol haben. Sie ist, wie Kant sagt, eine Aufgabe des Menschen, nämlich die Pflicht, sich aus seiner selbstverschuldeten Unmündigkeit immer wieder neu zu befreien.

Hundert Jahre nach Kant hat Nietzsche die Aufklärung in einer Weise radikalisiert, die uns noch immer unangenehm, ja unheimlich ist. In einer frühen Schrift heißt es: »In irgendeinem abgelegenen Winkel des in zahllosen Sonnensystemen flimmernd ausgegossenen Weltalls gab es einmal ein Gestirn, auf dem kluge Tiere das Erkennen erfanden. Es war die hochmütigste und verlogenste Minute der Weltgeschichte: aber doch nur eine Minute. Nach wenigen Atemzügen der Natur erstarrte das Gestirn und die klugen Tiere mussten sterben. – So könnte jemand eine Fabel erfinden und würde doch nicht genügend illustriert haben, wie kläglich, wie schattenhaft und flüchtig, wie zwecklos und beliebig sich der menschliche Intellekt innerhalb der Natur ausnimmt; es gab Ewigkeiten, in denen er nicht war; wenn es wieder mit ihm vorbei ist, wird sich nichts begeben haben.«

Spontan würde ich sagen: Dem stimme ich nicht zu, dem kann ich nicht zustimmen! Ich wüsste sonst gar nicht, wie man die Arbeit, die Anstrengungen, die Mühen und Leiden der menschlichen Existenz rechtfertigen wollte. Dass alles Nichts sein soll, kann nur ein Nihilist behaupten.

»Nihilist« hat bei uns einen moralischen Klang und ist überdies zum weltanschaulichen Schlagwort geworden. Das Zitat stammt aus der Schrift Über Wahrheit und Lüge im außermoralischen Sinne. *Es geht dabei um die Frage, wie die Vermessenheit von Wissenschaft und Technik so in eine dem Leben angemessene Macht verwandelt werden kann, dass sie das Maß der Dinge nicht zerstört, sondern neu konstituiert. Das geschieht bei Nietzsche im Sinne jener abendlän-*

dischen Aufklärung, die nicht nur zweihundert, sondern über zweitausend Jahre alt ist und sich in dem berühmten Satz von Sokrates ausspricht: »Ich weiß, dass ich nichts weiß.« Das bedeutet: im Angesicht »Gottes«, und mit Gott ist hier Apollon gemeint. Über dem Eingang zu seinem Heiligtum in Delphi stand nämlich die Forderung: »Erkenne dich selbst.« Würden wir dieses Postulat heute wieder ernst nehmen, müssten wir sagen: Wissen hat dann ein Gewissen, wenn es seine Macht in Frage stellt.

Mir liegt Kant näher, vor allem die berühmten Fragen aus seiner Vorlesung über Logik::

> »Was können wir wissen?«
> »Was sollen wir tun?«
> »Was dürfen wir hoffen?«

Wenn wir den bisherigen Gedankengang Revue passieren lassen, so ist deutlich, dass das Gespräch über den Sicherheitskomplex im Sinne der ersten Frage von Kant erfolgt ist: Was ist heute die Bedingung, die Voraussetzung allen Wissens? Die Antwort lautete: Frieden. Damit ist der Weltfrieden gemeint, weil ein neuer Weltkrieg alles Wissen dieser Erde zerstören würde.

Das konnte Kant vor zweihundert Jahren in dieser apokalyptischen Schärfe noch nicht wissen. Trotzdem hat er das Problem des Friedens als die zentrale Frage der Politik erkannt und sie in einer seiner letzten Schriften mit dem Titel Zum ewigen Frieden *ausführlich behandelt.*

Gut, aber lassen Sie uns zur zweiten Frage kommen: »Was sollen wir tun?« Es kommt ja nicht darauf an, nun Kant zu studieren in der Hoffnung, dass er uns sagen würde, was wir im dritten nachchristlichen Jahrtausend tun sollen. Wir müssen es selber herausfinden. Ist der Frieden das »Maß aller Dinge«? Offenbar, ja. Wie aber setzen wir dieses Wissen um? Resümiere ich richtig, war doch der Gang des Gesprächs der, dass wir nur dann, wenn wir Politik als Weltaufgabe begreifen, auf der Höhe unserer Zeit sind. Wir hatten aber auch erörtert, was Frieden heute heißt, nämlich nicht bloß Waffenstillstand oder Kalter Krieg, sondern Schutz vor Gewalt und Schutz vor Not. Schließlich geht es noch um den Schutz der Freiheit, die die innere Freiheit des Menschen umfasst.

Ich glaube, alle drei Aspekte des Friedens haben diesen inneren Bezug. Der Mensch muss sich immer auch vor sich selber schützen, er kann des anderen »Wolf« sein, ein »Feind«, oder dem Menschen ein Mensch werden, ein »Freund«.

Die Frage war: Was sollen wir tun, um Frieden zu realisieren? Hier komme ich auf Ihre Trias von Frieden – Einheit – Freiheit zurück und sage: Einigkeit schaffen, Einheit in Frieden und Freiheit. Das kann nur die Einheit in der Verschiedenheit, der Vielfalt sein, nicht in der Gleichheit, der Uniformität. So jednfalls sehe ich die Einheit der erwähnten Bürgergesellschaft, anders ist die hochdifferenzierte komplexe Dienstleistungsgesellschaft nicht möglich. Sie bedarf einerseits der föderativen Strukturen des demokratischen Rechtsstaats, sie bedarf andererseits der sozial verantwortlichen Marktwirtschaft. Und sie bedarf drittens einer Ordnung der Kompetenzen, die dem Prinzip der Subsidiarität entspricht. Das sind die Elemente der modernen Bürgergesellschaft, die so offen ist, dass sie alle Aspekte der globalisierten Welt in sich integriert.

Bevor wir das bürgerschaftliche Konzept genauer erörtern, möchte ich noch einmal auf die Frage: »Was können wir wissen?« zurückkommen und an den berühmten Prozess erinnern, den zu Beginn des siebzehnten Jahrhunderts die römische Kirche gegen Galilei angestrengt hat. Es handelt sich dabei ebenfalls um eine Begegnung zwischen »Geist« und »Macht«, wobei Galilei meistens mit dem »Geist« und die römische Kirche mit der »Macht« identifiziert wird. Das hat seinen Grund darin, dass man seit dem achtzehnten Jahrhundert in der Kirche eine antiaufklärerische Institution gesehen hat. Die Wirklichkeit ist allerdings nicht so einfach, da sind Licht und Schatten feiner verteilt. Vor allem wird deutlich, wo der Grund liegt, dass sich die Wissenschaft heute so schwer damit tut, sich über sich selbst aufzuklären.
Im Jahr 1543 veröffentlichte Kopernikus sein astronomisches Werk De revolutionibus orbium coelestium, *in dem er darlegte, dass nicht die Sonne um die Erde, sondern die Erde um die Sonne kreist. Fast hundert Jahre später verteidigte Galilei der römischen Kirche gegenüber das »kopernikanische System«, dessen Kernsätze »Die Erde bewegt sich« und »Die Sonne ist der Mittelpunkt der Welt« die Kirche 1616 auf den Index gesetzt hatte. Der Kardinal Bellarmin, der die Verhandlungen seitens der Kirche führte, verlangte nun von Galilei nicht, er solle die Theo-*

rie des Kopernikus total widerrufen, sondern lediglich bestätigen, was im Vorwort des Werkes der zeitgenössische Theologe Osiander schon hundert Jahre zuvor geschrieben hatte, nämlich dass die kopernikanische Lehre nur eine methodische Beschreibung sei, eine Art Hypothese, die im Sinn der Bibel keine inhaltliche Wahrheit beanspruchen könne.

Das trifft wohl vor allem für die Naturwissenschaften und ihre technischen Anwendungen zu, während in den Humanwissenschaften …

In erster Linie, ja. Wir Heutigen wissen nun seit langem, dass von den beiden Sätzen auf dem Index der erste Satz wahr ist, der zweite dagegen falsch. Vom Standort der modernen Wissenschaft kann aber der Kirche des sechzehnten und siebzehnten Jahrhunderts auch insofern nicht Unrecht gegeben werden, als wissenschaftliche Aussagen nicht mehr in Form dogmatischer Sätze, sondern nur noch als Hypothesen formuliert werden dürfen.

So, wie Sie es formulieren, hieße das, was uns als gesichertes Wissen gilt, ist ein System von Annahmen, von Hypothesen, deren Wahrheit von Standort und Perspektive desjenigen abhängt, der sie aufgestellt hat …?

Das ist richtig. Der Satz »Wissen = Macht« ist aber keine Hypothese, sondern eine These, deren rigorose Durchsetzung unsere Zivilisation in ihre schwerste Krise geführt hat. Die Umkehrung der Formel in »Macht = Wissen« ist ebenfalls eine These und besagt, dass Macht wissen muss, was sie tut. Weiß sie es, tut sich das in dem Bewusstsein kund, dass sie sich vor der Zukunft zu verantworten hat.

Das hat allerdings weit reichende Konsequenzen. Der Bezug zur Zukunft gibt der Wissenschaft das Gewissen und zeigt ihr die umfassende gesellschaftliche Verantwortung auf.

»Und sie bewegt sich doch«

»Die Sonne ist der Mittelpunkt der Welt« – dieser Satz ist falsch. Sie ist ein winziger Planet unter Myriaden von Sternen im Universum. Würden wir uns das tatsächlich bewusst machen, könnten wir nicht länger behaupten, Wissen sei Macht, sondern kämen zu dem umgekehrten Schluss: Wissen ist Ohnmacht. Denn was immer wir wissen, im Vergleich zur ungeheuren Übermacht des Universums ist alle Macht auf Erden Ohnmacht. Dagegen ist der Satz: »Die Erde bewegt sich« richtig, denn es gibt im All nichts, was sich nicht bewegt. Ohne Bewegung gäbe es keine Zeit und umgekehrt. Der Bereich, in dem sich die organischen Bewegungsprozesse abspielen, heißt Biosphäre. Dort bedeutet Bewegung Leben, und Zeit ist hier die biologische, die wirklich erfahrbare, nicht bloß die messbare Zeit.

In diesem Sinn hat Wolfgang Schäuble Galileis Satz über die Himmelskörper auf die Welt des Menschen übertragen. In seinem Buch Und sie bewegt sich doch *stellt er fest, dass sich nicht nur die gesellschaftlichen Prozesse beschleunigen, sondern auch die Fähigkeit der Menschen, sich ihnen durch Reformen entsprechend anzupassen. Das aber ist die Frage. Beschleunigung ist kein bloß quantitativer, sondern ein qualitativer Begriff, wobei es positive und negative Qualitäten gibt. Verändert sich unsere Welt nicht doch sehr viel schneller als unsere Wahrnehmungsfähigkeit – von der Möglichkeit, angemessen darauf zu reagieren, einmal abgesehen?*

Ich gebe zu, dass ich wie Schäuble aus einer optimistischen Grundhaltung heraus geneigt bin, die sich beschleunigenden Veränderungen als positive Qualität aufzufassen. Damit meine ich nicht den naiven Fortschrittsoptimismus, wonach immer alles besser, größer und schneller wird. Da werden ja bloß Quantitäten zu Qualitäten umfunktioniert, die irrational sind. Bei dem Maß an Beschleunigung, das wir zur Zeit erleben, müssen wir aber immer beide Seiten des Fortschritts wahrnehmen, seine strukturelle Ambivalenz. Jedenfalls dann, wenn unser Blick unbefangen und nicht durch Verdrängungen verstellt ist. Wie da im Einzelnen Licht und Schatten verteilt sind, darüber lässt sich streiten. Es gibt aber Tatsachen, die eindeutig sind, etwa die Revolution in der Info- und Biotechnologie sowie die Akzeleration der gesellschaftlichen Prozesse insgesamt. Die Frage für uns alle ist: Was bedeutet sie, ergibt sie einen Sinn?

Vielleicht muss man zunächst ergänzen, dass die Frage nach Sinn in der Regel als Privatangelegenheit betrachtet wird. Die öffentliche Hand soll dabei sozusagen ihre Finger aus dem Spiel lassen. Andererseits erhebt dieselbe öffentliche Hand nicht nur Steuern, erlässt Gesetze und setzt sie durch, sondern greift tief in das persönliche Leben der Bürger ein. Auf Grund der allgemeinen Wehrpflicht verlangt sie von den Bürgerinnen und Bürgern in Uniform gegebenenfalls sogar den Einsatz des Lebens. Das lässt sich nur begründen, wenn der Staat auch Sinnvermittler ist. Jede Ordnung ist ja eine Form von Sinn. Auf die wachsende Geschwindigkeit gesellschaftspolitischer Entwicklung übertragen, heißt das: Die politische

Sinngebung lässt sich nicht abkoppeln von der Frage, wie die Beschleunigung als solche erfahren wird – etwa als linearer Fortschritt oder als eine Art Kreisbewegung, durch die die Probleme und Konstellationen auf neuen geschichtlichen Ebenen wiederkehren?

Allgemein lässt sich darauf wohl keine Antwort geben, auch wenn die Politik in der Pflicht bleibt, immer wieder neue Antworten zu suchen. Sehe ich mir aber die Bundesregierung an, so ist die Antwort klar: Die Bewegung ihrer Politik verläuft im Kreis, und auch bei dieser Rotation ist eine Beschleunigung feststellbar. Hin und wieder wird eine der Figuren herausgeschleudert oder springt selber ab vom Karussell der Macht, weil der amtierende Allround-Pragmatismus schwindlig macht. In jedem Fall gibt es keine zureichende Vorstellung von der geschichtlichen Gesamtbewegung, in der wir stehen, sieht man von den sozialtechnokratischen Positionen der Siebzigerjahre einmal ab. Bei Schröder gibt es nur eine einzige Wahrnehmung: die Drehung um sich selbst, also bloße Nabelschau.

In einer Demokratie wird die Regierung von den Bürgern gewählt. Die rot-grüne Koalition hat eine Mehrheit und möchte sie ausbauen. Gerhard Schröder kann sich inzwischen eine Regierungszeit bis 2008 vorstellen und hat damit signalisiert, dass dieses erste Jahrzehnt des neuen Jahrhunderts ein Schröder-Jahrzehnt sein soll.

Als ob es darauf ankäme! Es geht doch um die Sache, um die Politik selbst. Nein, das ist Futter für die Medien, fürs Publikum, auch für die eigene Partei. Er weiß selber viel zu genau, wie brüchig die Basis seiner Regierung ist. Trotz aller Umfragen bin ich überzeugt, dass Rot-Grün in unserem Land keine echte Mehrheit hat und auch nie gehabt hat. Die Menschen spüren, dass die Politik seit 1998 zur Plattform der Selbstdarstellung verkommen ist. Die Koalition repräsentiert einen Konsens, der nur einen Teil unserer Gesellschaft ausmacht, nicht die Mehrheit. Er bezieht sich auf das, was tagtäglich in den Medien ventiliert wird, mit einem Wort: auf die Egomanie unserer Zeit.

»Ich will alles, und das sofort!«

Genau. Das ist zwar verkürzt formuliert, aber es gibt tatsächlich einen Trend zum jeder gegen jeden, alle gegen alle, Frauen gegen Männer, Männer gegen Frauen, Erwachsene gegen Kinder, die Kinder gegen die Erwachsenen, schließlich auch noch Jung gegen Alt und umgekehrt. Der Generationenvertrag ist brüchig geworden, nicht nur, was die Renten, sondern auch, was die Werte angeht: »Jung«, »dynamisch«, »sportlich« und wie die Lifestyle-Attribute alle heißen, die den Menschen suggerieren, Rücksichtslosigkeit sei das, was zählt. Aber das machen wir Konservativen nicht mit. Ein Land braucht mindestens ebenso sehr die komplementären Werte wie Erfahrung, Besonnenheit und Überblick, von den Gefühlswerten einmal abgesehen. Der Mensch darf nicht des Menschen Wolf sein.

»Homo homini lupus« – die Formulierung stammt, glaube ich, aus dem ersten Jahrhundert vor Christi Geburt aus der Zeit der römischen Bürgerkriege. Realistisch gesehen

ist der Mensch zu allen Zeiten immer auch *des Menschen Wolf gewesen. Er kann nicht kollektiv umerzogen werden. Das war das sozialistische Experiment, und das ist gescheitert. Aber er kann sich wandeln, er kann die Bedingungen, unter denen er lebt, ändern, verbessern, er kann immer wieder zum Menschen werden. Dass er sich selber zu erlösen vermag, ist ihm dagegen nirgendwo verheißen. Das hat erst die Moderne mit ihren soziologischen und technologischen Ideologien verkündet. Das »Projekt Moderne« versteht sich nicht mehr als Schöpfung Gottes, sondern als Schöpfung des Menschen. Für uns ist Religion Privatsache, trotzdem stellt sich die Frage: Gibt es politische Ethik ohne Religion? Aber vielleicht führt das im Augenblick zu weit.*

Politische Ethik und Religion sind für mich untrennbar miteinander verbunden. Das »C« bei den Unionsparteien ist schließlich nicht irgendeine Eigenschaft unter anderen, es ist überhaupt keine Eigenschaft, wie ein Blatt grün oder gelb sein kann. Es bezeichnet vielmehr die Mitte, aus der entweder gelebt oder nicht gelebt wird. Da wird immer spöttisch gefragt, was denn eigentlich »christliche« Politik sei, und meist wird darauf falsch geantwortet, weil die Frage falsch gestellt ist. Es gibt zunächst einmal Politiker, die aus ihrem christlichen Glauben heraus Verantwortung tragen, Konzepte entwickeln und Antworten auf die Fragen unserer Zeit versuchen. Das ist nicht zu bestreiten. Zwar tun das andere auch, aber durch das christliche Welt- und Menschenbild kommen diese Politiker in vielem zu anderen Ergebnissen, Sichtweisen und Überzeugungen. Vor allem stellen sie umgekehrt da Fragen, wo sich der

Zeitgeist gegen Kritik zu immunisieren versucht, weil er sich selbst als Antwort auf alle Fragen begreift.

Woran denken Sie?

An das, was ich die Egomanie, die Ich-Sucht unserer Zeit genannt habe, die das »Du« als primären Bezug ausschließt. Heraus kommt dann: Alle für keinen, keiner für alle.

Es scheint, als ob diese Haltung genau zu jener postmodernen Industriegesellschaft passt, deren Denken von der Maschine, nicht vom Menschen geprägt ist. Die Maschine ist der Apparat, das Machtinstrument, mit dem der Mensch nicht nur die Natur, sondern sich selbst ausbeutet. Die Maschine als Werkzeug, der Mensch als Techniker der Macht – ein Teil der Maschine, nicht mehr ein Teil der Natur. Er bezieht seinen Wert durch die Funktion, die er ausübt, aber nur insoweit, wie er tatsächlich funktioniert. Als Funktionär der Maschine ist er austauschbar. Das ist das Gegenteil von jener menschlichen Würde, die ihren Grund in der Ebenbildlichkeit Gottes hat. Diese macht ihn zur unverwechselbaren, einmaligen Person, dem Gegenteil der beliebig austauschbaren Funktion. Es kommt noch die Ökonomisierung hinzu, also die Energie, die die Maschine treibt. Was bei dem Treiben herauskommt, sind Produkte, die zur Ware werden, zum Verkaufs- und Konsumangebot. Auch die Menschen sind Produkte der Industriegesellschaft, sie verkaufen sich, sie konsumieren sich und werden konsumiert. Die Welt wird zum Super-Markt auch insofern, als sich die bisherigen Märkte zum globalen Über-Markt zusammengeschlossen haben.

Sie formulieren mir zu spitz. Wir können den Markt so wenig abschaffen wie die Industrie, das wäre nicht bloß ein Missverständnis, sondern die Umkehr dessen, was ich sagen will. Wir dürfen ihn aber auch nicht absolut setzen, so wenig wie die Wissenschaft, die Technik oder sonst irgendetwas in dieser Welt. Auch hier gilt: Der Markt muss den Menschen dienen, nicht die Menschen dem Markt.

Wie kann aber die Verabsolutierung von Produktion und Konsum so durch politische Verantwortung relativiert werden, dass der Mensch wieder das Maß der Dinge ist? Wir wissen, dass das Übermaß des Konsums, durch das wir unsere Ressourcen verbrauchen, die Erde zum Wüstenplaneten machen wird. Trotzdem lässt sich kein nachhaltiges Krisenmanagement durchsetzen, jedenfalls nicht weltweit. So haben die USA wiederholt die Verringerung des CO_2-Ausstoßes abgelehnt. Wichtiger als das Klima der Erde scheint ihnen das nationalökonomische Klima zu sein. »Nach uns die Sintflut!« ist die Devise: Wir leben heute, morgen sind wir tot. Oder schärfer noch: Heute leben wir; wer morgen lebt, ist selber schuld.

Das ist zwar überzeichnet, doch es liegt in der Konsequenz der egomanischen Gesellschaft. Sie ist im genauen Sinn des Wortes nicht nur a-sozial, sondern in-human.

Ähnlich wie bei der globalen Sicherheit, die uns eine Zweiteilung in die Welt des »atomaren Patts« und der globalen Kriminalität beschert hat, leben wir auch gesellschaftspolitisch in einer geteilten Welt: In der weitaus größeren, in der Massenarmut, Elend und Kriminalität herrschen, und in der kleinen, in der nicht die Armut, sondern der Reichtum das Problem ist. So wie die eine gezielt durch Kapitalzufluss, könnte die andere durch entsprechenden Kapitalabfluss saniert werden. Anders kann der globalisierte Wirtschaftskreislauf nicht funktionieren. Bricht er zusammen, droht der Kollaps des gesamten Biosystems.

Hier liegt der Ansatz unseres Konzepts der künftigen Bürgergemeinschaft. Es verneint die Erwerbswelt der Industriegesellschaft nicht, sondern setzt sie voraus und ergänzt sie durch die aktive Bürgergesellschaft.

Entspricht ihr die Dienstleistungsgesellschaft? Bürgergesellschaft und Zivilgesellschaft sind Begriffe, die der Soziologe Ralf Dahrendorf in die politische Diskussion eingebracht hat, allerdings vor Jahren schon.

Das mag für Akademiker von Interesse sein, mir ist es nicht wichtig. Es ist allein die Sache, auf die es ankommt, einschließlich der politischen Konstellation. Was dabei künftig Wissen heißen muss, haben wir bereits erwähnt. Wir wollen mit der mündigen Bürgergesellschaft – vielleicht ist das die beste Bezeichnung – die entscheidende Brücke über den Abgrund zwischen Moderne und Tradition bauen. Ich bin fest davon überzeugt, dass die Gesellschaft der Zukunft fortschrittlich, modern und trotzdem human und traditionsbewusst sein kann. Dafür müssen wir uns als Bürger dieser Gesellschaft neu definieren. Es geht schließlich nicht um den Bürger des neunzehnten und zwanzigsten Jahrhunderts. Mit der Vollkaskomentalität der letzten Jahrzehnte kommen wir nicht mehr durch. Es ist ein Irrtum zu glauben, die sozialstaatliche Rundumversorgung sei die eigentlich menschliche Lebensform, einmal abgesehen von ihrer Finanzierbarkeit. Es ist die Eigenverantwortung, die Verantwortung vor sich selbst, vor den Mitmenschen, vor Gott, die den Menschen zum Menschen macht, alles andere ist Ideologie. Deshalb kann man ihn auch nicht stillschweigend bloß als »Arbeitstier« definieren, wie das manche neoliberalen Ideologen getan haben. Da erscheint dann der Arbeitslose als überflüssiger gesellschaftlicher Ballast. Wie viele menschliche Tragödien haben hier ihren Grund, ihre sozialpsychologischen Auswirkungen sehen wir vor allem bei den jungen Menschen! Andererseits wird durch die Betreuungsmentalität der Abstaubertyp, der auf Kosten der Allgemeinheit lebt, geradezu kreiert. Wir müssen den Menschen über alle gesellschaftlichen Zwänge und Funktionen hinaus als unverwechselbare, einmalige Person ansprechen, als das ausgezeichnete Geschöpf unter Geschöpfen, das für die Schöpfung insgesamt Verantwortung trägt. Allerdings verfügt er auch über die Möglichkeit, sich und die Schöpfung zu verderben, und macht dann von seiner Freiheit einen negativen Gebrauch. Das heißt: Auch die Freiheit ist ambivalent, sie ist unser höchstes Gut, zugleich unsere größte Gefahr. Mehr denn je ist das die Erfahrung unserer Zeit.

Bleiben wir bei der mündigen Bürgergesellschaft. Der Bürger ist danach nicht primär ein soziologischer Begriff, der sich auf die historische Epoche der Industriegesellschaft bezieht. Gemeint zu sein scheint mir eher der Weltbürger, vielleicht wie ihn Goethe verstand. Goethe negierte nicht die Heimatregion, das Land, sondern bejahte die Verwurzelung dort und mit ihr die politische Verantwortung. Das zeigt sein Leben als Minister des Herzogs von Weimar in exemplarischer Weise. Aber den Bürger in diesem Sinn hat es schon in der griechischen Polis gegeben, sodann als »civis romanus«, als den Bürger Roms, gleichviel wo er lebte, ob in Spanien oder Afrika.

Das ist ein gutes Beispiel dafür, was konservativ, was Bewahren heißt. Es heißt nämlich immer auch erneuern. Der Homo politicus hat schließlich eine uralte europäische Tradition. Ich denke, man kann sagen: Diese Form der Bürger-Kultur hat Europa wesentlich mitgeprägt.

Es kommt aber noch ein Weiteres hinzu: Das gesamte Mittelalter von rund tausend Jahren verstand den Menschen als Bürger zweier Welten. Danach lebte er zwar in dieser Welt, war aber nicht allein von dieser Welt. In dieser Welt hatte er sich zu bewähren – Bewähren und Bewahren gehören zusammen.

Wir müssen aber nun einen entscheidenden Schritt weiter gehen: Jeder Mensch ist zwar sich selbst gegenüber verantwortlich, doch gewinnt er sein »Ich« nur über das »Du«, aus dem sich wiederum das »Wir« ergibt. Das ist der Boden, auf dem der Einzelne steht. Wenn man das nicht erkennt, versteht man die mündige Bürgergesellschaft nicht. Oder man will sie nicht verstehen, weil man sonst zugeben müsste, dass die linken Gesellschaftsentwürfe dagegen alt aussehen. Das kann man heute am Pathos der Achtundsechziger sehen: Das Gesicht der traditionellen Gesellschaft wird auf jung geschminkt, ohne dass die charakteristischen Züge verschwinden. Da wird noch immer in Verteilungskämpfen gedacht, es gibt »oben«, »unten«, »links« und »rechts«. Aber diese Geometrie stimmt nicht mehr. Wir müssen den politischen Raum, in dem wir uns befinden, von Grund auf neu vermessen.

Das Wort »Dienen« hat in der konsumorientierten Industriegesellschaft keinen guten Klang, so wie man selten von Pflichten, wohl aber von Rechten spricht. Ähnlich steht es mit dem »Alter«, das nicht als Reifung, sondern als Verschlissensein verstanden wird. Dagegen wurden »jung«, »dynamisch«, »sportlich«, wie Sie sagten, mit vital im Sinne von erfolgreich identifiziert. Im Begriff der modernen Dienstleistungsgesellschaft wird nun eine Brücke geschlagen zwischen Dienen und Leistung. Entspricht sie der Brücke zwischen Tradition und Moderne?

Ich jedenfalls sehe es so. Leistung wurde ja als solche jahrzehntelang diskreditiert. Dabei ist sie nicht nur lebensnotwendig, sondern bietet auch Befriedigung, einen entscheidenden Beitrag zur Lebensqualität. Eine Kindergärtnerin, eine Krankenschwester, ein Altenpfleger, um nur einige Beispiele aus dem sozialen Bereich zu nennen, tun Dienst am Nächsten, am Mitbürger. Das ist nicht nur eine persönliche, sondern eine allgemein menschliche Leistung, die sich aber nicht nach dem üblichen ökonomischen Schlüssel ausrechnen lässt. Denn da geht es um materielle Werte, nicht um soziale Ressourcen, also um Finanzkapital im Gegensatz zum Humankapital. Letzteres wird aber immer wichtiger. In einer zunehmend individualisierten und damit immer anonymer werdenden Gesellschaft wachsen die sozialen Aufgaben rapide, der Staat ist damit längst überfordert. Auch er muss dienen und nicht bedienen, er muss dem Prinzip der Verantwortlichkeit dienen. Wir müssen wegkommen vom Versorgungsstaat, schon weil der Faktor Arbeit gegenüber dem des Finanzkapitals zunehmend an Bedeutung verliert. Der Fürsorgestaat ist eine Form des Obrigkeitsstaats. Wir sehen an den ostdeutschen Landsleuten, wie schwer es ist, sich von der sozialistisch betreuten Unmündigkeit zu verabschieden. Der total versorgte Mensch ist der verstaatlichte Mensch. An der so genannten Rentenreform haben wir erlebt, welche Mühe es macht, die Überversorgung zu korrigieren und die Staatsquote auch in diesem Bereich abzusenken. Die »Wohlfahrtsbewältigung«, von der Alois Glück gesprochen hat, kann nur subsidiär erfolgen, von unten nach oben, von der kleineren zur größeren Einheit. Der Einzelne, die Familie, die Kommune, die Region, die Nation – das sind die wirklichen Lebensfelder. Der Staat, der verwaltet, ist der verwaltete Staat. Und das so genannte Parkinson'sche Gesetz bürokratischer Vermehrung gilt gerade hier. Da ist der Einzelne nicht der Bürger, sondern zum Beispiel ein Arbeitsloser oder ein Sozialhilfeempfänger, der in langen Warteschlangen einer unbeweglichen, anonymen Bürokratie gegenüber steht.

Hier erhoffe ich mir eine Menge Änderungen durch die Einstellung der jungen Generation, durch ihre Initiative, ihre Spontaneität und Kreativität. Mit bürokratischem

Etatismus, mit Staatshörigkeit jeglicher Art ist bei ihr nichts zu gewinnen. Zum Leben gehört auch das Risiko, das Wagnis, das Ausprobieren der Möglichkeiten im Leben. Die eigene Belastbarkeit soll geprüft werden, nicht die der anderen, der Gemeinschaft. Dieses Leben auf Kosten der Allgemeinheit war das Charakteristikum der »Null-Bock-Generation«. Damit ist kein Staat mehr zu machen und die moderne, aufgeklärte Bürgergesellschaft schon gar nicht.

Wenn ich Sie recht verstehe, haben wir also im Prinzip auf der einen Seite die Erwerbs- beziehungsweise Industriegesellschaft und auf der anderen die Dienstleistungs- beziehungsweise Bürgergesellschaft. Geht es in der einen um Gewinn, so in der anderen um Sinn. Dem entspricht der Unterschied zwischen Finanz- und Humankapital. Das sind wiederum zwei Welten in einer, der Mensch hat die Wahl, in welcher er tätig sein will. Er kann auch in beiden arbeiten, einige Jahre hier, einige dort, prinzipiell stehen ihm beide offen. Dem entspricht der Unterschied zwischen Solidarprinzip und Eigenverantwortung.

Das sind natürlich erhebliche Vereinfachungen, die aber in der begrifflichen Unterscheidung die Alternative klar vor Augen führen. In Wirklichkeit gibt es zahllose Übergänge, doch die Bürgergesellschaft gewinnt in vielen Bereichen immer klarere Konturen, beispielsweise in der neuen Dienstleistungsökonomie. Diese ist nicht mit der so genannten New Economy identisch, hat aber doch viel mit ihr zu tun. Die New Economy wird in Zukunft noch mehr durch Kopf- als durch Handarbeit geprägt sein, wobei sich die Menschen auch hier sowohl in der reinen Erwerbs- wie in der Dienstleistungsökonomie bewegen können. Deshalb ist die Mobilität der Menschen ebenso wichtig wie die entsprechende Flexibilisierung des Arbeitsmarkts.

Ich will das konkretisieren: Vielleicht sind die Beschäftigten künftig vier oder fünf Stunden in einem Büro oder einem Geschäft tätig, um sich dann am Nachmittag mit Freunden zu treffen und sich Aufgaben in der Nachbarschaft, der Kommune oder dem Verein zu widmen. Auch mehren sich jene Aufgaben, die zum großen Teil ehrenamtlich wahrgenommen werden können und wo das materielle Entgelt nicht ausschlaggebend ist. Der rein ökonomische Mehrwert, den die Erwerbswelt produziert, kann künftig nicht einfach konsumiert oder in Hightech investiert werden, er muss auch in Humankapital transformiert werden. Das regt dann wieder die Erwerbswelt an. Der Erfolg unseres Wirtschaftens liegt nicht mehr allein im ökonomischen Gewinn, er liegt im humanökologischen Sinn.

Eben deshalb ist Sinngestaltung des Lebens keine bloße Privatangelegenheit. Für die Bürgergesellschaft ist sie schon deshalb entscheidend, als durch sie die Egomanie unserer Zeit am ehesten überwunden werden kann. Die Haltung: Die anderen können sich anstrengen, ich schaue zu, wird ja gerade in den Medien schon von Mitmachkonzepten abgelöst. Es geht nicht mehr nur um den passiven, sondern den aktiven Konsum. Das könnte zu einem kreativeren Umgang mit den Medien führen und wäre mit dem Sport vergleichbar. Der Massensport folgt ja ebenfalls dem Konsumprinzip: Die Masse schaut zu, einige wenige strengen sich an. Man kann aber an beidem teilnehmen, medial an den weltweiten Veranstaltungen und real an den Angeboten des heimatlichen Sportvereins. Leben ist ein permanenter Lernprozess, Herausforderungen zu bestehen und Widerstände zu überwinden. Das verschafft Befriedigung, zumal wenn sich der persönliche Sinn mit dem Nutzen für die Allgemeinheit verbindet. Diese kann Anstöße geben, Hilfe gewähren, dem Einzelnen aber nicht die Anstrengung abnehmen. Sonst würde er ja gelebt, anstatt selber zu leben, was wiederum Grund wäre für tief sitzenden Lebensfrust.

Hier setzt offenbar das so genannte Subsidiaritätsprinzip an, beim Einzelnen wird es am leichtesten verständlich. Es stammt ja ursprünglich aus der katholischen Soziallehre und bedeutet, dass der Einzelne alles das, was er aus sich selber, mit seinen eigenen Kräften leisten kann, auch leisten soll und ihm nicht abgenommen werden darf. Anders kann er nicht an den Chancen und Risiken wachsen, ohne die Leben nicht möglich ist. Auch wäre es ungerecht, wenn das, was die kleineren Lebenseinheiten leisten können, für die übergeordneten in Anspruch genommen würde. Kinder sollten in ihren Familien Liebe und Geborgenheit finden, der Kinderhort, die Schule oder das Jugendheim können nicht das Ersatzzuhause sein.

Deshalb klingt die Definition der Grünen, Familie sei da, wo Kinder sind, schöner als sie ist. Umgekehrt wird ein Schuh daraus: Wenn die Kinder da sind, wo die Familie ist, erfahren sie, dass sie tatsächlich gewollt sind und nicht auf einem Verschiebebahnhof der Gesellschaft hin und her geschoben werden und schließlich gar aufs Abstellgleis geraten. Der Staat hat ein eminentes Interesse daran, dass die Eltern nicht auf Kosten der Kinder, sondern mit ihnen leben. Die jungen Paare haben heute die Freiheit, sich für oder gegen Kinder zu entscheiden. Hat sich aber ein Paar dafür entschieden, muss es dabei bleiben und die Verantwortung übernehmen. Es wird dann im Lauf der Jahre erkennen, dass es mit Kindern auf eine Weise wächst und reift, wie dies durch keine andere Lebensgestaltung möglich ist. Der gegenwärtig amtierende Bundeskanzler, der sonst so fix ist im Erfinden von nationalen Bündnissen, runden Tischen und irgendwelchen Kommissionen, an die er dann bequem die eigene Verantwortung delegieren kann – ein Bündnis für Kinder, für die Familie hat er noch nicht erfunden. Vielleicht zum Glück, sonst wäre auch dieses schon wieder dementiert und damit ad absurdum geführt. Denn gerade hier dürfen auf keinen Fall Medieneffekte und bloße Marketingüberlegungen zählen, sondern allein die Nachhaltigkeit einer neuen Kinder- und Familienpolitik.

Ich möchte gern auf das Subsidiaritätsprinzip ausführlicher zurückkommen, weil es am deutlichsten die Struktur der neuen Bürgergesellschaft zeigt. Allgemein gesagt, stellt es eine bestimmte Form der Dezentralisierung nach dem föderalistischen Prinzip dar. Es geht induktiv, also von »unten«, vom Besonderen, nicht deduktiv von »oben«, vom Allgemeinen aus und regelt die Kompetenzen, die Zuständigkeiten im umfassenden Sinn.

Am einfachsten kann man es vielleicht so formulieren: Die übergeordnete politische Ebene soll sich nur mit den Aufgaben beschäftigen, die von der unteren Ebene nicht erledigt werden können.

Da die unterste Ebene der Einzelne ist, wäre das Subsidiaritätsprinzip die konsequente Anwendung der Eigenverantwortung auf der jeweils höheren Ebene und insofern nicht abstrakt.

Genau. Da es von der unverwechselbaren Person ausgeht, nimmt es das personale Prinzip auf alle höheren Ebenen der Gesellschaft gewissermaßen mit. Vielleicht sollte man noch auf eine ungewöhnliche Parallele hinweisen: Von der neuen Informationstechnologie ging zunächst ein enormer Zentralisierungsdruck aus, der eine entsprechende Hierarchisierung der Informationsstruktur hervorrief. Das war noch das Problem vor zehn Jahren. Inzwischen hat sich das Netzwerk immer weiter dezentralisiert, die einzelnen Rechner sind weitgehend selbstständig geworden, zugleich aber miteinander koordiniert. Fällt ein Computer aus, kollabiert nicht gleich das gesamte System.
Wenn hier nun die Politik mit ihrem Netzwerk von den Hightech-Erfahrungen in Wirtschaft und Wissenschaft lernt, hält sie mit der Zeit Schritt. Das entspricht nicht nur dem Prinzip der Subsidiarität, sondern auch dem föderativen Denken, ohne das es ja auch keine Unionsparteien gäbe. Die Sozialdemokratie war dagegen immer eine zentralistische Partei. Auch die Gewerkschaften scheinen bis heute noch zu glauben, dass nur straff gegliederte und möglichst zentral gelenkte Organisationen erfolgreich sein

können. Aber die Arbeitgeber- und Arbeitnehmerinteressen stehen sich immer weniger isoliert gegenüber, weil sonst keine Firma im globalen Wettbewerb bestehen könnte. Gerhard Schröder jedoch setzt die Kluft noch voraus und versucht sie vergeblich im »Bündnis für Arbeit« zum Erfolg zu moderieren. Er glaubt, mit einem entschiedenen »Sowohl-als-Auch« auf beiden Schultern tragen zu können: die erste Hälfte der Legislaturperiode auf der rechten, der Arbeitgeber, in der zweiten Hälfte auf der linken, der Schulter der Arbeitnehmer. Dabei wird immer deutlicher, dass wir in Wahrheit nicht vorwärts kommen, sondern weiter nach hinten geraten. Denken Sie an die Versprechungen zur Flexibilisierung des Arbeitsmarkts. Die Reform des Betriebsverfassungsgesetzes bewirkt das genaue Gegenteil.

Während der letzten Legislaturperiode von Helmut Kohl haben die Sozialdemokraten mit ihrer Mehrheit im Bundesrat alle wichtigen Reformprojekte blockiert. Jetzt, wo sie an der Regierung sind, blockieren sie sich insofern selbst, als sie die eigenen Reformvorhaben teils liegen lassen oder zurücknehmen oder sogar »ad calendas graecas« vertagen, also auf den Sankt Nimmerleins-Tag.

Genau. Der Kanzler blickt zwar nach vorn, wie immer wieder verkündet wird, aber zugleich hat er politisch den Rückwärtsgang eingelegt. Er hat die Zukunft fest im Blick, aber nur so, wie man sie beim Einparken des Autos im Rückspiegel erkennt: Im Kleinformat und seitenverkehrt.

Woher kommt eigentlich die plötzliche Karriere des Worts »Subsidiarität«? Es ist ja nicht nur schwer auszusprechen, es ist auch kaum bekannt, erst recht nicht das, was es meint. Man kennt Subsidien, Subventionen, möglicherweise Subversivität – aber Subsidiarität? Mir ist es nicht anders gegangen, selbst als Student der Politikwissenschaft habe ich den Begriff nicht gehört.

Das ist kein Zufall. Er hat ja auch erst im Zusammenhang der Europapolitik seine durchschlagende Bedeutung erhalten, vor allem hinsichtlich des erwähnten Zentralisierungseffekts, den die Informationstechnologie zunächst hervorrief. Würden sich die Bündnis-Grünen tatsächlich selber verstehen und wären sie nicht so geblendet von der Macht, müssten sie in einem Zukunftsprogramm, das seinen Namen verdient, die Subsidiarität als das entscheidende politische Ordnungsprinzip auf ihre Fahnen schreiben. Es wirkt vertikal differenzierend, das Gleichheitsprinzip dagegen horizontal uniformierend. Letzteres stammt bekanntlich aus der Französischen Revolution und hatte gegenüber der extrem ungleichen Feudalgesellschaft des achtzehnten Jahrhunderts seine große politische Berechtigung. Zugleich zeigt die Geschichte der Revolution jedoch, welche Opfer die Gleichmacherei fordert. Der einzelne Bürger, die Familie, die Gemeinde, die Region, die Nation – das sind jeweils geschichtlich gewachsene Größen wie bei einem komplexen, farbigen Biotop. Das Subsidiaritätsprinzip ist gerade nicht, wie seine Gegner gern behaupten, antidemokratisch, sondern antibürokratisch und antitechnokratisch. Denn es wirkt allem Planungs- und Verwaltungszentralismus, der das Leben erstickt, entgegen. Demokratie heißt nicht Gleichmacherei. Vielleicht gewinnt in Zukunft ja die Gerechtigkeit gegenüber der Gleichheit an Bedeutung. Die Menschen sind nun einmal nicht gleich, sondern verschieden. Wichtig ist, dass Chancen und Lebensbedingungen gerecht sind – nicht im Sinne eines Prinzips, sondern der konkreten politisch-sozialen Wirklichkeit.

Sie erwähnten, dass sich mit der modernen EDV-Architektur die gesamte Informationstechnologie dem Prinzip der Subsidiarität annähert, ohne dass das den Informatikern bewusst wäre. Auch in der Industrie hat sich die Ausdifferenzierung der Großsysteme in kleine effektive Produktionseinheiten immer stärker durchgesetzt, vor allem bei den Global Players, die groß und *flexibel sein müssen, wenn sie dem weltweiten Effizienzdruck standhalten wollen. In Europa …*

Darauf wollte ich gerade kommen: Schon in dem 1992 geschlossenen Vertrag von Maastricht fand das Prinzip der Subsidiarität allgemeine Anerkennung. So wurde im entsprechend ergänzten Artikel 3 b des Vertrags zur Gründung der Europäischen Wirtschaftsgemeinschaft festgelegt, dass die Gemeinschaft außerhalb der ihr zugewiesenen Zuständigkeiten nur nach Maßgabe des Subsidiaritätsprinzip tätig werden soll. Das setzt natürlich eine klare Kompetenzabgrenzung voraus, die verbindlich eingehalten werden muss. Daran hapert es bis heute, sodass sich die bürokratisch-zentralistischen Tendenzen der Brüsseler Eurokratie immer wieder durchsetzen können. Will man einen Slogan, der das Subsidiaritätsprinzip prägnant auf den Punkt bringt, so dürfte die von den Kirchen in ihrem gemeinsamen Wort zur »Zukunft in Solidarität und Gerechtigkeit« getroffene Formulierung die beste sein: »Vorfahrt für Eigenverantwortung«.

Das schließt die Verpflichtung für Eigenvorsorge und Zukunftssicherung ein. Die Allgemeinheit kann nicht stark sein, wenn sie für alle sorgen muss, sondern nur, wenn sich umgekehrt alle ihr verpflichtet fühlen. Das Anspruchsprinzip kehrt sich dann um in ein Verpflichtungsprinzip. Und ich stimme Ihnen zu: Gerade wenn mit dem globalen Bewusstsein ernst gemacht werden soll, kann das Grundprinzip nicht die Gleichheit sein, wohl aber die Gerechtigkeit der jeweils regional geltenden Lebensbedingungen und Chancen. Nicht nur politisch, auch bewusstseinsmäßig schließen sich Globalisierung und Regionalisierung nicht aus, im Gegenteil: Sie sind komplementäre Aspekte. Der japanische Spitzenmanager von Sony oder Toyota ist heute in Kapstadt, morgen in Rio, übermorgen in San Francisco. Kommt er nach Hause, streift er den Weltbürger, den »Global Player« ab, zieht den Kimono an und trinkt grünen Tee. Vielleicht gibt er sich dem Ikebana hin, dem Karate oder dem Schwertkampf, dem Kendo. Jedenfalls kehrt er nach Hause zurück, in seine Familie, seine Heimat, in die Geschichte der eigenen Kultur. Wer durch die Moosgärten von Kyoto gewandert ist, ahnt, was Zen für eine Kraftquelle sein kann.

Das Beispiel trifft vielleicht auch auf den Inder und andere zu. Wie die Chinesen mit ihrer jahrtausendealten Kultur künftig umgehen werden, ist noch nicht zu erkennen. Der seinerzeitige Kulturkampf Mao Tse-tungs ist ein warnendes Beispiel, der Kulturbarbarismus der Taliban-Milizen in Afghanistan ein anderes. Wer wie hier buddhistische Statuen als Zeugnisse der Vergangenheit zerstören muss, um die eigene Identität zu finden, hat keine Zukunft. Das ist ein geschichtliches Grundgesetz.

Aber ich möchte ein letztes Mal auf die Subsidiarität zurückkommen, weil es entscheidend sein wird bei der Zukunftsgestaltung unseres Landes, dass die Menschen den Grundgedanken dieses Ordnungsprinzips wirklich verstehen. Die Ausgangsfrage ist: Unter welchen Strukturen können sich die Bereitschaft zur Übernahme von Verantwortung, die Entfaltung von Innovationskraft und Kreativität, also der globale Wettbewerb der Ideen und Konzepte, verbunden mit der größtmöglichen Stabilität der Gesellschaft, in Zeiten rasanten Wandels am besten entwickeln? Die Antwort lautet: Durch die jeweils kleineren und nicht etwa durch die größtmöglichen sozialen Einheiten. Durch sie können auch die potenziellen Gefahren der Globalisierung am besten aufgefangen werden, etwa die Anonymität und Undurchschaubarkeit vieler Prozesse dessen, was Sie die wissenschaftlich-technische Zivilisation nennen. Kleine Einheiten werden auch der ständig zunehmenden Komplexität der Wechselwirkungen, die das Netzwerk unseres Lebens immer dichter werden lässt, besser gerecht.

Am Begriff des Netzwerks wird deutlich, dass Vorstellungen von hierarchischen oder egalitären Strukturen an der Wirklichkeit der globalisierten Welt abprallen. Nicht anders verhält es sich mit der Idee des Zentrums, der

zentralen Steuerung. Es gibt kein Zentrum der Welt, es kann keines geben. Wenn überhaupt, dann müsste man sagen: Jeder Einzelne ist das Zentrum der Welt.
Ich erwähnte vorhin, dass auch die EDV-Netze längst dezentralisiert sind, aber so, dass die kleineren Einheiten mit entsprechender Server-Technik nicht nur untereinander, sondern auch mit den größeren Einheiten verbunden sind. Das heißt: Lokale Differenzierung und überregionale Effizienz schließen einander nicht aus.

Im Grunde müsste man sagen: In der aktiven Bürgergesellschaft werden mit dem Subsidiaritätsprinzip Freiheit und Verantwortung in ein neues Verhältnis gebracht.

Konsequent durchdacht, ja. Aber zur Bürgergesellschaft gehört ebenso die Soziale Marktwirtschaft, die eine Wirtschaft der Mitte, nicht der Extreme ist. Sie bedeutet einen Mittelweg zwischen dem extremen angelsächsischen Wettbewerbskapitalismus, der im so genannten Turbo- oder digitalen Kapitalismus wiederkehrt, und dem Konsens- oder Konkordanzkapitalismus, wie er im Schweizer Modell realisiert ist. Sozial ist diese Wirtschaft aus substanziellen, nicht aus aktuellen Gründen. Sie muss zwar modifiziert, aber nicht wie Schröders »Mitte« rhetorisch ständig neu erfunden werden. Schließlich hat sie sich ein halbes Jahrhundert lang bestens bewährt.

Als weiteres unveräußerliches Element haben Sie das föderalistische Prinzip genannt, das die Unionsparteien in ihrer eigenen Organisationsstruktur spiegeln.

Richtig. Aller Zentralismus und Etatismus sind dem aufgeklärten Konservatismus fremd. Damit erübrigen sich die sozialromantischen Vorstellungen von einer Fundamental- oder Basisdemokratie. Denn diese ist ohnehin nur in den kleinen politischen Einheiten praktikabel und ohne die Architektur des Subsidiaritätsprinzips nicht lebensfähig. Alles andere ist soziologisches Seminardenken, mit der Wirklichkeit von heute und morgen hat es nichts zu tun. Auch die Frage der Volksentscheide, die die rot-grünen Koalitionäre immer, wenn es ihnen passt, in die tagespolitische Diskussion bringen, lässt sich nicht auf der Schlagwortebene von Pro oder Kontra diskutieren. Die Väter des Grundgesetzes haben im Gegensatz zur Verfassung der Weimarer Republik die plebiszitären Elemente zurückgedrängt und zum Beispiel dem Bundespräsidenten eine ganz andere, nämlich repräsentativere Rolle zugeschrieben als dem seinerzeitigen Reichspräsidenten. Außerdem wird er nicht direkt vom Volk, sondern indirekt über die Bundesversammlung gewählt.

Das ist aber auch einer der Gründe, warum bei uns Persönlichkeiten aus dem öffentlichen Leben kaum eine Chance haben für das höchste Amt in diesem Land. Sie müssen in der Regel altgediente und verdiente Parteimitglieder sein. Ein Schriftsteller wie Václav Havel hat bei uns keine Chance.

Da müssten wir erst einmal einen Václav Havel haben! Bei uns ist es ja für Schriftsteller beinahe schon unanständig, sich mit Politik zu befassen.

Die Politik macht es den Bürgern auch nicht eben leicht.

Gut, ich gestehe zu, dass es an beiden Seiten liegt. Das bloße intellektuelle Herumräsonieren, das jede Verantwortung scheut, reicht jedenfalls nicht aus. Da zeigt der tschechische Präsident, den ich auch persönlich sehr schätze, ein ganz anderes Format.

Aber ich wollte zum Bundespräsidenten noch anfügen: Ähnlich verhält es sich beim Kanzler, der durchs Parlament gewählt wird. Daher ist die Bezeichnung unserer Staatsform als parlamentarisch-repräsentative Demokratie korrekt. Die Erfahrungen von 1933 bis 1945 können ja nicht einfach verdrängt werden. Ich behaupte: Innerhalb der parlamentarischen Demokratie der Bundesrepublik wäre ein Hitler nicht möglich gewesen. Wir sind mit unserer Verfassung außerordentlich gut gefahren, nicht bloß im Sinne der Geschäfts-, auch hinsichtlich der Werteordnung. Also repräsentative Demokratie ja, aber stärker ergänzt durch unmittelbare Bürgerbefragungen.

Allerdings ist die Einwirkung der Medien auf die politischen Entscheidungsprozesse schon ziemlich groß, und sie wird wohl noch weiter steigen. Deshalb ist es wichtig, klar zu sagen: Die Bürger wählen ihre Vertreter, die in den Parteien organisiert sind. Schon da finden in der Regel die ersten politischen Auseinandersetzungen statt, die dann weiter in die Parlamente getragen werden. Der eigentliche Ort der Diskussionen ist und bleibt aber das Parlament. Die politischen Entscheidungen dürfen nicht in irgendwelche Gremien und Kommissionen verlagert werden, sodass sich eine Art Hinterzimmer der Macht bildet. Das sagt zwar auch der Kanzler, aber nur, wenn er aufs Podium tritt.

Hat sich das Publikum verlaufen, schaut keiner mehr zu ihm hin, telefoniert er seine VIP-Nummern durch und trifft wie eh und je die wichtigsten Entscheidungen im engsten Kreis.

Max Weber hat, glaube ich, die Gefahren der plebiszitären Elemente »Cäsarismus« genannt. Cäsars Macht basierte ja nicht wie die seines Gegners Pompejus auf dem Adel, sondern dem Volk von Rom. Die grundlegenden Fragen von direkter und indirekter Beteiligung des Volkes haben schon die Römer und vor ihnen die Griechen durchgespielt. Gesiegt hat damals vor gut zweitausend Jahren das plebiszitäre Prinzip. Es wurde dann umgeformt in das so genannte Patriziat des Augustus, aus dem das römische Kaisertum hervorging.

Gut. Wir sind also gewarnt vor den Risiken des Plebiszits. Deshalb sind ja auch hinreichende Sicherungen eingebaut worden, die die Gefahren minimieren. So kennt auch Bayern in seiner Verfassung das Instrument des Volksentscheids, aber dem ist ein dreistufiges Antragsverfahren vorgeschaltet und eine genau definierte Mindestzahl von Unterschriften, der dann gegebenenfalls das Volksbegehren folgt. Dabei müssen sich 10 Prozent der Wahlberechtigten in amtlichen Stimmlokalen eintragen, dann erst erfolgt der Volksentscheid selbst, durch den in der Sache entschieden wird. Das klingt kompliziert und zeigt, dass bei hinreichend differenzierter Vorgehensweise der Volksentscheid in der parlamentarisch-repräsentativen Demokratie nicht ausgeschlossen sein muss.
Wichtig ist mir aber neben den eher theoretischen Verfas-

sungsfragen etwas anderes: Man muss sich klar machen, dass so wichtige Entscheidungen wie die Einführung der Sozialen Marktwirtschaft, der allgemeinen Wehrpflicht, der Beitritt zur Nato oder die Raketennachrüstung in den Achtzigerjahren zum Zeitpunkt der tatsächlichen Entscheidung wahrscheinlich negativ ausgefallen wären. Und doch wird heute niemand, der seriös politisch argumentiert, bestreiten können, dass sie wichtig und richtig waren und die Geschichte unseres Landes weitgehend mitbestimmt haben. Die Sozialdemokraten hätten ja am liebsten noch 1990 einen Volksentscheid über die Wiedervereinigung veranstaltet – als hätten wir den nicht im November 1989 gehabt! Klarer konnte er ja überhaupt nicht sein. Aber da hat ihn die Weltgeschichte selber inszeniert.

Manchmal habe ich das Gefühl, wir alle haben das, was damals geschehen ist, noch gar nicht richtig realisiert. Vor einem Jahrzehnt ist eine ganze Welt zusammengebrochen und mit ihr ein Welt- und Menschenbild samt seinen Grundordnungen und Perspektiven – als hätten wir ein gewaltiges Erdbeben erlebt, dessen Ausmaß noch gar nicht deutlich ist. Es ist, als zitterte noch immer die Schrecksekunde nach, die in der Weltgeschichte Jahrzehnte dauern kann. Aber das nur nebenbei. Immerhin gehört es zum globalen Bewusstsein, sich einzugestehen, dass wir uns trotz aller Bemühungen bisher nur sehr unzureichend in der neuen globalisierten Welt orientieren können. Das ist ja auch keine Schande, wichtig ist die Bemühung. Meist erkennen wir viel besser, was unwiederbringlich vergangen ist, und erst allmählich werden die Konturen der Zukunft deutlicher.

Dem galt nach dem Zusammenbruch des Ostblocks eine Frage von Ernst Jünger, nämlich: Leben wir Heutigen vor oder nach der Schlacht von Actium? Sie hatten dieses Datum in anderem Zusammenhang ja bereits erwähnt. Damals, im Jahr 31 v. Chr., besiegte der spätere Kaiser Augustus seine Gegner Antonius und Kleopatra und beendete damit das Jahrhundert der römischen Bürgerkriege. Es könnte ja sein, dass spätere Historiker den Einschnitt von 1989/90 ähnlich als geschichtliche Zeitenwende interpretieren wie wir den damaligen Sieg des »Westens« über den »Osten«. Die jetzige Jahrtausendwende hätte dann eigentlich ein Jahrzehnt vor der kalendarischen gelegen, und die Zeitgenossen hätten sie nur nicht bemerkt.

Das mag sein, manches spricht dafür. Ich möchte aber noch etwas zu den basisdemokratischen Elementen in der Politik anfügen, denn neben der konsequenten Durchsetzung des Subsidiaritätsprinzips gibt es noch weitere Aspekte, die die Frage von Plebisziten in einem anderen Licht erscheinen lassen. Zum einen ist da die Mediendemokratie, in der die technischen Möglichkeiten direkter Mitbestimmung der Bürger zu- und nicht abnehmen. Hinzu kommt die geringe Teilnahme an Volksentscheiden, wie sie in der Regel aus der Schweiz bekannt sind. Wenn ein Klima dauernden Wahlkampfs herrscht, nimmt die Politikmüdigkeit zu. Vielleicht können wir auch hier das Bild vom Internet verwenden und statt von Basisdemokratie von einer Netzwerk-Demokratie sprechen. Das politische Netz betrifft ja sowohl die Institutionen wie die Informationen. Das zentrale Stichwort der mündigen Bürgergesellschaft

wäre dann Kommunikation, nicht Akklamation. Doch, wie gesagt: Bürgerentscheide grundsätzlich mit in den demokratischen Willensbildungsprozess einzubeziehen ist eine gründliche Überlegung wert.
Leider steuern wir mehr und mehr von der Argumentation weg auf die reine Akklamation zu. Es geht immer öfter um scheinbare Ja-Nein-Alternativen beziehungsweise Pro- oder Kontra-Entscheidungen – da ist der Simplifizierungseffekt enorm. Dabei wird die Politik selbst immer komplizierter, zumal es meistens gar nicht allein um rationale Diskussion, um den Verstand, sondern wesentlich um Sinnvermittlung geht. Und da ist der ganze Mensch gefragt: »Bauch« *und* »Kopf«, Herz *und* Verstand. Deshalb meine Prognose: Wir erleben auch in den Gefühlsdimensionen einen politischen Paradigmenwechsel von der Eigenbewegtheit hin zur Selbstverantwortlichkeit. Die depressiven Grundmuster der Siebziger- und Achtzigerjahre werden durch eine Selbstständigkeitsethik abgelöst. Diese hat mit der modischen Eigenbetroffenheit der Grünen so wenig zu tun wie mit der Eigenvergewisserung der Sozialdemokratie. Dagegen ist die Ethik der Selbstständigkeit das Herzstück des modernen, aufgeklärten Konservatismus. Bei ihr sind Bewähren und Bewahren, um ein von Ihnen verwendetes Begriffspaar aufzugreifen, zwei Seiten ein und derselben Medaille. Verantwortlich sein »für« und verantwortlich sein »vor« – das ist die Dimension, ohne die wir nicht zukunftsfähig sein können.

Vielleicht sollte man die Eigenbewegtheit grundsätzlich von der Selbstbetroffenheit unterscheiden, damit der Bezug zur Egomanie deutlich ist. Denn die Betroffenheit, die nicht dem eigenen Ego, sondern dem anderen, dem Du gilt, ist ja eine wesentliche Motivation für die vielen Selbsthilfegruppen und Initiativen, die dem Prinzip der Subsidiarität nahe stehen, ohne es zu wissen.

Das ist richtig. Organisatorisch gehören dazu auch die so genannten Freiwilligenagenturen, von denen es inzwischen an die hundertfünfzig in ganz Deutschland gibt. Vor allem in den neuen Bundesländern sind sie wie Pilze aus dem Boden geschossen: aktive Bürgergemeinschaften, die sich nicht auf den Staat verlassen. Da kann manches noch in den alten Ländern gelernt werden, vor allem was die unmittelbare menschliche Motivation angeht, etwa bei der Wahrnehmung ehrenamtlicher Aufgaben. Was übrigens die Freiwilligenagenturen betrifft, so wurde die erste von ihnen vor zwanzig Jahren in München gegründet, die so genannte MHI, die Münchner Helferinformation. Seitdem hat sich das Interesse am freiwilligen Engagement verdreifacht, und die Zahl der tatsächlich aktiv Engagierten hat sich verdoppelt.

»Spenden Sie Zeit, nicht Geld« scheint mir das eigentliche Motto der verantwortungsbewussten Bürgergesellschaft zu sein. Das bringt den Unterschied zwischen den beiden Welten, in denen wir leben, auf den Punkt: Die Erwerbsgesellschaft funktioniert nach dem Gesetz »Zeit ist Geld«, die mündige Bürgergesellschaft dagegen nach dem Prinzip »Zeit statt *Geld«. Sie kehrt also das Gesetz der Industriegesellschaft um, analog zum anderen Grundsatz, über den wir gesprochen haben: »Wissen = Macht«. Beide Sätze sind »perverse«, das heißt verkehrte Grundsätze, die*

nur wahr sein können, wenn sie ihrerseits umgekehrt werden. Dann wird Macht durch das Gewissen zu Verantwortlichkeit, und aus »Zeit ist Geld« wird das Motto »Statt Geld gilt Zeit«. Anders gesagt: Statt Geld geben wir das Kostbarste, das wir haben, nämlich Zeit. Das Kostbarste deshalb, weil niemand weiß, wie viel er davon im Leben zur Verfügung hat. Zwar lässt sich Zeit wie Geld zählen, aber das ist die chronologische, nicht die biografische Zeit. Die chronologische, wie am Zentimetermaß abzählbare Zeit ist eine Erfindung der Physiker des siebzehnten Jahrhunderts und diente zur Berechnung des Planetensystems. In der organischen Natur kommt sie ebenso wenig vor wie in der Geschichte und dem Leben des Einzelnen.

Wenn wir nun dem Mitbürger anstatt durch Geld mit Zeit, mit unserer Lebenszeit dienen, ahnen wir, was das Wort Dienst-Leistungs-Gesellschaft bedeuten kann: Wir erbringen die eigentlich menschliche Leistung erst dann, wenn wir mit unserer Zeit nicht nur uns selbst, sondern auch dem Anderen, der Gemeinschaft dienen. Damit ist deutlich, dass die mündige Bürgergesellschaft den humanen Gegenentwurf zur egomanischen Erwerbsgesellschaft darstellt. Hier ist die wirklich gelebte Zeit die eigentliche Währung, in der wir zahlen. Sie bedeutet in der Substanz das, was »Humankapital« genannt wird. Human ist eine solche Gesellschaft deshalb, weil sie weder autistisch oder narzisstisch ist noch auch jene soziale Isolierung zur Folge hat, die daraus resultiert, im Gegenteil: Zeit haben, Zeit schenken – das hat Rückwirkungen auf diejenigen, die so ihre Zeit anderen widmen. Sie erfahren sie nämlich nicht mehr als leere Zeit, die nach den Gesetzen der

Freizeitindustrie konsumiert oder aus Langeweile totgeschlagen wird, sondern als eigentlich erfüllte Zeit. Indem die eigene Zeit auch dem Anderen dient und mit ihm geteilt wird, wird sie erst zur persönlichen Lebenszeit. Daran wird deutlich, wie vielschichtig das Wort »Dienst-Leistung« ist. Da es außerhalb unseres Lebens keine andere Erfahrung von Zeit gibt, kann man sagen: Zeit ist nicht Geld, Zeit ist »Welt«.

Wenn Zeit »Welt« ist, wie Sie sagen, unsere wirkliche Lebenswelt, dann wird man vorsichtig damit sein, sie zu verkaufen, um lediglich Geld dafür einzutauschen. Selbst an der Börse produziert ja nicht Zeit Geld, es sind die Menschen, die Gewinn oder Verlust machen. Lebenszeit kann genau genommen überhaupt nicht verkauft oder eingetauscht, sie kann nur gewonnen oder verloren werden. In beiden Fällen ist damit der Sinn gemeint, den wir persönlich mit unserer Lebenszeit verbinden.

Lebenssinn ist nicht austauschbar. Er kann nicht industriell hergestellt werden, nicht von der Medien-, nicht von der Freizeitindustrie, nicht von der Politik.

Nein, aber die Politik kann sinnvolle Bedingungen schaffen. Sie kann die Sinngestaltung erleichtern oder erschweren oder schließlich unmöglich machen. Um es klar zu sagen: Wir können die Erwerbswelt mit ihren harten Lebens- und Überlebensbedingungen nicht abschaffen. Das wäre auch bloß wieder der alte Traum der Selbsterlösung, dessen Realisierung man sich heute von Wissenschaft und Technik ersehnt. Aber wir können sie durch die

Verwirklichung der mündigen Bürgergesellschaft menschlicher gestalten. Erst beide Hälften, Erwerbs- wie Bürgergesellschaft, ergeben das Ganze unserer wirklichen Lebenswelt.

Das führt zurück auf das Thema Einheit und Vielfalt. Auch darin gleicht die künftige Welt eher einem Garten, einem farbigen vielgestaltigen Biotop als einer uniformen Plantage, einer Monokulturen produzierenden Farm. Aber das erfordert Eigeninitiative und Selbstverantwortung, auch Distanz zum Animierbetrieb der Mediokratie. Hier findet inzwischen eine Infantilisierung des Bewusstseins statt, die der mündigen Bürgergesellschaft diametral entgegengesetzt ist. Auch der Slogan »Alle ans Netz!« ist infantil, denn das Internet produziert so wenig Intelligenz oder Sinn wie das Telefon. Es geht nicht um die Adaption von Technik, sondern um die Kommunikation von Menschen, die immer ein Wechselverhältnis darstellt. Funktioniert sie, bewirkt sie einen Lernprozess: Die entsprechenden Informationen werden nicht konsumiert, sondern ins Leben integriert.
Lothar Späth hat vom »Erwachsenenkindergarten der Unterhaltungsgesellschaft« gesprochen. Da entsteht die Frage: Wie soll, wie kann man der Öffentlichkeit das Konzept der mündigen Bürgergesellschaft so deutlich machen, dass sie sich vom »Erwachsenenkindergarten« der Spiel- und Spaßgesellschaft zum »Garten des Menschlichen« emanzipieren kann?

Ich will mich da gern wiederholen: durch den aufgeklärten Konservatismus, der bewahren will, was sich bewährt hat, und erneuern will, was sich überlebt hat. Ich habe an die drei kritischen Fragen von Kant erinnert, die zeigen, was ich mit Aufklärung meine. Die erste Frage lautete: »Was können wir wissen?« Antwort: Dass Frieden die Bedingung jeglicher Politik ist, weil er die Bedingung für das Leben dieser Welt ist. Die zweite Frage lautete: »Was sollen wir tun?« Antwort: Dafür Sorge tragen, dass neben der reinen Erwerbstätigkeit auch wieder Sinngestaltung möglich wird. Der einseitigen Fixierung auf Wissenschaft und Technik muss die Hinwendung zum wirklichen Leben folgen, zum Menschen, zum »Du«. Die politische Konsequenz daraus ist die mündige Bürgergesellschaft. Ihr liegt die Erfahrung zugrunde, dass aus der Überflussgesellschaft der Sechzigerjahre die Überdrussgesellschaft der Siebziger- und Achtzigerjahre folgte und materieller Reichtum menschliche Armut produzieren kann. Trotz Single-Ideologie, die den Einzelnen in die soziale Isolierzelle sperrt, glaube ich daran, dass wir vital genug sind, der Infantilisierung durch die »Spiel- und Spaßgesellschaft«, die Sie heraufbeschwören, zu widerstehen. Diese nimmt ja nichts ernst, außer sich selbst. Darin versteht sie nicht den geringsten Spaß, sondern legt vielmehr eine Verbissenheit an den Tag, die pathologische Züge hat. Für den christlichen Glauben, für die jahrtausendealte Erfahrung, die die Bibel aufbewahrt hat, ist das Leben des Menschen weder eine Spiel- noch eine Spaßveranstaltung. Es ist Lebens*arbeit*.

Und die dritte Frage Kants: »Was dürfen wir hoffen?«

Dass »der Mensch fröhlich sei in seiner Arbeit, denn das ist sein Teil«, wie es in Prediger Salomo heißt. Das Leben als Arbeit kostet also nicht nur Mühe und Anstrengung, sondern schenkt auch Befriedigung und Daseinsfreude. Im Letzten aber weist das, was wir Lebenssinn nennen, über den Einzelnen hinaus.

Hinter unserer Umtriebigkeit steckt aber wohl Angst, Angst vor dem Neuen, der Zukunft, vor uns selbst. Sind die Deutschen besonders reformresistent?

Nein, das glaube ich nicht. Sie sind zur Zeit politisch bloß schlecht beraten und im Übrigen anfällig für »Glaubenskriege«, für Extreme und Hysterien. So empfinden es jedenfalls häufig unsere Nachbarn. Es fehlt das Maß, die Mitte, was nicht »Mittelmaß« bedeutet, im Gegenteil, vielleicht fehlt etwas von der »Leichtigkeit des Seins«. Das ist aber nur die Hälfte der Wahrheit, die andere Hälfte ist: Was die Deutschen in Ost und West im letzten Jahrzehnt geleistet haben, hat in der Geschichte kein Beispiel. Ohne sie hätte es die weltgeschichtliche Wende, von der wir sprachen, nicht gegeben. Deshalb sind sie nun aber auch besonders gefordert, jene politischen Modelle zu konzipieren und zu verwirklichen, die uns tatsächlich aus der Krise führen können.

Exerziert Gerhard Schröder nicht in gewisser Weise die »Leichtigkeit des Seins« vor – der lockere Spruch, stets genau kalkuliert, die joviale Ellbogenmentalität, der ruppige Kumpelstil, die ganze Attitüde, die suggeriert: Es käme nicht darauf an, dass der Kanzler akzeptiert, was die anderen denken, sondern dass alle anderen akzeptieren, was der Kanzler denkt? Da stellt sich die Frage nach einem neuen politischen Stil, vor allem, um mit Nietzsche zu reden, nach einem neuen »Wozu«?

»Exerzieren« ist richtig. Schröders Lockerheit ist einstudiert, ein genau eingeübtes Rollenspiel. Im Grunde möchte der Kanzler, dass nicht nur die Sozialdemokraten, sondern möglichst alle Deutschen sich in ihm wiederfinden: in seiner von ihm inszenierten Wirklichkeit.

Ich kann mir nicht denken, dass die Kalkulation aufgeht. Vielleicht in seiner Partei, nicht in der Bevölkerung. Die SPD hat eine lange und wichtige historische Tradition, vor allem als Korrektiv in der Opposition. Noch nie hat sich eine Partei so rasch und so radikal wie die Sozialdemokraten unter Schröder zu einem Kanzlerwahlverein umformen lassen, der sich nur der Macht verpflichtet fühlt. Wir werden seitens der SPD einen gewaltigen Wahlkampf erleben, der mit enormen finanziellen Mitteln die einzige dürftige Kultbotschaft vermitteln wird: Nur wenn alle Deutschen Gerhard Schröder zum Bundeskanzler wählen, kann Gerhard Schröder Bundeskanzler aller Deutschen sein.

Das ist keine Botschaft, das ist Tautologie. Eben deshalb haben Sie mit Ihrer Bemerkung natürlich Recht.

Und was wird die Union dagegen tun?

Sie wird weder die Materialschlacht mitmachen noch die Starallüren, diesen Personenkult. Sie setzt gemäß der mündigen Bürgergesellschaft auf die Menschen, die Argumente, die Konzepte. Jeder weiß, wie schwierig die Situation der CDU nach Helmut Kohl war und ist. Auch die Lage der CSU nach dem Tod von Franz Josef Strauß war alles andere als leicht. Aber wir haben die Krise damals couragiert gemeistert, da sprechen die Wahlergebnisse in Bayern eine eindeutige Sprache. Ich bin sicher, dass die Union insgesamt eine vergleichbare Leistung vollbringen wird. Voraussetzung ist, dass sie selber das ist, was sie mit ihrem Entwurf der humanen Bürgergesellschaft für das Land insgesamt erreichen will: eine Brücke zu sein zwischen den Menschen, den Generationen, also das, was die Ufer verbindet und die Untiefen im Strom der Zeit für die Menschen passierbar macht.

III. Teil:

Erschöpfte Schöpfung

»Schacht von Babel«?

Sie gelten als einer der Hoffnungsträger der Union. Was ist ein Hoffnungsträger?

Zunächst einmal ein unmögliches Wort. Es klingt nach einem Bannerträger, der das Banner der Hoffnung wie eine Fahne vor sich her trägt und seine Mannen in die Schlacht führt. Das alles gehört zur kriegerischen Vorstellungswelt einer Epoche, die mit unserer Zeit kaum etwas zu tun hat.

Aber das politische Geschäft ist Auseinandersetzung, Kampf. Es gibt Wahlkämpfe, Redeschlachten, Siege, Niederlagen. Darüber hinaus positionieren sich Parteien, sie besetzen Themen wie strategisch wichtiges Terrain, es gibt taktische Vor- und Nachhutgefechte. Schließlich darf man Schlachten verlieren, nicht aber den Krieg, und wie dergleichen militärische Analogien sonst noch lauten mögen. Offensichtlich ruhen auf einem Hoffnungsträger die Hoffnungen der anderen. Wiegt das nicht schwerer, als nur Träger der eigenen Hoffnungen zu sein?

Vielleicht lassen wir den Träger einmal beiseite. Klar ist, dass derjenige, auf den Hoffnungen gerichtet sind, an ihnen zu tragen hat. Wie so viele Worte hat auch das Wort »Hoffnung« eine Inflation erfahren. Im politischen Geschäft sind ja eher bestimmte Erwartungen gemeint. Aber auch diese trägt man nicht wie eine Monstranz vor sich her, sondern nimmt sie als Verpflichtung, die so weit wie möglich zu erfüllen ist. Der so genannte Hoffnungsträger hat nicht an den Hoffnungen, sondern an der Verantwortung zu tragen, die in ihn gesetzten Erwartungen tatsächlich zu erfüllen.

Hoffnungen, Erwartungen – der Unterschied mag darin liegen, dass sich Erwartungen nur in einem Horizont von Hoffnung erfüllen können, nicht umgekehrt. Beide Begriffe sind auf die Zukunft bezogen, weil diese offen und nicht festgelegt ist. Zukünftiges kann sich so oder anders ereignen, das ist sein Spielraum, seine Freiheit. Wäre es nicht so, könnte weder von Hoffnungen oder Erwartungen noch von Freiheit die Rede sein.

Mich interessiert an diesen allgemeinen Überlegungen der politische Aspekt. Alle Reformbestrebungen, der lokale und regionale, der nationale und globale Wettbewerb richten sich mehr denn je auf die so genannte Zukunftsfähigkeit der Menschen, der Gesellschaft: Wie kommen wir in der Zukunft an, das ist doch die Frage, um die es geht.

Streng genommen gar nicht. Denn wenn wir dort ankommen, sind wir tot. Nur als Lebende haben wir Zukunft vor uns, wir verfügen nicht über sie, sie verfügt über uns. Solange sie das tut, leben wir. Wenn wir die Hoffnung hegen, dass alles, was uns bedrängt, auch wieder anders werden kann, sehen wir noch eine Möglichkeit von Sinn. Hoffnung, Sinn, Zukunft, Leben – wir machen uns selten klar, dass jeder Gedanke, jede Wahrnehmung, jeder Herzschlag, jeder Atemzug ein Geschenk der Zukunft ist. Verschließt sich die Zukunft, sterben wir. Was es mit der Zukunft nach dem Tod auf sich hat, wissen wir nicht. Das ist eine Sache des Glaubens und daher nicht von dieser Welt.

Politik richtet sich aber auf die Zukunft *dieser* Welt. Sie muss so ausgerichtet sein, dass sie Zukunft nicht verbaut, sondern offen hält. Zwei Bedingungen müssen erfüllt sein, damit wir die Möglichkeiten unseres Lebens realisieren können: Zukunft und Freiheit. Das wird besonders dann deutlich, wenn totalitäre Regime die Zukunft verplanen, programmieren, ihren Sinn festlegen wollen. Es wird ein ideologischer Endzweck der Weltgeschichte proklamiert, dem sich das gesamte Leben unterzuordnen hat. Wir haben das im Namen der Rasse und der Klasse erfahren, um nur die nationalistische und die sozialistische Utopie zu nennen. Das Ungeheuerliche an den Ereignissen vor zehn Jahren war, dass sich der elementare menschliche Drang nach Freiheit, Leben und Zukunft ohne Gewalt, ohne einen einzigen Schuss gegen das größte Zwangssystem der Weltgeschichte wie über Nacht durchzusetzen vermochte. Der 17. Juni, der Aufstand in Ungarn, der Prager Frühling, Solidarność in Polen – es gab das jahrzehntelange untergründige Beben, die regionalen, die nationalen Eruptionen. Im Herbst 1989 war es dann mit dem System im Ganzen vorbei, es hatte sich vollkommen überlebt.

Aber womit war es vorbei? Mit der Geduld der Menschen, die das Regime der Unfreiheit leid waren. Sie wollten nicht mehr Objekte gesellschaftspolitischer Experimente sein, sondern einfach leben, menschenwürdig leben. Richtete sich der im Sommer 1989 immer stärker wachsende Protest, dieser »Aufstand der Massen« gegen die Unfreiheit oder erfolgte er für die Freiheit?

Ich glaube, das ist eine rhetorische Frage wie die nach dem halb vollen oder halb leeren Glas Wasser. Also: sowohl als auch, würde ich sagen. Kann man gegen die Unfreiheit kämpfen, wenn man nicht weiß, was Freiheit ist?

Die Frage klingt heute naiv, weil wir wissen, wie die Ereignisse verlaufen sind. Damals waren sie bloße Möglichkeiten, die Zukunft war noch offen. Urteilen wir heute über sie, schwingen die Erfahrungen des vergangenen Jahrzehnts mit, ob wir wollen oder nicht. Die Sozialdemokraten behaupten, sie seien damals bereits Anhänger der Wiedervereinigung gewesen. Ich erinnere mich aber, dass in der Öffentlichkeit der gegenteilige Eindruck vorherrschte: Die Vereinigung kam der SPD ausgesprochen ungelegen. Auch betrachtete man das Ereignis aus parteipolitischer Perspektive. Gelang die Wiedervereinigung nicht, war die Regierung Kohl/Genscher am Ende. Wie so mancher andere habe ich das sozialdemokratische Taktieren und Finassieren angesichts der geschichtlichen Ausnahmesituation nicht verstanden. Es zeigte deutlich: Die SPD war nicht annähernd auf der Höhe der Zeit.

Ich behaupte, sie ist es noch immer nicht. Die Altachtundsechziger, die heute bei Rot-Grün den Ton angeben, denken in den Kategorien der Siebziger- und Achtzigerjahre.

Vor allem bei Schröder sind die sozialökonomischen Klischees penetrant. Danach ist die Bundesrepublik eine Firma, die »Deutschland AG«, der Kanzler ihr Vorsitzender. Er kann sich nicht vorstellen, dass Menschen etwas anderes interessieren könnte als Einkommen und Auskommen. So geht er an einem großen Teil der wirklichen Bedürfnisse der Menschen vorbei. Das fängt auch cleveres Marketing nicht auf. Man kann beinahe alles vermarkten, nicht aber ein politisches Vakuum.

Ich habe mich später oft gefragt: Woher wussten die Menschen in Ostdeutschland, in Osteuropa, was Freiheit ist? In der Regel lautet die Antwort: Weil sie mehr oder weniger eine Vorstellung davon hatten, wie die Menschen im Westen lebten. Wussten sie es wirklich? Sie kannten die Bilder, die der Westen von sich entwarf, und diesen Bildern glaubten sie. Nach der eigenen Propaganda herrschte dort aber zugleich das »Böse«. Im Westen sah man es nicht anders, bloß umgekehrt.
Ich bin oft als Student mit einem alten VW von Helmstedt aus nach Westberlin gefahren, die Kontrolle war jedes Mal eine Nervenangelegenheit. Als ich nach Göttingen umzog, hatte ich das Auto voller Bücher. Am Westberliner Kontrollpunkt Drei Linden wurde ich aus der wartenden Autoschlange herausgewinkt und musste abseits auf einem Parkplatz sämtliche Bücherkartons aus dem Wagen ausladen. Es herrschte Nieselregen, der Vopo hatte die Daumen hinters Koppel gehakt, wippte auf Zehen und Hacken und genoss die Szene. Aber ich hatte vorgesorgt: Die obersten Buchschichten bestanden aus den Werken von Marx und Engels. Als der Volkspolizist tiefere Ein-

sicht forderte und ich die oberen Schichten anheben musste, fiel sein Blick auf die Werke Lenins. Trotz bleibenden Argwohns ließ er mich alles wieder einpacken und passieren – es hätte auch anders kommen können.
Nie verlor man das Gefühl, reiner Willkür ausgesetzt zu sein. Lag dann schließlich die DDR hinter einem, atmete man schon deshalb auf, weil man nun mit Rechtssicherheit rechnen konnte. Daran habe ich gedacht, als ich am 9. November 1989 die Bilder der jubelnden Menschen an der Mauer sah. Dass sich Ost und West weltgeschichtlich eine Sekunde lang in den Armen lagen, hatte neben dem Wunsch nach Reiseerleichterungen, materiellem Wohlstand und rechtsstaatlich garantierter Freiheit seinen tiefsten Grund wohl darin, dass die Menschen für eine Welt votierten, in der Frieden, Einheit und Freiheit herrschten und die Freund-Feind-Bilder ausgelöscht waren.

Ich glaube, mit Bewusstsein hatte das wenig zu tun. Es handelte sich vielmehr um eine elementare Eruption, bei der die Gefahr bestand, dass das hochexplosive Gemisch politisch zu einer Kettenreaktion führt. Uns allen saßen ja die schlimmen Erfahrungen von 1953 in Berlin, 1956 in Ungarn und vom Prager Frühling 1968 in den Knochen. Eine friedliche Revolution an der gefährlichsten Grenze der Welt – es kommt mir noch heute wie ein Wunder vor, dass das gelungen ist.

Und im Unterbewusstsein?

Das weiß ich nicht. Das Unterbewusstsein ist ja gerade dadurch definiert, dass es sich dem Bewusstsein, dem

Wissen entzieht. Im Nachhinein kann man nur darüber spekulieren.

Jedenfalls werden gerade elementare Ereignisse weitaus mehr vom Unterbewusstsein als vom Bewusstsein gesteuert. Hinzu kommt: Was gestern noch unbewusst war und die Ereignisse mitbestimmte, ist inzwischen längst ins Bewusstsein getreten. Deshalb meine ich, dass heute der gesamte Fragenkomplex ein anderer ist als vor zehn Jahren. Worauf es mir ankommt, ist: Die Westdeutschen haben die friedliche Revolution der Ostdeutschen primär als ein Votum für den »Westen« verstanden, sie war aber zuallererst wohl ein Protest gegen den »Osten«, gegen das eigene System. Und das ist nicht dasselbe.

Es läuft aber in der politischen Konsequenz auf dasselbe hinaus. Mir ist nicht klar, worin der Erkenntnisgewinn solcher Subtilitäten liegen könnte.

Vielleicht darin, dass wir uns nicht nur über die unterschiedlichen Befindlichkeiten zwischen Ost und West wundern, sondern diese zu durchschauen versuchen. Die Wiedervereinigung war nicht deswegen erfolgreich, weil sich die Deutschen in West und Ost gut gekannt hätten, sondern obwohl *sie sich eigentlich* nicht *gekannt und verstanden haben. Weder ist das westliche Welt- und Menschenbild absolut richtig noch das östliche absolut falsch. Der entscheidende Unterschied liegt mehr in den Formen, durch die sich politische Macht in Herrschaft übersetzt, nicht so sehr in den Inhalten. Man kann kaum bestreiten, dass in die Verfassung der ehemaligen DDR wesentliche Elemente des abendländischen Humanismus eingegangen sind.*

Aber sie standen bloß auf dem Papier! Gemessen an der tatsächlichen Wirklichkeit fand ein permanenter Verfassungsbruch statt. Es geht doch nicht um den idealen, sondern um den realen Sozialismus. Die Menschen sahen unter der »Diktatur des Proletariats«, deren Instrumente die SED und die Stasi waren, keine Lebenschance für sich und ihre Kinder. Und warum nicht? Weil die Zukunft ohne Hoffnung, die Hoffnung ohne Zukunft war. Die Menschen waren eben gerade nicht in der Lage, frei über sich und ihr Schicksal zu entscheiden. So stimmten sie mit den Füßen ab und gingen dorthin, wo sie glaubten, genau diese Freiheit zu finden: in den Westen.

Zum Glück nicht alle. Sonst wäre auch das westliche System zusammengebrochen. Die meisten blieben drüben in der Hoffnung, dort etwas verändern zu können, dem Sozialismus ein menschliches Antlitz zu geben.

Was sich bekanntlich als Irrtum herausgestellt hat. In der politischen Realität gibt es den humanen Sozialismus nicht, ich meine außerhalb von Rechtsstaatlichkeit und parlamentarischer Demokratie.

Genau das ist es: Der Versuch musste sich erst als unmöglich herausstellen, von vornherein war er das nicht. Versetzen wir uns so in die Vergangenheit, als wenn sie noch offene Zukunft wäre, können wir wenigstens im Nachhinein erkennen, dass die Hoffnungen der Menschen zu-

nächst der Einheit galten. Eine Teilung in Frieden und Freiheit, wie sie führende Sozialdemokraten sich vorstellten, war eine geschichtsferne Illusion. Aber die Einheit war nicht deckungsgleich mit dem, was man im Westen darunter verstand. Die damalige Bürgerrechtsbewegung, die Künstler, die Intellektuellen …

Das sind heute historische Fragen …

… aber man sollte sie wenigstens formulieren, um zu erkennen, welche Bedeutung sie heute vielleicht noch haben. Die Ostdeutschen haben sich 1989 nicht nur bewegt, sie sind bewegt, ja getrieben worden. Für die Westdeutschen hat sich damals nichts verändert, für die Ostdeutschen alles, bis in den privaten Bereich. Für westliches Verständnis hatte sich die Bundesrepublik bloß erweitert, nicht anders als dann die Nato und künftig die EU. Da wurde lediglich angebaut, unvollkommen, aber immerhin. Schließlich wurde ja viel investiert, die Wiedervereinigung kostete eine Menge Geld. Wo aber liegt die westliche Veränderung, die neue politische Qualität des vereinigten Deutschland?

Freiheit hat einen doppelten Bezug: Frei *von* etwas und frei *für* etwas. »Von« bezieht sich auf die Vergangenheit, auf einen Zustand, von dem man sich zu befreien sucht, der aber noch anhält. Freiheit »für« bezieht sich auf die Zukunft, auf eine Aufgabe, der die Befreiung dient. Deshalb glaube ich, dass die eigentlichen Aufgaben noch vor uns liegen. Es ist richtig: Bisher hat sich die Bundesrepublik bloß erweitert, es wurde umgezogen, aber nicht umgedacht. Dass die Hauptstadt fünfhundert Kilometer nach Osten verlegt wurde, fällt mit der Ablösung der sechzehnjährigen Regierungszeit von CDU/CSU und FDP durch Rot-Grün zusammen. Aber das hat nur in den Augen der jetzigen Regierung eine qualitative Veränderung bewirkt. Ich gebe Ihnen Recht: Die Entwürfe einer neuen Politik, die dem weltgeschichtlichen Wandel von 1989/90 gerecht würden, gibt es gegenwärtig nicht.

Das ist einer der Gründe, warum ich glaube, dass Rot-Grün zwar eine rechnerische, aber eben keine faktische Mehrheit beziehungsweise Zustimmung in der Bevölkerung hat. Da bröckelt es zunächst bei den Grünen, die klassische Klientel der SPD ist ja relativ stabil und liegt bei einem Drittel der Wählerschaft. Die Menschen spüren, dass eine zukunftsträchtige Politik nicht mit den Konzepten der letzten dreißig Jahre gemacht werden kann. Die Gesellschaft im Ganzen muss umgebaut werden, unser gesamtes Welt- und Menschenbild, das das Denken und Handeln bestimmt. Das Führungspersonal von Rot-Grün hat seine Prägung in den Siebziger- und Achtzigerjahren erhalten, und dort ist es stehen geblieben. Das gilt auch für die Meinungsmacher eines Teils der Medien, der in Schröder den großen Reformkanzler gesehen hat und nun ebenfalls verunsichert ist. Wir haben eine völlig neue Situation: Die Menschen sind in der überwiegenden Mehrheit reformbereit, aber sie wollen nicht die Reformen von gestern! Vielleicht sollten wir von einer umfassenden gesellschaftlichen Erneuerungsstrategie sprechen. Es kann doch nicht sein, dass wir alle zusehen, wie die rot-grüne Koalition unser Land in die Vergangenheit »zurückreformiert«.

Es wird aber nicht leicht sein, den Salto rückwärts so aufzufangen, dass er nicht zum Salto mortale wird. Was wir brauchen – schon mehrfach beschworen –, ist ein qualitativer Sprung nach vorn. Er kann zunächst nur im Bewusstsein erfolgen.

Unser Gespräch, wie ich es verstehe, will ja das neue Terrain sondieren und testen, was von den politischen Konturen der Zukunft bereits zu erkennen ist. Dabei sind immerhin zwei Dinge deutlich geworden:

Erstens: Alle Politik sollte Friedens- und Sicherheitspolitik sein. Frieden kann aber nicht mehr gegen-, sondern nur miteinander gesichert werden. Wir müssen uns also vom Freund-Feind-Denken verabschieden, es gehört zu einer überlebten Stufe der Geschichte. Wer dennoch zu den Waffen greift, wer die Prinzipien der Völkergemeinschaft mit Füßen tritt, ist kein Feind, sondern ein Krimineller, der auch so behandelt werden muss.

Zweitens: Jede umfassende politische Ordnung muss künftig die Spannung von Einheit und Vielfalt global austarieren. Wenn Sie fragen: »Gibt es eine gesellschaftliche Gesamtvision der Welt von morgen?«, lautet die Antwort des modernen, aufgeklärten Konservatismus: Ja, die mündige, aktive Bürgergesellschaft. Diese ist strukturell nach dem Gedanken der Subsidiarität, ökonomisch nach den Gesetzen der Sozialen Marktwirtschaft organisiert und orientiert sich bei alldem an der Perspektive der Nachhaltigkeit. Man kann den einzelnen Elementen andere Namen geben, an der Sache ändert sich dadurch nichts. So wenig wie sich die Wirtschaft deshalb global umgebaut hat, weil irgendein Ökonomieprofessor der Ansicht gewesen wäre, das sei jetzt an der Zeit, sondern auf Grund unbestreitbarer Sachgesetze, geht es auch beim analogen politischen Unternehmen nicht um subjektive Meinungen und Vorlieben. Es ist zentral, dass wir begreifen: Die geschichtliche Entwicklung selbst stellt uns vor die Aufgabe, nach der Wirtschaft nun auch den Umbau der Gesellschaft vorzunehmen, nicht allein in Deutschland und Europa, sondern überall in der Welt. Und den kann bei uns nach Lage der Dinge zurzeit nur der aufgeklärte Konservatismus vollziehen. Er darf der Gesellschaft nicht von oben verordnet werden, sondern muss von unten wachsen: angefangen beim Welt- und Menschenbild.

Und es gibt noch einen dritten Punkt: Wie verstehen wir uns, wie unsere Welt? Diese Frage zielt nicht auf Theorien, sondern auf die Aufgaben, die vor uns liegen. Was der Mensch »ist«, wissen wir nicht. Aber was ihm aufgegeben ist, das können wir erkennen. Ihm ist nicht aufgegeben, die Zukunft der kommenden Generationen zu verbrauchen, sondern sie zu erhalten, zu bewahren und sich in eben dieser Aufgabe zu bewähren. Auch die konservativen Kräfte in den anderen Ländern können sich diesem geschichtlichen Sachzwang nicht entziehen. Freiheit und Ordnung müssen sich neu aufeinander ausrichten.

Beide Aspekte, der außenpolitische wie der innenpolitische, um die klassischen, kaum noch gültigen Unterscheidungen zu gebrauchen, bedürfen dabei offensichtlich eines starken, nicht eines schwachen Staates.

Ohne Zweifel, doch muss zugleich ergänzt werden: Der starke Staat ist derjenige, der sich auf die wichtigsten

Aufgaben beschränkt, diese aber auch konsequent erfüllt. Der schwache Staat ist dagegen der, der als bürokratisches Krebsgeschwür wuchert und überall in der Gesellschaft entsprechende Metastasen bildet. Er maßt sich möglichst viele Aufgaben und Kompetenzen an und dient dem Bürger gerade nicht, sondern allein sich selbst.
Zu den wesentlichen Aufgaben des Staates gehören:

1. der Schutz vor Gewalt nach innen und außen,
2. der Schutz vor Not, vor sozialer und ökologischer Ausbeutung,
3. der Schutz der Freiheit, der neben den rechtsstaatlichen Prinzipien auch die innere Freiheit des Bürgers meint.

Auf die letzte Frage nach der inneren Freiheit wollte ich zu sprechen kommen, als ich vom »Hoffnungsträger« sprach. Sie hatten von der Innenweltgefährdung gesprochen: Wie schützen wir also jene persönliche Sphäre des Menschen, die wir analog zur Umweltzerstörung durch die zunehmende Innenweltgefährdung bedroht sehen? In der christlich-abendländischen Tradition ist dieser Bereich als innere Freiheit charakterisiert worden, der nicht dadurch außer Gefahr ist, dass wir in einer rechtsstaatlichen Demokratie leben. Vielmehr ist der innere Raum durch den Menschen selber bedroht. Das haben die Kirchen, die Theologie, die Philosophie immer gewusst. Heute ist er vor allem durch die Art und Weise bedroht, wie wir die Augen vor der selbst gemachten Apokalypse verschließen oder den nicht minder bedrohlichen ökologischen Countdown verdrängen. Die Folge ist Flucht in die Surrogate, in den Spiel- und Spaß-Infantilismus, zu dem sich die Wissens- und Mediengesellschaft selber deformiert: Das Wissen wird zum bloßen Spiel der Möglichkeiten, bei dem alles ungefragt gemacht wird, was gemacht werden kann. Und die Medien avancieren vom Mittel zum Zweck, indem sie sogar noch die Sinnfragen der Zeit so zu Unterhaltungseffekten umfunktionieren, dass selbst die Existenzkrise der wissenschaftlichen Zivilisation zum Spaßkomplex wird.

Da wir uns einig sind, dass es nicht um laienhafte Wissenschaftskritik oder entsprechend amateurhafte Medienschelte gehen kann …

Neue Tabus dürfen aber ebenso wenig produziert werden …

Einverstanden, aber dann entsteht die Frage: Wie kann man die gegenwärtige Formkrise von Medien und Wissenschaft im genauen Sinn des Wortes frag-würdig machen?

Ich denke, so wie bei Kant, indem man die Grundsätze prüft, die die Basis unserer Gesellschaft bilden. Der erste Grundsatz lautete: Wissen ist Macht, der zweite: Zeit ist Geld. Liegt im ersten Satz die Illusion darin, Wissen sei ohne Gewissen wahr, so im zweiten darin, Leben hätte ohne Verantwortung Sinn. Denn jene Zeit, die wir tatsächlich erfahren, ist ja nicht, wie ich schon sagte, irgendeine, sondern die wirkliche Lebenszeit. Ebenso wenig wie die Macht ein Spiel ist, ist das Leben eine Spaßveranstaltung. Es ist mehr, Sie haben darauf hingewiesen, es ist Mühe und Arbeit, zugleich Freude und Glück. Ginge es nach dem Zeitgeist, bildete der »Homo novus« eine Mischung aus Spielertyp und Spaßvogel. Dabei geht es nicht darum, ein Spiel- oder Spaßverderber zu sein, vielmehr ist das Leben eine Aufgabe, der alle Kräfte dienen müssen. Gesellschaftspolitisch gilt das auch für die Medien und die Wissenschaften. Sonst werden sie Selbstzweck, ihre Macht wächst unkontrolliert, und nicht die Freiheit nimmt zu, sondern die Macht des Machens. Der Mensch wird durch die eigenen Werke manipuliert, mehr als das, er ist fasziniert davon. Die egomanische Spiel- und Spaßgesellschaft ist von der eigenen Macht geradezu wie gebannt.

Dieser Bann kann in der Tat am ehesten dadurch gebrochen werden, dass Wissen wieder ein Gewissen erhält. Auch dem zweiten Gedanken stimme ich zu: Die mündige Bürgergesellschaft muss sich vom Dogma lösen, wonach Zeit Geld ist. Geld kann man für sich verdienen, Zeit sollte dagegen auch dem Anderen, dem Wohl des Ganzen dienen. Sie kann zum Beispiel als Dienstleistung »verschenkt« werden und gehört dann nicht zum Finanz-, sondern zum Humankapital.

So weit haben wir, denke ich, auf die Fragen: »Was können wir wissen?« und »Was sollen wir tun?« erste Antworten gefunden. Nun aber die Hoffnung. Wenn sie von einzelnen Erwartungen unterschieden wird, wenn sie wie die Hoffnungslosigkeit einen ganzen Lebenszustand ausdrückt, lässt sie sich von der Sinnfrage, der Sinngestaltung nicht abkoppeln. Sinn und Hoffnung verhalten sich komplementär.

In Dantes Göttlicher Komödie *steht über dem Eingang zur Hölle: »Lasst fahren alle Hoffnung, die ihr mich durchschreitet…« Das ist siebenhundert Jahre her. Aus der* Göttlichen Komödie *könnte möglicherweise eine menschheitliche Tragödie werden, wenn wir nicht radikal umdenken lernen. Umso wichtiger ist daher die Frage: »Was* dürfen *wir hoffen?« Für Kant richtete sich die Hoffnung auf die Freiheit* in *dieser Welt, aber auch* von *dieser Welt. Die Freiheit war für ihn ein Gottesgeschenk, durch sie war der Mensch vor allen anderen Lebewesen ausgezeichnet. Wir sehen heute aber auch die Schattenseiten der Freiheit, so ihren Missbrauch in den totalitären Regimes der Vergangenheit.*

Die ersten Anfänge davon hat Kant schon im Fortgang der Französischen Revolution erkannt.

Was er nicht sehen konnte, war dagegen jene neue Form von Unfreiheit, die die Industriegesellschaft gegenüber den Menschen und allen anderen Lebewesen dieser Welt praktiziert. Dem entgegenzuwirken gilt ja jene umfassende Wissenschaft, die heute Humanökologie genannt wird. Wobei auch die Erfolge der Wissenschaft zweideutig sind. Sie haben nicht nur die Krise mit bewirkt, sondern uns auch die Relativität unserer Freiheit, unseres tatsächlichen Spielraums, erkennen lassen. Freiheit ist nicht mehr absolut zu denken wie noch vor zweihundert Jahren, sie kann nicht als eine Art Gottesbeweis gelten. Vielmehr kehrt sich dieser gewissermaßen um: Nicht allein die Herrlichkeit der Schöpfung, sondern ihre Verletzlichkeit, ihre Ohnmacht, die erschöpfte *Schöpfung stellt sich für den christlichen Glauben als »Gottesbeweis« dar. Deshalb geht es nicht mehr um Macht als solche, sondern um den Sinn der Macht. Die Frage: »Was dürfen wir hoffen?« erhält damit selbst einen anderen, einen neuen Sinn.*

Welchen?

Nach »Wissen ist Macht« und »Zeit ist Geld« lässt sich ein dritter Grundsatz unserer Zeit formulieren, der Dantes Vision von der Hölle, nämlich einer Welt totaler Hoffnungslosigkeit, entspricht. Vielleicht hat Kafka so seinen Satz über die Hybris gemeint, wonach wir Heutigen den »Schacht von Babel graben«.

Und wie lautet dieser dritte Grundsatz?

»Der Zweck heiligt die Mittel.«

Sie werden niemanden finden, der diesem Prinzip zustimmt, im Gegenteil. Es wird überall schneller dementiert, als es ausgesprochen ist.

Gerade das ist ein Indiz dafür, dass es untergründig das Bewusstsein beherrscht. Auch in der Politik käme niemand auf den Einfall, eine Äußerung, die dementiert worden ist, deshalb für erledigt zu halten. Vielmehr gilt umgekehrt, dass es Umstände gibt, die sich politisch nur in der Form von Dementis beeinflussen lassen.

Was dürfen wir also Ihrer Meinung nach hoffen?

Zunächst, dass sich auch dieser dritte Satz als perverser, als verkehrter Satz erweist, der erst wahr ist, wenn er umgekehrt wird. Zweck bedeutet Ziel, das Mittel, es zu erreichen, ist der Weg. Das Ziel heiligt den Weg – dabei bleibt offen, ob das Ziel überhaupt erreicht werden kann: »Deutschland, Deutschland, über alles ...«, dem die »Nationale Revolution« von 1933 als Weg dienen sollte, die »klassenlose Gesellschaft«, deren Mittel die »Diktatur des Proletariats« war, aber auch die Shareholder-Value-Ideologie unserer Zeit, die den Gewinn absolut setzt, gehören dazu. Die Umkehr des Satzes würde lauten: Die Mittel heiligen den Zweck, der Weg also das Ziel. Das käme der Zen-Erfahrung nahe: Der Weg ist *das Ziel.*

Das führt aber im Augenblick wohl zu weit ab. Wir versuchten ja zunächst einmal, nur das zu verstehen, was die Menschen 1989 umtrieb, als sie von Ost nach West drängten: »Wir sind das Volk!« – »Deutschland einig Vaterland!« Ihre Vorstellungen von Freiheit waren sehr konkret, ihre Hoffnungen und Erwartungen ebenfalls. Ich glaube, niemand wird die Bilder von Genscher in Prag, von der Öffnung der Mauer in der Nacht vom 9. zum 10. November sowie von Helmut Kohl in Leipzig inmitten eines Meeres von schwarz-rot-goldenen Fahnen vergessen. Ich selbst habe wenig später Leipzig besucht und dort an einem der Friedensgebete teilgenommen. Ich erinnere mich gut an eine Fahrt durch die Arbeiterviertel der Stadt, während der ich mir vorzustellen suchte, wie die Menschen dort ihr Leben seit dem Krieg verbracht hatten.

Besonders in Erinnerung geblieben ist mir ein Besuch Mitte Februar 1990 in Dresden. Es war der fünfundvierzigste Jahrestag der Bombardierung der Stadt gegen Ende des Krieges. Dresden war bis dahin ja im Wesentlichen unversehrt geblieben, doch in der Nacht vom 13. auf den 14. Februar 1945 wurde es in drei Angriffswellen durch britisch-amerikanische Bomberverbände in Schutt und Asche gelegt. Zu der Zeit befanden sich neben den rund 600 000 Einheimischen noch etwa 500 000 schlesische Flüchtlinge in der Stadt …

… zu denen auch ich beinahe gehört hätte. Aber meine Mutter war mit uns drei Kindern im letzten Augenblick bei Bekannten in dem kleinen Ort Brand-Erbisdorf etwa dreißig Kilometer südwestlich von Dresden untergekommen. So hatten wir die Stadt vermeiden können und waren der Katastrophe entkommen. Unvergessen geblieben ist mir, wie wir in jener Nacht auf dem Balkon standen und in der Ferne den flammendroten Horizont sahen. »Jetzt geht Dresden unter«, sagte meine Mutter – es war ein unheimlicher Augenblick. Ich war eben fünf Jahre alt geworden und wusste nicht genau, was der Satz bedeutete. Aber ich spürte, dass dort hinter dem Horizont etwas Ungeheuerliches geschah. Denn was Fliegerangriffe bedeuteten, hatte ich schon des Öfteren erlebt.

Es war ja auch wirklich etwas Ungeheuerliches, zumal die Angriffe militärisch vollkommen sinnlos waren. An all dies dachte ich damals, als ich an dem Gedenkgottesdienst in der Dresdner Hofkirche teilnahm und über die Paulus-Stelle »Denn ihr seid zur Freiheit berufen …« aus dem Brief an die Galater eine Predigt hielt. Ich hatte ja so etwas noch nie zuvor gemacht, stand nun auf einmal auf der Kanzel und blickte in die Gesichter der vielen Menschen, die die Kirche bis auf den letzten Platz füllten. Es war einer der bewegendsten Augenblicke in meinem Leben. Ich glaube überhaupt, dass diese Wochen und Monate des Winters 1989/90 für uns alle vielleicht die wichtigsten und intensivsten waren, die wir erlebt haben. Das begann eigentlich schon im Sommer, als tausende von Flüchtlingen die DDR verließen, und spitzte sich im Herbst, vor allem in der ersten Novemberwoche, weiter zu.

Ich hatte ein ähnliches Gefühl wie Sie, befand mich aber zu jener Zeit in einer ganz anderen Situation, nämlich in Klausur. Ich hatte mich auf die Nordsee-Insel Juist zurückgezogen, um einen Essay mit dem Titel »Experimentum Mundi« zu schreiben. Darin ging es um die Frage: Hat sich der freie Autor in der Mediokratie überlebt? Wenn nein, was rechtfertigt dann noch seine Existenz, wenn er nicht zum Funktionsteil der Unterhaltungsindustrie degenerieren will? Das Fazit war: Leben und Schreiben müssen eine Einheit bilden, und zwar so, dass sie sich gegenseitig legitimieren. Ich ging von der Überzeugung aus, dass dem Autor insofern eine besondere Verantwortung zukommt, als sich durch ihn das Leben gewissermaßen selber fortschreibt. Literatur ist dann jener Teil der Geschichte, in dem sich die Biografie von Mensch und Natur selber darstellt. Versteht sich der Schriftsteller so, ist er nicht überflüssig, sondern notwendig. Das »Experimentum Mundi« ist mithin kein einmaliges Ereignis, es geschieht immer wieder neu. Der Autor stellt es in seiner Person dar, er ist sozusagen das Experiment selbst.

Wie Millionen andere Deutsche verfolgte ich die Ereignisse am 9. November 1989 am Bildschirm. Hier wurde tatsächlich ein weltgeschichtliches Experiment gewagt, und wir konnten alle sagen, dass wir dabei gewesen waren. Deutschland hatte den zweiten Weltkrieg verschuldet, der der Grund war für die Teilung des Landes, des Kontinents, für den Kalten Krieg zwischen West und Ost. Nun hob die Geschichte diese Teilung selber auf – ein Geschenk, eine Vorleistung, die jede Politik von nun an in eine andere Dimension rückte; davon war ich überzeugt. Die Einheit der »One World« erschien als Vision am Horizont: Grenzen hatten keine Zukunft und die Zukunft keine Grenzen mehr.

Heute, zwölf Jahre danach, ist die Vision noch nicht verschwunden, doch sie ist blasser geworden, als spulte sich die Geschichte zurück. Meine Hoffnung liegt darin, dass auf die friedliche Revolution keine Restauration folgen möge, keine unheilige Allianz zwischen Big Science und Big Business, gestiftet und abgesegnet von einer Politik, die nicht weiß, was sie tut. Auf diese Weise würde die »One World« nur technokratisch realisiert, das Projekt der mündigen Bürgergesellschaft wäre zunichte gemacht.

Ich kann die Befürchtung verstehen, aber ich teile sie so nicht. Auch das ist schließlich eine geschichtliche Erfahrung: Nicht nur die »realen«, auch die »idealen« Mächte, die Ideen, treiben die Entwicklung voran. Gewiss, die nationalen Egoismen treten als politischer Faktor wieder stärker in Erscheinung, sie stehen gewissermaßen quer zur Globalisierung der Welt. Das aber macht die Politik auch wieder kalkulierbarer, die Nationen sind nun einmal die geschichtlich gewachsenen Subjekte. Sie sprechen nicht gegen die Einheit der Völker, so wenig die Selbstständigkeit der einzelnen Mitglieder gegen die Familie als solche spricht.

Zugleich ist aber auch klar, dass keines der wichtigen Probleme im Rahmen der Nation gelöst werden kann. Das Internet der globalen Wechselwirkungen ist von unübersehbarer Komplexität. Nicht nur die Rüstung, die Ökologie, die Kriminalität und die Migration, auch Anspruch und Fragwürdigkeit der Naturwissenschaft stellen uns vor Probleme, die an keiner Grenze mehr Halt machen. Sie sind ebenfalls grenzenlos.

Das lässt sich nicht bestreiten. Vielleicht kann man die Nation mit einer Wohnung in einem großen Mietshaus vergleichen. Jede verfügt über kleine und größere Räume, die die Regionen innerhalb einer Nation darstellen. Damit meine ich nicht allein die Bundesländer, sondern auch die neuen Wirtschaftsregionen, die die nationalen Grenzen übergreifen. Die Weltregionen, über die wir gesprochen haben, stellen die Etagen dar. Insgesamt handelt es sich um eine Wohn- und Lebensgemeinschaft mit unterschiedlichen Mietern, Familien und Interessen. Es kommt nun darauf an, eine verbindliche Hausordnung zu etablieren, daran sind alle Parteien interessiert. Weder die einzelnen Bewohner noch die Mietparteien oder gar die Etagen können untereinander noch Krieg führen. Alle müssen sorgfältig miteinander umgehen, auch mit den Sachen, dem Inventar, dem Garten, dem Grundstück insgesamt.

Wenn es tatsächlich um die Erde, um unseren Lebensraum im Ganzen geht, kann man nicht fragen: Was ist Sinn und Zweck der Lebensgemeinschaft »One World«? Er ruht in sich selbst. Die Mittel, der politische Weg, ihn zu erreichen, lassen sich vom Ziel der Völkergemeinschaft selbst nicht trennen: Der Weg ist *das Ziel.*

Dem stimme ich im Prinzip zu. Trotzdem klingt, was Sie sagen, für mich so, als wäre das Ende der Geschichte in Sicht, während doch die immensen Aufgaben, die vor uns liegen, gerade erst ihre Konturen zu zeigen beginnen.

Vielleicht verlagert sich die Dynamik des Geschichtsprozesses nach innen. Es könnte doch sein, dass es künftig stärker um die innere, die geistig-ethische und religiöse Evolution geht, nachdem der Mensch den letzten Winkel seines Hauses entdeckt und vermessen hat, einschließlich des interplanetarischen Raums. »2001 – Odyssee im Weltraum« – der Sinn der Irrfahrten des Odysseus ist, wie Homer erzählt, dass er als ein anderer nach Hause zurückkehrt, dem Chaos dort ein Ende macht und neue Ordnung schafft. In Kubricks Film kehrt er zu seinem Ursprung zurück: Leben und Tod sind eins. Wir können uns drehen und wenden wie wir wollen, unser Haus, die Erde, sieht so aus, wie es in unserem Inneren aussieht. Die Extreme sind: Schrottplatz der Zivilisation oder Garten des Menschen.

Vielleicht kann ich dazu später noch etwas sagen. Jetzt möchte ich noch einmal auf jenen weltgeschichtlichen Augenblick von 1989 zurückkommen, in dem sich Frieden,

Einheit und Freiheit gegen die gewaltigen Machtstrukturen des Kalten Krieges durchgesetzt haben. Freiheit, Gleichheit, Brüderlichkeit – das waren die drei Ideen der Französischen Revolution. Sie schufen die Grundlage der modernen industriellen Welt. Einheit in Frieden und Freiheit, das ist zweihundert Jahre später der Impuls der deutschen Revolution gewesen. Er hat ebenfalls Auswirkungen auf ganz Europa und über Russland bis hin nach Asien gehabt. Diesmal befanden sich die Deutschen nicht im toten Winkel der Weltgeschichte, vielleicht legten sie sogar den Grundstein zu jener neuen Epoche, in der nun in der ganzen Welt, wie Willy Brandt sagte, »zusammenwächst, was zusammengehört«. Gorbatschows Wort: »Wer zu spät kommt, den bestraft das Leben« könnte weltweite Bedeutung erlangen und zum Schlüsselwort unserer Epoche werden. Deutschland – die »verspätete Nation«? Das war einmal, das ist Geschichte.

Wie aber steht es in Zukunft mit den Problemen? Der Konfliktstoff der kommenden Jahrzehnte wird aus ethnischen Spannungen bestehen, die sich mit sozialökonomischen Problemen aufladen und verbinden. Ich glaube, die dürftigen Ansätze der Diskussion über Patriotismus und Vaterland, über geschichtliche Herkunft und Kultur haben gezeigt, wie wenig von den Ereignissen vor zehn Jahren bisher verstanden worden ist. Das lag auch daran, dass sämtliche Fragen immer sofort in die finanzielle Ebene projiziert wurden: »Was kostet das?«
Ich möchte aber noch einmal Ihre Formulierung vom toten Winkel der Weltgeschichte aufgreifen, und zwar so, wie der Autofahrer vom toten Winkel des Rückspiegels

spricht. Tolstoi sagt in seinem Roman Krieg und Frieden, *die Zeitgenossen wichtiger geschichtlicher Ereignisse glichen den Teilnehmern einer Schlacht. Im Zentrum des Geschehens könnten sie nicht entscheiden, wer der Sieger, wer der Verlierer sei.*

Gut, das ist Tolstoi. Ich weiß nicht, ob ich dem zustimmen kann. Es kommt auch auf den Standort an. Politisch gesehen war von vornherein klar: Das kommunistische Regime ist der Verlierer, die westliche Demokratie der Gewinner. Übrigens war das auf Grund des ökonomischen und wissenschaftlich-technologischen Wettbewerbs seit Jahren klar. Der Ausgang konnte nur eine Frage der Zeit sein. Als der Zusammenbruch erfolgte, war das sozialistische Experiment geschichtlich schon längst gescheitert. Weniger das Ereignis selbst als die Schnelligkeit und Radikalität, mit der es erfolgte, überraschte damals alle Welt.

Ich weiß nicht, ob ich es schon erwähnt habe, aber ich war im Dezember 1990 auf Grund einer Einladung des russischen Schriftstellerverbands eine Woche lang in Moskau. Es gab nächtelange Diskussionen über die Zukunft des Riesenreichs, aber anders als in Deutschland gab es keine Aufbruchstimmung, eher machte sich Verzweiflung breit. Was dabei zu hören war, ließ sich so zusammenfassen: Dieses Land ist weder nach sozialistischem noch nach kapitalistischem Muster zu reformieren, es ist marode bis ins Mark.

Wir müssen hier bei den riesigen geographischen Dimensionen, die sich ein Mitteleuropäer nicht klar macht, auch in anderen zeitlichen Dimensionen denken lernen. So wenig wie in Asien, Afrika oder Südamerika können wir einfach europäische Maßstäbe ansetzen. Das ist es ja, was das Prinzip der Gleichheit so kompromittiert hat: Wir legen überall unsere Maßstäbe an. Die Vorstellung, dass sämtliche Länder, Kontinente und Kulturen bei gleichen Anstrengungen und Investitionen zu identischen politischen Resultaten kommen müssten, ist hoffnungslos naiv. Das haben die Amerikaner nach dem zweiten Weltkrieg in Westeuropa, in Korea, in Vietnam lernen müssen, die Russen in Osteuropa, in Afghanistan, in Tschetschenien. Jedes Land, jede Region muss den eigenen Weg finden, um im Wettkampf der Nationen zu bestehen. Aber der Wettkampf muss wie jeder andere festen Spielregeln unterliegen, Regeln, die für alle Nationen gelten, ähnlich wie bei den Olympischen Spielen, den internationalen Sportveranstaltungen überhaupt: Gleiche Startbedingungen, Leistungsnormen, Beurteilungskriterien. Dahin müssen wir politisch kommen, die weltweite Öffentlichkeit muss eine globale politische Transparenz erzwingen. Gelingt das, werden die Grundstrukturen der mündigen Bürgergesellschaft – das glaube ich fest – nicht nur regional oder national, sondern auch international gelten. Die Weltbürgergesellschaft – das wäre die im Kern konkretisierte Vision von Roosevelts »One World«, die ich als notwendige Utopie bezeichnen würde. Das ist eine Idee, die wir zur Orientierung brauchen, auch wenn wir wissen, sie wird niemals vollkommen realisiert. Vielleicht kann man sie vergleichen mit dem Schnittpunkt von zwei Parallelen, der ja bekanntlich im Unendlichen liegt. Mit anderen Worten: Die Utopie der mündigen Weltbürgergesellschaft funktioniert wie ein Regulativ: Ohne sie gibt es keine ordnungs- und sinnstiftende Politik mehr.

Die Rückschläge gehören offenbar dazu, anders gäbe es keinen Lernprozess. Die eigentlichen Sieger von 1989/90 waren die Ostdeutschen, doch nach der Vereinigung reklamierten die Westdeutschen den Sieg für sich. So wurden aus den Sentiments der ersten Stunde die Ressentiments des kommenden Jahrzehnts. Recht hatten beide, die Ostdeutschen, was die geistige, die Westdeutschen, was die faktische Macht anging. Mit der rot-grünen Koalition setzten sich aber 1998 jene Kräfte durch, denen die Fragen der Einheit nicht eben auf den Nägeln brannten, im Gegenteil. Sie knüpften, wie Sie zu Recht feststellen, an die Siebziger- und Achtzigerjahre an, als ob es die deutsche Revolution nie gegeben hätte. So geriet Deutschland erneut in die Gefahr – und das sehe ich nun anders als Sie –, nicht nur weiterhin die ewig »verspätete«, sondern nun auch die gebrochene Nation zu werden, ähnlich mancher Biografie des rot-grünen Führungspersonals. Die Engländer, die Amerikaner, die Franzosen haben ihre jeweilige Revolution ins Nationalbewusstsein integriert, die Sozialdemokraten, die gesamte deutsche Linke dagegen nicht. Stets klingt bei ihr ein »Ja, aber« oder ein »Nein, danke!« durch, wenn es um Deutschland als Ganzes geht. »Was ist des Deutschen Vaterland?« Die Ratlosigkeit ist größer als je zuvor. Der Bundespräsident sprach von »den Menschen«, auf die er stolz ist. Wer aber sind diese Menschen, vor allem wo sind sie, wenn ihr Land weggedacht wird?

Hinzu kommt, dass mit »den Menschen« bloß die Zeitgenossen der eigenen Generation gemeint sind. Auch gibt es kein Bewusstsein mehr dafür, dass wir ohne die vorausgegangenen Generationen gar nicht existierten. Ich meine damit nicht die physische Existenz, das wäre trivial, ich meine die geistig-seelische, die geschichtliche Dimension. Ohne sie gäbe es überhaupt keine kulturelle Gegenwart und Zukunft. Es ist, als ob bei der Generation der Achtundsechziger ein Schnitt erfolgt wäre, ein Filmriss, ein Black-out. Und nun wird der historische Gedächtnisverlust zur politischen Tugend umstilisiert. Geschichte wird nicht als zu verantwortende Aufgabe angenommen, sondern moralisch wegräsoniert. Das gesamte Menschen- und Weltbild fokussiert sich auf das bloße Hier und Jetzt: Das ist auch der Grund, weshalb es zurzeit kein Gesamtkonzept deutscher, europäischer Politik gibt. Man weiß nicht mehr, was die Worte Deutschland und Europa überhaupt bedeuten. »Die Menschen« sind Abstraktionen, es gibt sie in Wirklichkeit nicht. Menschen leben in konkreten Bezügen, in ihren Familien, Gemeinden, in ihrem nachbarschaftlichen Umfeld. Zudem sind sie Exponenten ihrer Geschichte, ihrer Kultur. Deshalb reagiert das politische Establishment der Linken so gereizt, wenn allgemeine Themen, Wertfragen und Perspektiven diskutiert werden. Vor allem die Altachtundsechziger fühlen sich geradezu düpiert, als hätte man ein zentrales Tabu verletzt. Die Geschichte rächt sich, wenn man sie negiert.

Ist sie nicht immer aus Licht und Schatten gewebt?

Das kann man so sehen. Aber die Schatten, die die ewig Gestrigen werfen, dürfen nicht die Zukunft verdunkeln.

Das ist wahr. Wie sollte sonst Hoffnung die Welt erhellen, wenn nicht aus der Zukunft, als Licht hinter dem Horizont?

»Der Garten des Menschlichen«

Der Mensch als Exponent der Geschichte, nicht als ihr Produkt oder ihr Konsument?

Ja, so sehe ich's. Aber das hängt davon ab, was unter Geschichte verstanden wird. Für den christlichen Glauben steht der Mensch deshalb im Licht der Geschichte, weil sich in ihr post Christum natum das Heil der Menschen ereignet hat. Wer daran nicht glaubt, muss das Heil selber produzieren und versuchen, das Dunkel durch das Bewusstsein, den Verstand, durch Wissenschaft und Technik zu erhellen. Das läuft immer auf dasselbe hinaus: Er muss die Nacht zum Tag machen, das Licht ist ein künstliches Licht.

Für den griechischen Philosophen Protagoras war der Mensch das Maß der Dinge, für Platon ein Spiegel des Kosmos, für die jüdisch-christliche Tradition ein Ebenbild Gottes und für Nietzsche das »nicht festgestellte Tier«. Bei derartigen Definitionen hält man sich heute nicht mehr auf. Kants vierte Frage, die im Anschluss an die drei von Ihnen zitierten Fragen meist unerwähnt bleibt, hat sich offenbar erledigt. In Zukunft wird der Mensch nicht mehr definiert, sondern produziert. Trotzdem: Was »ist« der Mensch?

Diese vierte Frage hat sich nicht von selber erledigt, sie wird von einer diffusen öffentlichen Diskussion als erledigt betrachtet. Das ist ein Unterschied. Wie zu Beginn des zwanzigsten Jahrhunderts in der Physik, so sind wir inzwischen in der Biologie in Dimensionen vorgedrungen, die die Wissenschaftler zu überfordern scheinen. Sie gehen schon mit technischen Vorstellungen ans Leben heran, bevor sie irgendetwas zu erforschen beginnen. Damit stellen sie die historische Logik auf den Kopf. Die Technik, einschließlich der Biotechnik, ist ein Produkt unserer Zivilisation. Nun soll umgekehrt diese Zivilisation zu einem Produkt der Technik werden. Die Folge will zugleich Ursache sein, ohne dass jemand sagen könnte, wie das möglich sein soll. Dass etwas gemacht werden kann, soll die Begründung dafür sein, dass es auch gemacht werden soll. Das ist die Logik jener Allianz aus »Business« und »Science«, die man Ökonomismus nennen kann und die nicht nur sich selbst, sondern die gesamte Gesellschaft ausschließlich den Marktgesetzen unterordnen will.

Ist die Politik ohnmächtig gegenüber dieser Allianz?

Gegenüber der Allianz nicht, wohl aber gegenüber dem Gesamtprozess, dessen Teil sie ja ist. Während unser Gespräch dem Menschen *als* Maß gilt, nötigt uns die Biotechnik eine Diskussion über den Menschen *nach* Maß auf. Bisher reagiert die Öffentlichkeit verständlicherweise hilflos, nicht nur die Politik, auch die Kirchen. Wir werden von der Entwicklung überrollt, nur geben die meisten es nicht zu. Auch der Bundeskanzler nicht. Er beruft eine Art Bündnis für Ethik, Moral und »Anständigkeit« ein, zugleich spricht er davon, der Bereich der Biotechnik dürfe nicht vernachlässigt werden, wenn die Deutschen ihre

Spitzenposition unter den Industrienationen behaupten wollten. Da weiß dann der »Nationale Ethikrat« gleich, wo es nach Meinung der Regierung langgehen soll.

Mit dem Hinweis auf den Industriestandort Deutschland hätten wir auch Atombomben bauen können. Die Deutschen haben aber aus gutem Grund darauf verzichtet, nicht jedoch auf die Atomtechnik selbst. Es könnte doch sein, dass es künftig politisch fortschrittlicher ist, auf Machbares zu verzichten, als alles zu machen, was machbar ist. Die Forscher sind Spezialisten, die unter so großem ökonomischem Druck stehen, dass sie die Fragen nach den gesellschaftlichen Folgen und Zusammenhängen nicht mehr wahrnehmen oder zulassen. Ist die Technik da, erfinden die Marketingleute den Markt hinzu. Sie stellen auch die Bedürfnisse künstlich her. Vermutlich bekommen wir bald eine Ethik des Markts: Wirklich ist das, was verkauft werden kann.

Jedenfalls steht unsere Zivilisation nach der Überrüstung des Kalten Kriegs nun vor einem zweiten ungeheuren Widerspruch: Sie kann zwar menschliches Leben künstlich produzieren, aber sie kann dem natürlichen Leben, das bereits auf der Welt ist, offenbar keine hinreichend humanen Lebensbedingungen garantieren. In diesem Punkt klaffen die technischen und die politischen Fähigkeiten tatsächlich immer weiter auseinander.

Eine klare Position bezieht bisher wohl am ehesten die katholische Kirche. So hat der Kölner Erzbischof Meisner auf die wichtige Unterscheidung zwischen der »Qualitäts-

sicherung« und der »Würde« des Menschen verwiesen. »Die ›Qualitätssicherung‹«, sagt er, »wird von Wissenschaftlern ermöglicht und durchgeführt. Das ›Qualitätsmanagement‹ wird von der Politik betrieben, die bloß ›ideologische Scheuklappen‹ abbaut, die Ethik durch Ethikkommissionen ersetzt und die die Entwicklung beschleunigen will mit dem Hinweis, dass andere Länder schon ›weiter‹ sind. Auf diese Weise wird Artikel 1 des Grundgesetzes Sonntagslyrik, während im Alltag die Würde *des Menschen längst durch die* Qualität *des Menschen ersetzt ist.«*
Zu dieser »Qualitätssicherung« gehören Intelligenz, Anpassungsfähigkeit, Leistung, Mobilität, Multifunktionalität und was dergleichen DIN-Normen mehr sind. Wenn der Mensch bloß eine Summe von Fähigkeiten ist, kann in der Tat nicht eingesehen werden, warum diese Fähigkeiten nicht von Anfang an so optimiert werden sollen, wie wir das von technischen Hochleistungssystemen gewöhnt sind. Gemäß der Industriegesellschaft, die das Denken technisiert hat, beginnt auch die menschliche Reproduktionsindustrie im Denken, im Kopf. Der Fortschritt schreitet fort, der Mensch bleibt auf der Strecke.

Ich kenne die Äußerungen von Kardinal Meisner und halte sie für wichtig, weil er am Beginn der Debatte gleich klar gemacht hat, dass die Diskussion nicht einfach zwischen Fachleuten einerseits und Laien andererseits geführt wird. Das ist im Ansatz falsch. Es geht um den Menschen, und da sind *alle* kompetent, die Kirchen an erster Stelle, aber auch die Politik. Künftig sollte umgekehrt die Wissenschaft den Nachweis führen, dass sie nicht nur Einzelforschungen vorantreibt, sondern ihre Ergebnisse jenseits von Marketing und Lobbyismus in das Wohl der Gesellschaft zu integrieren vermag. Wir dürfen bei der Debatte nicht den archimedischen Punkt außer Acht lassen und uns im Gewirr der Interessen, der Macht- und Machbarkeitsfragen verirren. Ich kann nicht behaupten, dass ich ihn kenne, diesen archimedischen Punkt. Aber eines weiß ich: Er liegt nicht in dieser oder jener Wissenschaft, er liegt im Menschen selbst, nämlich in der alten Versuchung: »Sicut eritis deus« – »Ihr werdet sein wie Gott«. Ich will das im Augenblick nicht weiter ausführen, sondern nur darauf hinweisen, dass sich da sofort weitere Fragen nach den Tieren, den Pflanzen, der Schöpfung insgesamt einstellen. Gerade vor dem Hintergrund der BSE-Krise und der erhöhten Seuchengefahren haben wir allen Grund, wieder zu fragen: Was verstehen wir eigentlich unter Leben, was unter Natur? Da der Mensch ein Teil der Natur ist, fragt er immer auch nach sich selbst, wenn er sich Gedanken über das Ganze macht.

»Im Prinzip ist das Leben ein Rechenprozess«, sagt Hans Lehrach vom Max-Planck-Institut für molekulare Genetik in Berlin. »Wir haben jetzt das Programm, das ist das Genom; nun müssen wir verstehen, wie dieses Programm abläuft. Das heißt, wir brauchen langfristig Computermodelle, die aus einer Erbgutsequenz den Phänotyp, also Aussehen und Eigenschaften eines Organismus, vorhersagen können.« Da nun nach Lehrachs Meinung der Mensch »das Produkt des Genoms in der Umwelt« ist, also das Resultat zwischen ererbten und erworbenen Fähigkeiten darstellt, läuft das Trachten seiner

Zunft nach Computermodellen auf eine Determinierung der Zukunft hinaus. Denn nach diesen Rechenprogrammen sollen sämtliche Einwirkungsmöglichkeiten der Umwelt prognostiziert werden können. Leben kann sich aber nur entwickeln, wenn die Zukunft, in die es hineinwächst, nicht determiniert wird, sondern offen bleibt. Der Determinismus ist eine Denkfigur des achtzehnten Jahrhunderts. Da bleibt es nicht aus, dass man sich angesichts solcher Mischungen aus Hightechgläubigkeit und Denkmustern, die zweihundertfünfzig Jahre alt sind, Sorgen über den Bewusstseinsstand von Forschung und Forschern macht. Neben der Fragwürdigkeit in der Sache haben wir damit nämlich ein weiteres Problem in der Kluft zwischen den Resultaten der Wissenschaft und dem Niveau, auf dem sie gesellschaftlich reflektiert werden.

Brillante Forscher und zugleich miserable Denker? Ich glaube nicht, dass man das derart verallgemeinern kann. Und selbst, wenn es so wäre, was hilft uns diese Feststellung? Der Gerechtigkeit halber muss hinzugefügt werden, dass auch der Hinweis auf die christliche Tradition, die das Ganze des Lebens als Schöpfung begreift, nicht mehr hinreicht. Sie ist selber gebrochen und enthebt uns nicht der Verantwortung, ja Pflicht, uns heute unseren eigenen Kopf zu zerbrechen. Augustinus hatte zum Beispiel die Tiere ausdrücklich vom biblischen Tötungsverbot ausgenommen, weil sie anders als der Mensch nicht über Vernunft verfügten und daher mit ihm auch keine Lebensgemeinschaft bilden könnten.

Vielleicht gibt es eine untergründige Verbindung von Augustin zu Descartes, dem Vater der neuzeitlichen Philosophie? Für ihn waren die Tiere komplizierte Apparate, die aus seinem Begriff des Lebens herausfielen, wie überhaupt die gesamte Natur. Übrig blieb allein das Selbstbewusstsein: »Cogito ergo sum« – ich denke, also bin ich. Auch das ist einer dieser Sätze, die erst wahr werden, wenn man sie umkehrt: Ich bin, also denke ich.
Doch ein Wort noch zum Unterschied zwischen Forschen und Denken. Das Zitat von Hans Lehrach erweckt den Eindruck, als sei über den Menschen als dem Produkt von Genom und Umwelt irgendetwas von Bedeutung ausgesagt. Das Gegenteil ist der Fall. Was bedeutet »Umwelt«? Offenbar befindet sich diese in der Welt. Was bedeutet »Welt«? Wohl so viel wie Evolution. Sollten nun nach den biologischen Bestimmungen des Genotyps auch die biografischen Bedingungen des Phänotyps hinreichend analysiert werden, müsste die Fülle der Parameter und ihrer Wechselwirkungen die gesamte Evolution berücksichtigen. Das aber ist unmöglich. Die Wissenschaft kann daher nicht wissen, was der Mensch ist. Sie kann aber dieses Nichtwissen wissen und ist dann über sich selbst aufgeklärt.

Sie vermag also nur Hypothesen aufzustellen, wenn ich an den grundsätzlichen Einwand des Kardinals Bellarmin gegen Galilei zurückdenke.

Genau. Das zeigt die Tragweite der Kritik, ob für die Astrophysik oder die Biophysik.

Ich möchte aber doch von der Philosophie zur Politik zurückkehren. Skandinavische Länder wie Dänemark und Schweden, die ja relativ spät dem europäischen Agrarmarkt beitraten, sind bisher hinsichtlich der BSE-Seuche weitgehend krankheitsfreie Länder geblieben. Bereits 1988 hatten die Schweden ein neues Tierschutzgesetz erlassen, nach welchem landwirtschaftliche Nutztiere ihre »natürliche Lebensweise« beibehalten sollten. Die Verfütterung von Kadavermehl und Antibiotika wurde verboten. Trotz Drucks aus Brüssel blieben die Schweden bei ihrer Sonderregelung, auch nach dem EU-Beitritt von 1995.

Vielleicht spielt hier der Tierschutz im Bewusstsein der Menschen eine größere Rolle? Häufig waren es Schriftstellerinnen und Schriftsteller, die sich besonders für ihn einsetzten. In Schweden zog Astrid Lindgren gegen die industriell betriebene Fleischproduktion zu Felde, bei uns war es in den Achtzigerjahren der Autor Hans Wollschläger. Doch galt das auch schon für Wilhelm Busch, was wenig bekannt ist. Von dem Philosophen Feuerbach stammt der oft zitierte Satz: »Der Mensch ist das, was er isst.« In welch makabrer Situation wir uns heute, hundertfünfzig Jahre später, befinden, wird deutlich, wenn auch dieser Satz umgekehrt wird: Der Mensch isst das, was er ist. »Denn es geht dem Menschen wie dem Vieh«, heißt es im Prediger Salomo. »Wie dies stirbt, so stirbt er auch; und haben alle einerlei Odem. Und der Mensch hat nichts mehr, denn das Vieh: Denn es ist alles eitel.«

Ich glaube nicht, dass wir uns diese tief pessimistische Lebensweisheit zu Eigen machen sollten. Aber darauf kommt es vielleicht nicht an. Sie wirkt als Korrektiv zu jener Hybris, die Sie mit der Kafka-Formulierung vom »Schacht von Babel« gekennzeichnet haben. Da bleibt nur, noch aufmerksamer zu sein, noch genauer hinzuschauen, ob wir verantworten können, was wir tun, und zwar *bevor* wir es getan haben. Im Fall der Biotechnologie drängt die Zeit. Sie will den Markt mit »Wunschkindern« beliefern, ohne sich klar zu machen, welche ungeheuerlichen psychisch-sozialen Probleme der neue »Xerox-Mensch« hervorrufen würde.

Einige lassen sich allerdings antizipieren: Wie sollen wir mit dem Unterschied zwischen »natürlichem« und »künstlichem« Menschen umgehen? Haben Menschenkopien die Möglichkeit, im Laufe ihrer Biografie zu einer eigenen Identität zu gelangen? Was bedeutet das Wort »Ich«, wenn der duplizierte Mensch zum Original sagen muss: Ich bin weder ich noch du – was also bin ich, wenn ich den Satz nachspreche: Ich denke, also bin ich? Man könnte im Sinne der »Karamasow'schen Art« bei Dostojewski einen vierten Grundsatz erwähnen, nach dem unsere Gesellschaft funktioniert: »Alles ist erlaubt.« Jedenfalls geraten wir hier in ein Spiegellabyrinth der Macht, in dem jede Frage nach Sinn, nach dem »Wozu?« und »Warum?« ad absurdum geführt wird.

Absurd ist auch das so genannte *Recht* auf Kinder, was da von interessierter Seite ins Feld geführt wird. Kinder sind und bleiben ein Geschenk. Wer vom »Recht« spricht, denkt in Wahrheit nicht an das Kind, sondern an sich selbst. Es könnte doch sein, dass das künstlich produzierte »Wunschkind« später, wenn es nach sich zu fragen beginnt, sich verwünschen müsste, weil es unmöglich herausfinden kann, was es für ein Wesen ist. Im Wunsch, sich selber im »Wunschkind« zu kopieren, wird nicht nur das andere Leben, sondern auch das eigene verfehlt. Eine Welt, die das natürliche »Principium individuationis« durch das technische Prinzip des Kopierens aufgehoben hat, lässt sich nur als Hölle bezeichnen oder als Irrenhaus.

Dagegen wünsche ich mir, dass junge Paare wieder die Freude an der Verantwortung für das eigene Kind entdecken. In der Erfahrung, wie es heranwächst, wie es Welt entdeckt und seine Lebensfreude unmittelbar an die Eltern und die Umwelt weitergibt, liegt eine Quelle der Kraft, die durch nichts zu ersetzen ist. Wir haben dreißig Jahre lang in der Öffentlichkeit das Gegenteil gehört, gesehen, gelesen und gelebt und sollten endlich einsehen, dass das gesellschaftspolitisch ein Irrweg war. Kinder müssen von Anfang an spüren, dass sie gewünscht, gewollt und geliebt sind. Dann werden sie dies später wieder den eigenen Kindern weitergeben. Dabei geht es nicht in erster Linie um Geld, obwohl es gerade hier, wie die familienpolitischen Grundlinien der Union zeigen, immer am besten angelegt ist. Es geht vielmehr um die Einstellung, was in uns siegt: Die Lebensangst oder der Mut? Denn Mut braucht es, um Kinder in die Welt zu setzen und großzuziehen. Das ist kein gentechnischer, wohl aber ein vitaler, ein natürlicher Aspekt der so genannten Bioethik. Niemand kann leugnen, dass es zu einer praktischen Bioethik gehört, statt Angst Mut zu machen und nicht nur neues Leben in die Welt zu setzen, sondern für dieses auch auf Dauer verantwortlich einzustehen.

Hilft da nur noch beten? Es ist ein Dreivierteljahr her, dass in der evangelischen Akademie Tutzing unter dem Titel »Der vermessene Mensch« eine Tagung zur Gentechnik stattfand. Sie schloss mit einem Gottesdienst und dieser mit dem Gebet: »Herr, gib den Wissenschaften die Kraft, bescheiden zu bleiben und die Grenzen ihres Tuns zu erkennen.«

Ich gehöre nicht zu denen, die sich darüber mokieren, im Gegenteil: Der betende Mensch nimmt die Wirklichkeit noch wahr, er nimmt sie vor allem ernst. Sonst würde er nicht beten. Viele der großen Naturwissenschaftler waren fromme Menschen, von Newton bis Planck, von Einstein bis Heisenberg. Sie wussten noch etwas von Pascals »denkendem Herzen« und hatten nicht bloß Rechenprogramme im Kopf.

Sie wussten auch, dass der Mensch nicht nur ein labiles und fragiles, sondern ein ebenso ambivalentes Lebewesen ist. Das zeigen die persönlichen, das beweisen die geschichtlichen Krisen. Es hat in der abendländischen Kultur auch stets ein Wissen darum gegeben, dass die Macht, frei zwischen Leben und Tod wählen zu können, höchst zweideutig ist. So taucht in der jüdischen Tradition des Mittelalters die mythische Figur des Golem auf, eines menschenähnlichen Geschöpfs, das aus Wasser und Lehm gebildet war. Schrieb man ihm das hebräische Wort »emet« auf die Stirn, erwachte es zum Leben. Wurde das »e« fortgelassen, blieb das Wort »met« übrig. Und das bedeutete: »Er starb.« Wie steht es mit uns heute? Ist die menschliche Spezies zum Tode verurteilt?

Nein. Wer sollte sie verurteilen? Gott? Jedenfalls nicht der Gott des christlichen Glaubens, der ein Gott der Liebe ist. Überdies spricht das Christentum vom Gott der Lebendigen, nicht der Toten. Die Evolution? Darüber wissen wir nichts. Was wir dagegen wissen, ist: Der Mensch hat inzwischen die Macht erworben, sich und allen Lebewesen dieser Erde das Todesurteil auszusprechen und es auch zu exekutieren.

Er ist wie bei Kafka Verurteilender und Verurteilter in einem, Richter, Henker und Delinquent. Seine Mitwirkung an der Schöpfung ist nicht nur konstruktiv, sondern auch destruktiv. Das, was die Natur in Millionen Jahren ihrer Evolution an einzigartigen, hochkomplexen Lebenssystemen hervorgebracht hat, kann er im Augenblick zunichte machen. Ich habe mir ein paar Zahlen notiert, die zeigen, dass das Wort »Augenblick« tatsächlich angebracht ist. Die Erde ist etwa

4 Milliarden Jahre alt, die bekannten Hochkulturen sind
4000 bis 6000 Jahre alt. Mit
400 bis 600 Jahren setzt man das Zeitalter der Wissenschaft an,
40 bis 60 Jahre währt die Zeit des militärischen Overkills.
6 Milliarden Menschen leben ungefähr heute auf der Erde.

Es ist gut, wenn man sich die Verhältnisse auf diese Weise klar macht. Aber verlieren wir uns damit nicht in Dimensionen, für die wir keine Verantwortung tragen können? Unsere Verantwortung gilt dem Hier und Jetzt und damit auch dem, was morgen sein wird: dass überhaupt noch etwas sein wird. Der Politiker kann Debatten anstoßen, auch provozieren, er kann Fragen stellen, aber er kann sie nicht für die anderen stellvertretend beantworten. Ich kann fragen: Welche Medizin wollen wir eigentlich? Ich kann konstatieren, dass es außerordentlich schwer ist, eine Technik, die möglich ist, *nicht* anzuwenden. Aber vielleicht müssen wir ja wirklich gerade das lernen, wie Sie sagen. Ich kann auch darauf hinweisen, dass ein »Menschenrecht auf Kinder« so unsinnig ist wie ein Recht auf Gesundheit und kann schließlich dahingehend wirken, dass das, was technisch möglich ist, nicht unbedingt vom Gesetzgeber auch erlaubt, also legitimiert werden muss. Doch im Übrigen bewegt sich der Politiker genauso unsicher in den Fragen um Wissenschaft und Machbarkeit wie alle anderen Bürger auch, die Theologen, die Schriftsteller, die Philosophen eingeschlossen. »Was ist der Mensch?« fragt Kant. Antwort: Das einzige Lebewesen, das eine solche Frage stellen und damit seine eigene Existenz hinterfragen kann.

Vielleicht müssen wir sie heute anders stellen? Schon im Zusammenhang der Auseinandersetzungen um die Abtreibung in den Sechzigerjahren konzentrierte sich die Diskussion auf die Frage: Wann beginnt eigentlich menschliches Leben? Man kann mit der Antwort den Schnitt so oder anders legen, es bleibt ein Schnitt, eine künstliche Operation.

Das ist richtig. Damals wurde die Antwort dahingehend formuliert, dass sich zwischen der Vereinigung von Samen-

und Eizelle keine Zäsur finden lasse, die zu der Unterscheidung zwischen Mensch*werdung* und Mensch*sein* berechtige: »Menschliches Leben entwickelt sich nicht zum Menschen, sondern *als* Mensch und ist deshalb Mensch von Beginn an.« Das war die Position der katholischen Kirche …

… gegen die bekanntlich heftig Sturm gelaufen wurde. Das zeigt, wie die Biotechnik und die dahinter stehenden ökonomischen Interessen versuchen, den ganzheitlichen Schutz des Lebens aufzubrechen, damit der Mensch als Humanmaterial technisch verfügbar und ökonomisch verwertbar wird. Menschenleben ist dann das, was geboren ist, im Mutterleib ist es Biomaterial. Menschsein und Menschwerdung – dahinter steht der alte philosophische Streit zwischen Sein und Werden, Sein und Zeit. Er ist inzwischen zugunsten der Zeit entschieden, auch wenn die meisten Naturwissenschaftler nichts davon gehört haben. Daran lässt sich erkennen, wie tief die angeblich abstrakten, weltfernen Probleme der Philosophie ins wirkliche Leben eingreifen und dieses so oder so mitbestimmen. Geht aber das »Sein« in der Zeit auf, weil es nirgendwo ein »Sein« außerhalb der Zeit gibt, dann wird der Blick vom Anfang des Daseins auf das Ende, von der Geburt auf den Tod gelenkt. Es gerät nun die wirkliche Zeitspanne des Lebens in den Blick, nicht irgendwelche wissenschaftlichen Formeln, sondern die Form des Lebens selbst. Für die eigene Person würde das kein Biotechniker bestreiten. Zieht er jedoch den weißen Kittel an, tut er so, als wäre Leben eine Angelegenheit des Biolabors.

Angesichts der aktuellen Debatte über den Schutz neugeborenen Lebens sollte vielleicht auf eines noch hingewiesen werden: Der Europarat in Straßburg hat mit seiner so genannten »Biomedizinkonvention« ein erstes zwischenstaatliches Rechtsinstrument geschaffen, mit dem auf die möglichen Gefahren durch die Bio- und Gentechnik reagiert wurde. Dabei handelt es sich um Mindestschutzbestimmungen, doch gilt grundsätzlich, dass das Interesse des Individuums Vorrang hat vor dem Interesse der Gesellschaft, auch dem der Wissenschaft. Zugleich ist die »verbrauchende« Forschung an menschlichen Embryonen faktisch untersagt. Allerdings wird auch die Möglichkeit eines wissenschaftlichen Fortschritts offen gelassen, falls es in Zukunft möglich sein sollte, an Embryonen so zu forschen, dass sie nicht beschädigt oder gar getötet werden. Doch haben von den dreiundvierzig Mitgliedsstaaten erst neunundzwanzig die Konvention unterzeichnet, die Bundesrepublik ist bisher nicht darunter.

Aber zurück zu der Position der katholischen Kirche. Das Entscheidende daran ist doch, dass die Würde des Menschen, also das, was das Lebewesen Mensch zur Person macht, von vornherein mitgedacht und nicht später als Eigenschaft unter anderen Eigenschaften bloß hinzuaddiert wird. Leugne ich die theologische Dimension, kann ich als Wissenschaftler vielleicht fragen: *Was* ist der Mensch? Ich kann aber nicht fragen: *Wer* ist der Mensch? Denn auf diese Frage gibt es für den christlichen Glauben nur eine Antwort: Ebenbild Gottes, und das heißt: Person. Ich glaube, das ist der Sinn der Rede von Gottes Inkarnation in Jesus Christus.

Seit Platon ist sich die abendländische Philosophie darin einig, dass Leben Sterben lernen heißt. Danach besteht die eigentliche Lebensleistung darin, sich mit den wirklichen Bedingungen des Daseins auseinanderzusetzen. Zu ihnen gehören Altern, Krankheit, Leid und Tod, also all jene Erfahrungen, die die schöne neue Hightech-Welt aus dem Leben herausoperieren will. Die Operation gelingt vielleicht, aber der Patient ist dann tot, er ist nicht klinisch, aber seelisch tot. Bedenkt man, dass in unserer Kultur seit zweitausend Jahren mit »Seele« jener Bereich bezeichnet wird, der über den physischen Tod hinaus als das eigentliche Lebenszentrum gilt, so wird verständlich, dass die Menschen der technisch-wissenschaftlichen Zivilisation »gestorben« sein können, obwohl zugleich ihre sämtlichen biotechnologischen Funktionen intakt sind. Dagegen bedeutet Leben, das sterben lernen heißt, Reifwerden für das Ende in der Zeit. Altern ist kein »Materialermüdungsprozess«, sondern die Reifung selbst. Sie ist der Sinn jeder Biografie, sofern sie unverwechselbar und keine biotechnische Kopie ist. Reduziert man die Diskussion auf den technischen Aspekt, ist das Leben bereits tot. Die Anatomie übt bekanntlich ihre Kunst an Leichen ein, wir müssen aufpassen, dass es uns in der bioethischen Diskussion nicht ebenso ergeht. Das Gespräch findet dann gleichsam im Leichenschauhaus statt, im Raum der »Pathologie«. Dort kann man nicht das Sterben lernen, nicht das Zeitliche segnen, dort ist man immer schon tot.

Ich möchte noch etwas beim konkreten, beim lebendigen Menschen bleiben. Auch die Philosophie hat gefragt: Was ist der Mensch?, und zwar lange, bevor es Wissenschaft im modernen Sinne gab. Eine der frühesten Antworten, die wir kennen, lautet: Das Maß der Dinge. Zu ihr haben sich im Laufe von zweieinhalbtausend Jahren viele andere Antworten hinzugesellt, von denen Sie einige erwähnt haben. Angesichts der Weltkriege, angesichts von Auschwitz, Dresden, Hiroshima, um nur diese Symbole des Grauens zu nennen, ergeben sich ganz andere Antwortmöglichkeiten. Da erhält die Antwort auf die Frage nach dem Menschen die Form der Negation.

Man könnte sagen, wir sind in den Bannkreis der Silbe »Un« geraten, wie sie in den Worten »Un-Taten«, »Un-Mäßigkeit«, »Un-Menschlichkeit« zum Ausdruck kommt. Vielleicht müssen wir in diesen Bannkreis der Negationen erst richtig hineingeraten, um den »Ernst der Wirklichkeit«, wie Georg Picht sagt, zu erkennen und die Macht der Verdrängungen zu durchbrechen. Im Gefolge der sich globalisierenden Ökonomie ist jetzt wieder das Projekt einer »Weltmoral« aufgetaucht. Die Frage ist: Wie soll eine Weltethik möglich sein, wenn wir nicht mehr klar angeben können, was der Mensch »ist« und was die »Welt«, in der er lebt? Eine Ethik ohne Religion hat erst unsere Zeit erfunden, eine Art »pragmatische Ethik«, die regulativ wie die Straßenverkehrsordnung funktioniert. Sie funktioniert aber nur deswegen, weil alle, die am Straßenverkehr teilnehmen, immer schon wissen, was ein Auto, was eine Straße ist. Trotzdem wird das Chaos zunehmend zum Dauerzustand, selbst hier reicht das funktionale Denken nicht aus. Zum Glück waren die früheren Generationen im Denken nicht so bescheiden wie wir. Deshalb können wir uns heute bei der Frage nach dem Menschen auf einen Erfahrungsschatz berufen, der sich in Jahrhunderten angesammelt hat. Wir sind also nicht auf die pragmatische Formalethik angewiesen, mit der sich heute der Zeitgeist begnügt.

Der Rückgriff auf die Tradition genügt aber nicht. Wir leben in einer völlig veränderten Welt. Mit einer bloßen akademischen Meinungsbildung, die am Ende nur ihre Bildung meint, kommen wir nicht weiter. Täglich lernen wir, dass es heute eigentlich nur eine Erfahrung gibt: Alles Herkömmliche stimmt nicht mehr. Wenn unsere Welt grenzenlos geworden ist, dann auch in dem Sinn, dass alle überlieferten Ein- oder Ausgrenzungen, sämtliche Definitionen keine Gültigkeit mehr haben. Ihre Konturen sind unscharf geworden, nicht zuletzt in der Politik. Was aber noch merkwürdiger ist: Je schärfer wir mit unserem Willen, unserem Verstand zupacken, umso mehr entziehen sich die Dinge. Nur die Krise selbst zeichnet sich in ihren Folgen und Konsequenzen geradezu überdeutlich ab, die Ansätze einer »Therapie« bleiben dagegen unklar. In der Mikrophysik gibt es den Begriff der Unschärferelation. Auf die Politik übertragen heißt das: Die Wechselwirkungen haben einen Grad der Komplexität erreicht, der Staat und Gesellschaft unbeweglich macht. Wir müssen neue Formen des Denkens einüben. Vielleicht ist das Schlüsselwort künftig nicht mehr die Funktion, sondern, ebenso umfassend, die Kommunikation?

Aber nicht nur in der humanen, der sozialen Ebene wie bei der aktiven Bürgergemeinschaft.

Nein, aber da lässt sich das neue Denken insofern anschaulich darstellen, als es jedem sofort einleuchtend ist, wenn ich sage: Nicht der abstrakte Begriff der »Gesellschaft«, der sämtliche Unterschiede zwischen Region und Nation einebnet, sondern etwa der der *Nachbarschaft* könnte jene umfassende Bedeutung gewinnen, die über die Bürgergesellschaft hinaus dem neuen Verhältnis von Mensch und Umwelt entspricht.

Dann bin ich mit dem Begriff der Kommunikation einverstanden, denn so kann er nicht modisch missbraucht werden. Mensch und Natur müssen insgesamt wieder einander ent-sprechen, auch das ist eine Form von Kommunikation. Ich möchte daher noch einmal das Bild vom »Garten« aufgreifen, welches das neue Verhältnis von Mensch und Natur so anschaulich macht wie im Rahmen der Begriffe das Wort Kommunikation. Der Gärtner beutet nicht aus. Tut er das, ist er ein Farmer, ein Agraringenieur. Der Gärtner kommuniziert mit der Natur. Mensch und Natur sind Partner, sie leben miteinander, sie sind sogar füreinander da. Was sie verbindet, ist Kommunikation, nicht Funktion. Insofern ist »Nachbarschaft« das treffende Wort.

Aber wir müssen dabei jedes romantische und utopische Element ausgrenzen: Mit Garten ist nicht irgendein paradiesischer Urzustand gemeint, das sind Mythen wie die vom Garten Eden. Es geht um den »Garten des Menschen«, und das ist kein Mythos, sondern eine wirkliche Aufgabe in unserer wirklichen Welt. Wenn wir vom Asphalt- oder Betondschungel sprechen, übertragen wir ja auch organische Bilder in die Ebene der sozialen Wirklichkeit. Der Dschungel wäre das Gegenbild zur Welt als Garten.

Vielleicht sollten wir nicht beim Garten, sondern beim Gärtner beginnen, gemäß der Frage: »Was ist der Mensch?«

Einverstanden. Darin vermag sich auch der Politiker konkret wiederzuerkennen, denn er kann zum Beispiel nur Frieden schaffen, wenn er ihn in sich selber gefunden hat. Er muss mit sich eins sein und mit sich in Frieden und Freiheit leben. Aber wie? Wie widersteht er den Versuchungen der Macht, wird also von innen frei? Ich weiß darauf nur die Antwort: Durch die Rückbesinnung auf den Glauben, durch die Religion. Sonst haben wir tatsächlich den »Bock zum Gärtner gemacht«.

Dafür lassen sich aber doch Kriterien aufweisen, die, wenn nötig, klar beweisen: Hier wurde im Garten, der eigentlich bestellt werden sollte, nur eingebrochen und gewildert. Beispiele für Krisen in der Art gibt es ja genug.

Sicherlich. Soll die Metapher vom Garten nicht Rhetorik sein, so ist das Vertrauen der Menschen, das sie dem Politiker entgegenbringen, der Humus, in dem die Blumen, die Pflanzen, die Bäume, das gesamte Biotop wachsen und gedeihen. Helmut Kohls Formulierung von den »blühenden Landschaften« im Osten, über die so viel gelächelt, ja gespottet wurde, war alles andere als Wahlkampflyrik. Sie zeigt, dass Kohl ein elementarer Politiker war und ist, der nicht an der Oberfläche der Tagespolitik blieb. Wie hätte er sonst die Wiedervereinigung über Nacht zu seiner ganz persönlichen Sache machen können? Worin er sich mit allen anderen getäuscht hat, ist die Länge des Weges, der zurückgelegt werden muss. Wer konnte damals wissen, dass sämtliche Märkte im Osten wegbrechen und zugleich die Folgen der Globalisierung völlig neue Perspektiven, aber auch Risiken erzeugen würden?

Von Bayern kann ich sagen, dass die konsequente Arbeit über Jahrzehnte hinweg den Freistaat tatsächlich zu einem blühenden Land gemacht hat. Das ist nicht die subjektive Meinung des Bayerischen Ministerpräsidenten, dafür gibt es objektive Kriterien, die jeder nachprüfen kann. Auch die politischen Gegner von Rot-Grün bestreiten das nicht, sie möchten nur mehr Monokultur, also Rasen säen, wo wir Konservativen auf Blumen, Bäume, Sträucher, auf die ganze Vielfalt des Lebens setzen. Schließlich wollen wir keinen Golfplatz kultivieren, ein Garten hat keinen Zweck, wohl aber Sinn, und dieser Sinn liegt im Blühen selbst, auch in Ostdeutschland wird das so sein. Aber dafür muss Politik auch gemacht und nicht wie bei Schröder nur inszeniert und verkauft werden. Der Gärtner braucht einen Spaten, eine Schere, nicht Kamera, Spotlight und Mikrofon. Und wenn nötig, muss er dem Unkraut zeigen, was eine Harke ist. Der Segen der Arbeit ist etwas anderes als ihr Markt- oder ihr Unterhaltungswert. Deshalb treten wir so stark für die Qualität der Nachhaltigkeit ein. Denn Politik ist in erster Linie Dienst, also das Gegenteil von Showbusiness.

Ist die Nachhaltigkeit das eigentliche Kriterium, das den handelnden Politiker vom bloßen Darsteller unterscheidet?

Ich glaube schon. Er bejaht damit ausdrücklich die Tatsache, dass alles, was er tut oder nicht tut, nachhaltige Folgen für die Zukunft hat. Auf ihr beruht also seine gesamte Glaubwürdigkeit. Politiker können Fehler machen, auch große Fehler, wie wir aus jüngster Erfahrung wissen. Das ist schlimm genug. Aber nur aus Fehlern lässt sich lernen, das hat die CDU auch getan. Damit ist zugleich gesagt, dass es sich nicht um Regiefehler, sondern um Kardinalfehler handelt. Es ging nicht um Vermittlungsfragen, wie dies oder jenes an- oder rüberkommt. Deshalb ist auch der Versuch von Rot-Grün gescheitert, die Union in den Bann einer neuen Kollektivschuld zu tun. Politik wird für die Menschen gemacht, nicht für den Applaus. Der Kanzler ist weder Hauptdarsteller noch Regisseur, der im Schneideraum sitzt und nur jene Szenen des Films montiert, die ihn in Großaufnahme beim Ankündigen von Politik zeigen, statt die Ergebnisse der Politik selbst vorzuführen. Politik ist Dienst und der Kanzler der erste Diener seines Landes. Ich meine das praktisch, nicht protokollarisch. Denn protokollarisch gehen ihm ja der Bundespräsident, sowie der Bundesrats- und Bundestagspräsident voraus.

Der erste Diener seines Staates oder Landes – das ist ein Zitat Friedrichs des Großen.

Warum sollte der Bayerische Ministerpräsident des einundzwanzigsten Jahrhunderts nicht einen preußischen König des achtzehnten Jahrhunderts zitieren? Er hatte in der Sache Recht und hat dies sogar fast ein halbes Jahrhundert gelebt! Wichtig ist der Mensch, der für seine Überzeugungen Zeugnis ablegt. Auch vor zweihundertfünfzig Jahren ging es um das Gemeinwohl, doch die Zeit und ihre Verfassung waren eine andere. Wichtig ist: Politik ist Arbeit, Arbeit, Arbeit, kein Unterhaltungsprogramm. Seit 1998 sitzen wir aber wie im Kino: Wir sehen Werbung, aber keinen Film. Immer wieder wird er angekündigt, doch dabei bleibt es. Ist das Vorprogramm zu Ende, beginnt es wieder von vorn. Kein Wunder, dass es dem Publikum vor den Augen zu flimmern beginnt. Aus: »Demnächst in diesem Theater« wurde: Demnächst wieder dieses Theater.

Es gibt nicht nur Gärtner, es gibt auch Gärtnerinnen …

Gott sei Dank! Oft haben Politikerinnen von Natur aus das, was der Mann, der Politiker, erst mühsam lernen muss. Am besten ist es, sie arbeiten Hand in Hand. Wenn sämtliche Antworten auf die Frage: Was ist der Mensch? fragwürdig geworden sind, so doch eine nicht: Immer Frau und Mann. Beide sind gleichermaßen verantwortlich für das Schicksal der Erde, die Verantwortlichkeit ist das Zünglein an der Waage, das das Gleichgewicht zwischen ihnen austariert. Aus der polaren Spannung zwischen den Geschlechtern muss mehr herausspringen als Neid, Konkurrenzkampf und Krieg. Da sind dann alle die Verlierer, der Abschied vom Feind gilt zuallererst hier.

»Cultura«, die Kultur – Agrikultur, der Landbau – »cultura animi«, die Kultur der Seele, des Herzens. Mit der

politischen Kultur ist es in Deutschland nicht gut bestellt.

Das kann man so pauschal nicht sagen. Viele Menschen in der Welt würden es als Glück empfinden, wenn sie in diesem Land leben könnten. Wir müssen uns in Deutschland, in Europa immer wieder vor Augen führen, dass wir im Gegensatz zum größeren Teil der Menschen dieser Erde ungemein »privilegiert« sind – »privilegiert« in Anführungszeichen, weil es kein Recht auf ein Leben in Einheit, Frieden und Freiheit gibt, das sich irgendwo einklagen ließe. Wer es aber führen darf, kann dies nur dann mit gutem Gewissen tun, wenn er sein Leben als Verpflichtung, als Aufgabe erfährt.

Vielleicht spüren das die jungen Menschen heute wieder stärker als noch vor zwanzig Jahren. Sie kommen mehr herum in der Welt, vor allem in jüngeren Jahren, und erfahren unmittelbar die Gegensätze, die Ungerechtigkeit, die Gefahren unserer Zivilisation. Die Welt ist nicht nur eine ökonomische, sie ist auch eine ökumenische Einheit. Wir müssen miteinander auskommen und mehr als das: Wir sitzen alle in einem Boot, in unserem schwer angeschlagenen Raumschiff Erde, von dem wir wissen, dass es in Kürze manövrierunfähig sein wird. Mit der Frage nach der politischen Kultur meinte ich aber nicht bloß das allgemeine Behaviour. Wir mögen demokratiefähig geworden sein, zukunftsfähig sind wir noch nicht.

Stimmt. Da fehlt, wie Sie gesagt haben, die Anima, die Seele, das wirkliche Engagement. Deshalb wiederhole ich:

Mit Herz und Verstand – das ist und bleibt meine Devise. Wie beides in jedem Menschen seine Synthese finden muss, so auch in der Politik. Das zeigt das Konzept der mündigen Bürgergesellschaft. Die »selbstverschuldete Unmündigkeit«, die Kant vor über zweihundert Jahren am Beginn der Industriegesellschaft zu überwinden hoffte, kehrt heute wie bei einer Spiralbewegung auf neuer globaler Ebene wieder. Wir haben das ja von verschiedenen Seiten bereits diskutiert, vor allem, was die Emanzipation von den rein industriellen Denkmustern angeht.
Ich möchte aber noch erwähnen, was mir vorhin beim Thema Mensch und Tier eingefallen war. Es ist doch nicht so, dass die Arbeiterbewegung des neunzehnten Jahrhunderts, die sich in den Gewerkschaften und der sozialdemokratischen Partei organisierte, etwa gegen die Industrialisierung des Lebens gewesen wäre. Im Gegenteil! Sie war nicht nur ein Teil von ihr und wollte diesen Teil zu Recht gesellschaftlich besser, gerechter ausgewogen sehen, sie war sogar ihr Motor. Wussten Sie, dass prominente Leute wie Engels und Bebel mit ihrem Ruf nach der »Demokratisierung des Fleischverzehrs« zu den Initiatoren jener industriellen Tierhaltung und Fleischverwertung gehörten, die uns heute so zu schaffen macht? Niemand sollte mehr »Vegetarier wider Willen« sein, nur weil er Arbeiter war, meinten sie. Der Fleischverzehr war vor hundertdreißig Jahren ein Privileg der wohlhabenden bürgerlichen Schichten, und noch immer sind wir nicht frei von dieser Ideologie. Damals war sie verständlich, vielleicht notwendig sogar, aber heute geht es um uns und unsere Zukunft. Wir müssen in dem tiefen Sinn mündig werden, dass wir nicht nur die Umwelt, sondern die gesamte Schöpfung als

Partner, als unseren Nachbarn entdecken, bis in die so genannte unbelebte Natur. Das »Raumschiff Erde«, um nun doch einmal Ihr Bild aufzugreifen, kann weder von »blinden Passagieren« noch von »Freibeutern« gesteuert werden. Sonst havariert es im Weltraum.

Mündigkeit ist keine Frage von Parteien und Programmen, sondern Aufgabe eines jeden Einzelnen. Hier umdenken heißt, sich vom Ausbeuter in uns selbst zu emanzipieren. »Emancipare« bedeutete im Bereich des römischen Sklavenhandels, sich aus der Abhängigkeit zu befreien oder befreit zu werden. Später wurde die Bedeutung auf die Familie übertragen: Der Vater gab den Sohn aus der väterlichen Gewalt frei, so wie der Mensch im christlichen Verständnis von Gott-Vater, seinem Schöpfer, zur Freiheit berufen ist. Die Antwort auf diesen Ruf liegt in der Bereitschaft, die Mündigkeit als Lebensaufgabe anzunehmen. Auch Mutter Natur entlässt ihre Erdenkinder in die Freiheit, aber so, dass sie sich uns gibt, sich uns schenkt. Emanzipieren wir uns nicht vom Ausbeuter in uns, gehen wir zugrunde, nicht anders, wie wenn wir bloß den »Joker« spielen. Die infantile Spiel- und Spaßgesellschaft ist keine geringere Versuchung, sich der Emanzipationsarbeit zu entziehen, als die Gewaltherrschaft der industriellen Technokratie.

Steht dahinter nicht der Glaube an die Emanzipation vom Alten Adam? »Siehe, ich mache alles neu ...«? Ich glaube, das ist der Kern jeder Hoffnung. Ohne die Möglichkeit der Erneuerung wäre das Leben hoffnungslos und damit unmöglich. Aber die Hoffnung nicht aufzugeben reicht nicht aus, so wenig wie die Haltung: Da hilft nur beten.

Sicherlich nicht. »Ora et labora«, sagten die mittelalterlichen Mönche: Bete und *arbeite. Wobei das wirkliche Gebet ebenso Arbeit sein kann wie die Arbeit der Emanzipation ein Gebet. Im Grunde müsste der gesamte Ansatz des neuzeitlichen Denkens, das Selbstbewusstsein, neu überdacht werden. Pflanzen und Tiere haben kein Selbstbewusstsein, sie können nicht sagen: Ich denke, also bin ich. Aber auch wir Menschen können ja nicht genau angeben, was der Satz bedeuten und wieso er überhaupt wahr sein soll. Denn das »Ich«, das der Satz begründen will, muss schon vorausgesetzt werden. Anders könnte er nicht ausgesprochen werden und das »Ich« nicht das erste Wort der neuzeitlichen Philosophie sein. Nun, am Ende des egomanischen Zeitalters, sollte es auch das letzte Wort sein. Schon Schopenhauer war der Überzeugung, dass die Tiere keine »Fabrikate zu unserem Gebrauch« seien, auch die Pflanzen nicht. Trotzdem müssen wir sie töten, weil Leben nicht möglich ist, ohne dass es anderes Leben vernichtet. Aber wir könnten das wenigstens wissen, anstatt den naiven Konsumenten zu spielen, der es für selbstverständlich hält, dass alles nur dazu da ist, damit es seinem Verbrauch, seinem Machtzuwachs dient.*

Die Debatte hat freilich eben erst begonnen. So wie wir wieder darüber nachzudenken beginnen, was Leben überhaupt ist, fangen wir gerade wieder an zu fragen, was die Menschen eigentlich mit den anderen Lebewesen verbindet. Nicht das Bewusstsein, nicht die Sprache. Aber die Tiere können leiden, wie alle Kreatur dieser Welt. Und sie tun dies in unserer Zivilisation wie niemals zuvor. Vielleicht gilt das auch für die Pflanzen – wissen wir das? Nein. Also müssen *wir* ihre Fürsprecher sein, da sie selbst nur in der Weise des stummen Leidens sprechen können. Das ist Sympathie im umfassenden Sinn und fern aller Nostalgie oder Sentimentalität. Hochmut kommt vor dem Fall, heißt das Sprichwort. Nicht anders der Übermut. Gleichmut reicht nicht mehr aus – Demut wäre angesagt. Das ist ein Mut, der heruntergestiegen ist vom hohen Ross und sich auf gleicher Augenhöhe befindet mit der übrigen Kreatur. Und hier sind nicht Institutionen gefragt, sondern jeder Einzelne als Mensch. Er ist verantwortlich vor Gott, aber für jede einzelne Kreatur. Insofern ist er die letzte Instanz der Verantwortlichkeit.

Eigentlich müssten wir im Namen der Ökumene nun weiterfragen: Was können die Hochreligionen, was müssen sie beitragen, damit der »Homo novus« sich vom »Homo faber«, dem bloßen Macher, emanzipieren kann? Sie sagten mit Blick auf Augustinus, die christliche Tradition sei hier zwiespältig, vielleicht auch die der beiden anderen großen monotheistischen Religionen Judentum und Islam. Anders der Buddhismus, wie er sich bei Schopenhauer in Ansätzen findet, anders auch die Tao-, die Zen-Tradition. Aber das würde zu weit führen. Ich möchte daher noch an eine dritte Begegnung zwischen »Geist« und »Macht« erinnern, die historisch weiter zurückliegt als die beiden schon erwähnten zwischen Goethe und Napoleon und Galilei mit dem Kardinal Bellarmin.

Vielleicht liegt sie uns Heutigen aber auch näher. Sie macht nämlich deutlich, dass das Wort »religio« wörtlich »Rückbindung« bedeutet und schon vor Christi Geburt im umfassenden Sinn als Friedens-Religion verstanden wurde.

Für die Römer gehörte das doch zusammen: Die religiöse Rückbindung an »Mutter Natur« und die politische Bindung an »Vater Staat«. Das waren die zwei Seiten derselben politischen Ethik.

Ich denke, genau das dokumentiert diese dritte Begegnung zwischen »Geist« und »Macht«. Sie fand im Jahre 29 v. Chr. statt, zwei Jahre nach der schon erwähnten Schlacht von Actium, in der der spätere Kaiser Augustus seine Gegner Antonius und Kleopatra besiegte. Auf der Rückreise von der ägyptischen Hauptstadt Alexandria nach Rom machte Octavian in dem kleinen kampanischen Städtchen Atella Rast und traf dort Vergil, den berühmtesten Dichter seiner Zeit. Dieser las ihm an den folgenden vier Tagen seinen neuen großen Gedichtzyklus über das Landleben, die »Georgica«, vor. Dabei musste der neue Alleinherrscher der damaligen Welt auf dem Gipfel seines Ruhms von dem Dichter hören, was nun in Zukunft seine politische Aufgabe sei: die Etablierung eines dauerhaften Weltfriedens. Es gehört zu den erstaunlichen Ereignissen der Weltgeschichte, dass der nach Alexander dem Großen berühmteste Herrscher des Altertums den Ruf des Dichters nicht nur wahrnimmt, sondern auch annimmt.

In der Tat: Die Pax Augusta ist die längste Friedenszeit des Imperium Romanum gewesen. Auch die innere Erneuerung gelang, sodass man bis in unsere Tage vom »Goldenen Augusteischen Zeitalter« spricht.

Das schwingt ja noch in der bereits erwähnten Frage mit, die Ernst Jünger 1990 gestellt hat, und die ich noch einmal wiederholen will: Leben wir Heutigen vor oder nach Actium? Mit anderen Worten: Ist das Jahrhundert der Weltbürgerkriege mit der Beendigung des Kalten Krieges vorbei? Gelingt uns im einundzwanzigsten Jahrhundert eine ähnliche Leistung wie vor zweitausend Jahren – nun aber für den Erdkreis der heutigen, der globalisierten Welt?

Es ist sicherlich hilfreich, wenn wir uns klar machen, dass die Menschen früherer Zeiten mit ihren Mitteln und Möglichkeiten vor vergleichbaren Aufgaben standen wie wir heute. Mir jedenfalls hilft das bei der Einordnung der Fragen, für die Augenmaß ja das Wichtigste ist.

Ich denke, dass es Vergil neben der Beendigung der militärischen Konflikte in der Tat auch um die innere Befriedung des Menschen ging, um den Frieden zwischen Mensch und Natur. Für ihn waren Zivilisation und Kultur mit Sicherheit keine Gegensätze.

Vielleicht hätte er unter den Bedingungen seiner Zeit das Konzept der mündigen Bürgergesellschaft mit dem Qualitätssiegel »Zivilisation« bezeichnet …

Das könnte ich mir durchaus vorstellen. »Civis« – der Bürger, »pax« – der Friede, »cultura« – der Garten-, der Land-, der Ackerbau: Diese drei Elemente der Politik werden bei ihm durch die »religio« bestimmt. Sie haben Recht: Das bedeutet Rückbindung an die Mutter Erde. Nur so kann auch die Rückbindung an den Vater Staat entstehen, also die politische Verantwortung für die »res publica«, die Republik. Vergil appelliert an den Kaiser, »Retter der zerrütteten Welt« zu sein und das »eversum saeculum«, das aus den Fugen geratene Jahrhundert der Bürgerkriege, wieder mit sich selbst zu versöhnen. Das bedeutet für den Einzelnen, dass jeder mit sich und seiner Natur Frieden machen muss. Gelingt dies, ist er ein »Civis Romanus«, ein wirklicher Bürger Roms, ein Bürger der Welt.

Da wird der Maßstab für den Einzelnen sehr hoch angelegt. Allerdings gehört es zum Garten- und Landbau, dass Arbeit, Mühe und Leistungsbereitschaft bejaht werden. Der Gärtner ist kein Müßiggänger, die Arbeit im Garten ist – übertragen gesehen – zugleich Arbeit an sich selbst.

Vergil meint ja sogar umgekehrt, dass der »Geist der Sterblichen durch Sorgen geschärft« würde, sie stärkten ihn sogar auf die Dauer. Das Leben, so führt er aus, gleicht einem Mann, der stromaufwärts rudert. Lässt er die Arme sinken und sich treiben, reißt ihn die Strömung des Lebens fort.

Man darf aber die Parallelen nicht überzeichnen, es gibt in der Geschichte keine Wiederkehr. Was die Römer »Religion« nannten, war Staatsreligion, die Rückbindung an den überlieferten Götterkult. Die Antike kannte das Individuum, aber nicht den Begriff der Person. Ob wir heute vor oder nach Actium leben, ist eine interessante Überlegung, die zeigt, dass die Menschen immer wieder die gleichen Grundfragen zu lösen haben. Aber wir leben nicht nur nach Actium, sondern vor allem nach Christi Geburt. Da haben dieselben Fragen einen völlig anderen Hintergrund.

Auch der Satz des Protagoras, wonach der Mensch das Maß der Dinge ist?

Ich denke, ja. Das ist der Satz eines Philosophen, wie die Frage Kants: Was ist der Mensch? eine philosophische Frage ist. »Der Mensch« ist ein Abstraktum, ein Begriff. Konkret gibt es nur die jeweils lebenden Menschen, und die sind zu allen Zeiten voneinander verschieden, oft so stark, dass man sich fragt: Was verbindet sie eigentlich miteinander über Jahrhunderte, Jahrtausende hinweg?

Der Homo-mensura-Satz ist zumeist nur zur Hälfte bekannt. Korrekt zitiert lautet er: »Der Mensch ist das Maß der Dinge, der Seienden, dass sie sind, der Nichtseienden, dass sie nicht sind.« Das ist im Sinne des Wissens, der Erkenntnis gemeint. Protagoras gehörte zu den Skeptikern, der seine Zeitgenossen darüber aufklären wollte, dass wir Sicheres nur von dem wissen können, was ist, nicht von dem, was nicht ist.

Wie steht es mit der Hoffnung? Gehört sie dazu? »Ist« sie oder »ist« sie nicht?

Beides wohl. Für den einen ist sie eine Wirklichkeit, für den anderen nicht, wobei die Frage offen bleibt, ob Leben ohne Hoffnung überhaupt möglich ist. In unserer Zeit hat der Satz des Protagoras insofern eine unheimliche Wahrheit, als der Mensch tatsächlich zum Maß aller Dinge geworden ist. An ihm liegt es, ob sie »sind« oder »nicht sind«. Dabei geht es nicht mehr um die Erkenntnis, sondern um die Existenz der Dinge. Der Satz besagt nun: Der Mensch hat heutzutage eine solche Macht über die Dinge gewonnen, dass allein er die Verantwortung dafür trägt, ob sie sind oder nicht, einschließlich seiner selbst. Das betrifft ihr gegenwärtiges wie ihr zukünftiges, ja selbst ihr vergangenes Dasein. Denn Vergangenes gibt es nur da, wo es Gegenwärtiges gibt, und Gegenwärtiges nur, wo es Zukunft gibt.

Ich möchte noch genauer unterscheiden. In der Regel denken wir bei dem Wort »Zukunft« an das so genannte Futurum I: Wir werden sein. Es gibt aber auch ein so genanntes Futurum II, das ein ganz anderes Licht auf unsere Situation wirft. Ich glaube, die Formulierung stammt aus der biblischen Prophetie und bedeutet die *Vergangenheit* der Zukunft: Ihr werdet *gewesen* sein. Das heißt: Wenn wir nicht lernen zu verantworten, was wir tun, werden wir, die menschliche Spezies, in Zukunft gewesen sein. Angesichts einer solchen Dimension erhält das Wort »conservare«, das Bewahren, eine ungeheuerliche Bedeutung: Entweder wir bewahren die Schöpfung und bewähren uns darin oder – wir werden gewesen sein.

Ebenso abgründig zeigt sich auch die Frage: »Was dürfen wir hoffen?« Antwort: Dass wir die Fähigkeit finden mögen, den Blick in diesen Abgrund nicht zu verdrängen, sondern zu ertragen, um so den tatsächlichen Ernst der Wirklichkeit wahrzunehmen.

Positiv gewendet heißt das doch: Wir müssen mit der Natur nicht Krieg führen, wir müssen mit ihr unseren Frieden machen, mit der äußeren und der inneren, mit unserer eigenen Natur.

Das jedenfalls ist das Gebot der Vernunft.

Nicht nur. Im christlichen Glauben gibt es einen Frieden, der »höher ist als alle Vernunft«.

Das ist wahr. Jetzt müsste an eine vierte, letzte Begegnung zwischen »Geist« und »Macht« erinnert werden, wobei »Geist« nun eine Bedeutung hat, wie es sie bis dahin nicht gegeben hat. Es ist eigentlich eine Begegnung zwischen »Ohnmacht« und »Macht«, die aber die größte weltgeschichtliche Wirkung ausgeübt hat: Die Begegnung zwischen Jesus von Nazareth und dem Römer Pontius Pilatus. Hinter Pilatus steht die einzige Weltmacht der damaligen Zeit, Rom. Hinter dem Mann aus Nazareth steht niemand, auch nicht die Freunde, seine Jünger; schon gar nicht sein Volk. Der Repräsentant der römischen Besatzungsmacht kann mit dem »Fall Jesu« nichts anfangen, und so fragt er den Mann aus Nazareth, ob er ein König sei. Pilatus fragt im Sinne der römischen Staatsräson. Würde Jesus sagen: Ja, dann würde er als politischer

Rebell ein eindeutiger Fall für die römische Justiz sein. Jesus aber antwortet: »Mein Reich ist nicht von dieser Welt.«

Für den Römer gibt es nur eine Welt, und die besteht aus dem Imperium Romanum. Mit dem Hinweis auf eine andere als diese Welt kann Pilatus ebenso wenig anfangen wie wir Heutigen auch. So hakt er nach: »Du bist also dennoch ein König?« Und Jesus antwortet: »Du sagst es. Ich bin auf die Welt gekommen, dass ich die Wahrheit zeugen soll.« Pilatus aber zuckt nicht anders als wir mit den Schultern und fragt, indem er sich abkehrt: »Was ist Wahrheit?«

Das macht noch einmal deutlich, was ich mit dem Hinweis meinte, wir lebten nach Christi Geburt in einer anderen Welt: Wahrheit ist hier nicht identisch mit Vernunft, mit Erkenntnis, sie hat nichts mit Wissenschaft zu tun, sie ist ein existenzielles Einstehen für etwas, das sich nicht begründen, beweisen, nicht wissen, nicht erkennen lässt. Es lässt sich nur glauben und bezeugen – »nur« aber nicht im einschränkenden Sinn gemeint.

Was ist Wahrheit? Antwort: »Ich bin der Weg, die Wahrheit und das Leben« – da ist die Wahrheit der Weg des Lebens, der Lebensweg selbst. Das meint den gesamten Weg, den das irdische Leben über den Tod hinaus zum ewigen Leben hinführt. In dieser Wahrheit gründet die »Freiheit eines Christenmenschen«, wie Luther sagte, die Freiheit von *dieser Welt …*

… und *in* dieser Welt. Damit ändert sich das Leben so radikal, dass der Einzelne nicht austauschbar ist, über ihn also auch nicht absolut verfügt werden kann. Diese Unersetzbarkeit macht seine Würde aus, keine Ideologie, keine Utopie und kein biotechnologisches Qualitätssiegel kann sie außer Kraft setzen – keine Macht dieser Welt!

»Was ist der Mensch?« Müsste man nun nicht sagen: Die Antwort auf das Wort, auf den Ruf Gottes? Bei Jesaja heißt es: »Ich habe dich bei deinem Namen gerufen, du bist mein.« Wenn der Mensch diesen Anruf erfahren hat, muss er antworten, mit seinem gesamten Leben. Das ist der eigentliche Grund, der wirkliche Kern der Verantwortung.

Nach der Bibel ist die Schöpfung insgesamt das Wort Gottes und der Mensch dadurch ausgezeichnet, dass er jenes Wesen ist, dem er sie anvertraut hat. Das war noch nie so evident wie in unserer Zeit, da er zum ersten Mal über die Macht verfügt, die Schöpfung zu vernichten. »Was ist der Mensch?« Die Antwort ist keine Definition mehr, sie hat vielmehr einen Namen: Ecce homo – Jesus von Nazareth.

Das ist wahr. Das Bild vom »Garten« dürfte sich damit aber ebenfalls ändern. Es ist ja auch bei Vergil als Metapher gemeint für die Einheit von Mensch und Natur. Aber die Natur ist hier nicht Schöpfung Gottes, sondern »Mutter Natur«. Die Natur lässt alles, was ist, das Licht der Welt erblicken, aber auch wieder in die Nacht des Todes zurücksinken. So wird es zum Moment eines ewigen Prozesses von Werden und Vergehen. Man kann sich »Mutter Natur« fügen oder sie wie wir bekämpfen, man kann aber nicht zu ihr beten. Sie individuiert, aber sie personifiziert nicht in dem Sinn, wie sich Gott für den Glauben im Mann aus Nazareth personifiziert hat.

Der Garten Eden, das Paradies, ist ein Garten Gottes, nicht der Menschen. Auf Grund des Sündenfalls werden sie ja auch aus ihm vertrieben. Er gehört in den Bereich der mythischen Erzählungen, nicht der realen Geschichte.

Der »Garten des Menschen« ist dagegen weder Mythos noch Metapher oder bloßes Bild. Denn es hat ihn wirklich gegeben und gibt ihn auch heute noch, ich bin selber da gewesen: Gethsemane. Hier ist der Mensch Jesus von Nazareth wirklich allein, »von aller Welt verlassen«. Es gibt nur ihn und Gott, den er seinen Vater nennt. Selbst die Jünger schlafen, während Judas mit den Häschern naht. »Mein Vater, ist's möglich, so gehe dieser Kelch von mir; doch nicht wie ich will, sondern wie du willst.«

Wahrhaftig: Eine stärkere Antwort kann es nicht geben angesichts von Verrat, Prozess und Tod am Kreuz. Das »Ich« wird nicht behauptet, sondern überwunden. Wir sind heute geradezu die Antipoden, die egomanische Gesellschaft ist die Gegenwelt.

Überwunden? Vielleicht könnte man sagen: Das »Ich« des Menschen wird in Gott geborgen. Ich weiß nicht mehr, wer, aber irgendjemand hat die Frage gestellt, ob die Weltgeschichte nicht im Ganzen ein Passionsweg, eine Via dolorosa sei? Das wäre das Gegenbild zur Vorstellung vom Fortschritt, die aus dem achtzehnten Jahrhundert stammt. Danach gleicht der Fortschritt der Geschichte einer Art Pappelallee, auf der wir – gleichmäßig in die Zukunft fortschreitend – der Fortschritt selber sind. Die Via dolorosa der Weltgeschichte führt dagegen nach Golgatha. Dabei markiert die Krise unserer Zivilisation den Fortschritt im umgekehrten Sinn: Die Schöpfung insgesamt wird gekreuzigt, wir alle sind nun auf dem Weg zum globalen Golgatha. Aber für uns gilt nicht mehr: »Denn sie wissen nicht, was sie tun.« Denn wir wissen genau, was wir tun, wir wollen *es nur nicht wissen. Dabei sind wir nicht eigentlich gewissenlos, doch wir haben ein schlechtes Gewissen: Sehet, welch eine Welt! Unserem Gewissen wird schlecht angesichts dessen, was wir tun.*

Wenn nicht gewissenlos, dann auch nicht ganz hoffnungslos. Als Politiker ist mir natürlich die Frage besonders wichtig, ob und wie sich die ganze theologische Dimension in praktische Politik übersetzen und integrieren lässt. Gut – wir haben den tiefsten Grund für das ausgelotet, was wir Verantwortung nennen. Auch können wir nicht mehr behaupten, dass der Mensch »das Maß der Dinge« sei, da er inzwischen für Unmaß und Unmäßigkeit steht …

Er ist der Gärtner im Garten des Menschen – ohne Garten ist der Gärtner ein Phantom. Das Maß der Dinge ist daher der gesamte Lebenszusammenhang, der alles, was der Mensch »Welt« nennt, erst möglich macht. Es ist das Wechselverhältnis zwischen Schöpfung und Geschöpf, und das hat eine Geschichte, also Anfang und Ende. Vielleicht müsste man heute sagen: Das Maß der Dinge ist die Biografie von Mensch und Natur. Sie weiter zu ermögli-

chen und nicht willent- und wissentlich zu zerstören ist die entscheidende Aufgabe.

Und der Schöpfer?

Ist nicht »Ding« oder »Sache« noch »Gegenstand« oder »Objekt« – Gott sei Dank!

Sondern?

Vielleicht das alles Bindende und Verbindende. Aber auch das ist schon zu viel gesagt.

Da erhält die Zukunftsfähigkeit, von der in der Politik so viel geredet wird, ihren theologischen Sinn. Sie könnte in der Bemühung liegen, immer wieder neu jenen Raum der Freiheit zu ermöglichen, in dem die Erde als »Garten des Menschen« bestellt werden kann, regional, national, global. »Wachstum« wäre dabei nicht mehr quantitativ, sondern qualitativ zu verstehen, das Kriterium könnte die Reichhaltigkeit und Farbigkeit, die Differenziertheit und Komplexität unseres gesamten Lebensraumes sein. An einer solchen permanenten Aufgabe mitzuwirken, wäre wahrhaftig eine Kunst. Ich weiß nicht, ob Bismarck seine Formel, Politik sei die Kunst des Möglichen, so verstanden hat ...

Ich glaube nicht. Aber ich könnte mir vorstellen, dass er sie so verstehen würde, wenn er heute lebte.

Zwischen ihm und uns liegt über ein Jahrhundert. Heute bedeutet die Kunst des Möglichen zugleich die Kunst des

Notwendigen. Das kann man wörtlich nehmen: Wir müssen versuchen, die Not der Zeit zu wenden. Einige Nöte haben wir in unserem Gespräch ja aufgezeigt.

Schon der Zeitgenosse und heftigste Kritiker Bismarcks, der evangelische Pfarrerssohn Friedrich Nietzsche, hat von der kommenden Erdherrschaft gesprochen, aber nicht bloß im ökonomischen Sinn. Vielmehr müssten sich die Menschen, so sagt er, »ökumenische, die ganze Erde umspannende Ziele stellen«.

Er hat das aber nicht theologisch gemeint.

Er hat es auch nicht soziologisch gemeint. Von der so genannten Gesellschaft hielt er nicht viel. Er hat es allgemein menschlich verstanden, denn das Zitat stammt aus dem Werk Menschliches – Allzumenschliches, *das Voltaire, dem Vater der Aufklärung, gewidmet ist.*

Und wie sieht der Mensch der »ökumenischen Ziele« aus?

Die Antwort klingt beiläufig wie immer bei Nietzsche, wenn er das Schwergewicht einer Aussage verbergen will, obwohl er besonderen Wert darauf legt. Er hielt ebenfalls nichts von Definitionen, sondern war der Überzeugung, dass nicht sie, sondern die wirklichen Aufgaben den Menschen ausmachen, vor allem die Art und Weise, wie er ihnen mit seinem Leben dient.

Er ist bei ihm also nicht das Maß der Dinge?

Nein, umgekehrt: Das Verhältnis *zu den Dingen ist das Maß, das den Menschen erst zum Menschen macht.*

Und das bedeutet?

Es bedeutet: Ein »guter Nachbar der nächsten Dinge« zu sein.

Das ist wahr und umfasst alles, was die Metaphern vom »Garten« und »Gärtner« meinen. Bleibt die Frage: Wie ist das möglich?

Auch darauf gibt Nietzsche eine Antwort. Er nennt sie sogar seinen Grundgedanken. Wir müssen, sagt er, »die Zukunft als maßgebend nehmen für alle unsere Wertschätzungen«.

In der Tat, das ist es: Nähe und Nachbarschaftlichkeit als Notwendigkeit des Lebens. Wäre Politik demnach nicht jene schwierige Kunst, die beides im Licht der Zukunft vereint und so zum Maß der Menschen und Dinge macht?

IV. Teil

Vom Baum des Lebens

Über die Welt nach dem 11. September

Berlin, Dienstag, 11. 9. 2001, 15 Uhr *– ich wartete in einem Hotel auf Edmund Stoiber, um mit ihm das vorliegende Buch auf einer gemeinsamen Presseveranstaltung vorzustellen. Es war die Stunde der Attentate in den USA – die Welt hatte sich mit einem Schlage verändert. Auch die gemeinsame Pressekonferenz wurde durch den Terror dominiert – das Entsetzen war zu groß. Das schien uns Grund genug zu sein, das Gespräch noch einmal aufzunehmen.*

Hat das neue Jahrhundert erst jetzt, mit dem 11. 9., begonnen oder schon am 9. 11. vor zwölf Jahren, als mit dem Fall der Mauer der Kalte Krieg zu Ende ging? Klar ist, dass beide Daten geschichtliche Zäsuren darstellen, allerdings von entgegengesetzter politischer Qualität: Das erste steht für den globalen Terrorismus in neuer radikalisierter Form, das zweite für die Chancen einer fortschreitenden friedlichen Weltrevolution.

Die Frage ist, welches der beiden Ereignisse unsere Zukunft bestimmen wird. Neue Zeitalter beginnen ja nicht nach dem Kalender, sie beginnen mit einer Entscheidung darüber, was das Maß der Dinge ist.

F. K.
15. Januar 2002

Zwischen unserem ersten Gespräch über den »Abschied vom Feind« und dem heutigen liegt ein gutes halbes Jahr. Haben Sie geahnt, dass wir es so bald wieder aufnehmen würden, weil sich inzwischen grausam bestätigt hat, was wir in »Apocalypse now?« schon diskutiert hatten?

Nein, nicht einmal die Terrorspezialisten in den Nachrichtendiensten hatten die Einzelheiten vorausgesehen. Wir wurden alle auf furchtbare Weise überrascht. Wir haben ja die schrecklichen Ereignisse an jenem Tag gemeinsam in Berlin erlebt.

Wir saßen kurz vor fünfzehn Uhr im Hotel und warteten auf Sie, um unser Buch über »Das Maß der Dinge« gemeinsam der Presse vorzustellen. Da klingelten die Handys, und die ersten Absagen der Journalisten trafen ein. Es hieß, wir sollten sofort den Fernseher einschalten, in Amerika sei etwas Schreckliches passiert.

Mich erreichten die ersten Nachrichten auf dem Weg vom Flughafen zur Bayerischen Landesvertretung. Als wir uns dann im Hotel trafen, wurde allmählich das ganze Ausmaß der Katastrophe deutlich. Aber so richtig glauben konnte ich das alles nicht, das Ereignis war zu ungeheuerlich!

Der griechische Historiker Thukydides, der selber über militärische Erfahrungen verfügte, hat vor zweieinhalbtausend Jahren gesagt, es seien nicht die Taten, sondern die Worte über die Taten, die die Menschen erschütterten. Wir müssten heute hinzufügen: Mehr als alle Worte sind es die Bilder, die am 11. September vielen sogar die Sprache verschlugen. Die ersten Aufnahmen, die ich von den explodierenden Twin Towers sah, liefen ohne Kommentar über den Bildschirm. Gehört der Krieg der Bilder zur terroristischen Strategie dazu?

Ja, ohne Zweifel. Hier werden nicht nur die Medien, sondern sämtliche technischen Errungenschaften der modernen Zivilisation genutzt und zugleich pervertiert, in ihr Gegenteil verkehrt. Es sollen nicht nur möglichst viele Menschen getötet, es sollen darüber hinaus auch Millionen von Menschen in aller Welt in Angst und Schrecken versetzt werden.
Die mühsam erkämpften Errungenschaften der modernen Gesellschaft, Aufklärung, Emanzipation und Humanität, werden so nicht nur rückgängig gemacht, sondern in ihr Gegenteil verkehrt: Der Mensch soll wieder des Menschen Wolf werden! Wenn wir die Terroristen kompromisslos bekämpfen, verhindern wir, dass diese perverse Strategie aufgeht. Es gibt keinen Frieden mit dem Verbrechertum, es hat ihn nie gegeben und wird ihn nicht geben.

Die suggestive Botschaft der Terroristen lautet: Hass und Gewalt sind allgegenwärtig, Drohung und Einschüchterung werden tagtäglich Wirklichkeit sein, wenn sich die Völkergemeinschaft nicht dem Willen einiger hundert oder tausend Fanatiker beugt! Könnte es nicht sein, dass das Phänomen des Terrorismus auf Hohlräume innerhalb der Weltgesellschaft verweist, auf Defizite, ja Defekte, die wie Zeitzünder in unserer Zivilisation eingebaut sind?

Zunächst: Wir verlassen mit dieser Frage die Gesprächsebene der Opfer und des unsäglichen Leids der Hinterbliebenen und versuchen herauszufinden, ob in den furchtbaren Ereignissen überhaupt ein Sinn liegen kann. Und da stimme ich Ihnen erst einmal zu: Kein vernünftiger Mensch wird das, was Sie gesagt haben, ausschließen. Die Vision von der »One World«, die wir im ersten Gespräch beschworen haben, besagt ja nicht zuletzt, dass diese werdende Einheit neue Entwicklungen, Zusammenhänge und Abhängigkeiten hervorbringt, die wir in ihren Ausmaßen noch kaum in den Blick bekommen haben. Der Terrorismus gleicht einer Krankheit, für die wir erst Therapien entwickeln müssen. Auf keinen Fall kann man bloß mit den Schultern zucken und sagen: Krankheiten gehören nun mal zum Leben, anders kann man ja nicht einmal von Gesundheit reden.

Wir dürfen aber ebenso wenig die Analyse verweigern und an den Symptomen herumkurieren. Wir müssen herausfinden, warum der politische »Immunhaushalt« der Weltgesellschaft so gestört ist, dass sich der Bazillus des Terrorismus einnisten und ausbreiten konnte.

Ich sehe das grundsätzliche Problem ebenfalls, muss aber als Politiker darauf hinweisen, dass nicht bloß analysiert und debattiert werden kann, sondern auch entschieden werden muss. Durch die ungeheure Beschleunigung sämtlicher Prozesse der Gesellschaft wird der Entscheidungsdruck enorm groß, vor allem in Zeiten der Gefährdung, der Gefahr wie jetzt.

Erschwerend kommt hinzu, dass der Terrorist als solcher bisher nicht einmal eindeutig definiert ist. Ist er ein Verbrecher oder ein Feind? Das europäische Völkerrecht hat Jahrhunderte gebraucht, um zwischen Verbrecher und politischem Feind zu unterscheiden. Dann haben sich durch die Ideologien des 19. und 20. Jahrhunderts die Grenzen wieder verwischt. Gegen einen Feind wird Krieg geführt, die Subjekte der Kriegführung sind die Staaten. Ein Verbrecher muss dagegen gefasst und vor Gericht seiner gerechten Strafe zugeführt werden. Hier sollten also ausschließlich »Gefangene gemacht werden«, die dann der Justiz und dem Strafvollzug zu übergeben sind. Dabei gibt es weder Kriegserklärungen oder Friedensschlüsse noch entsprechende Verhandlungen oder irgendwelche Konventionen. Es gelten allein Recht und Gesetz. Der Kampf gegen das Verbrechertum hat weder Anfang noch Ende, er spielt auf einer anderen Ebene und funktioniert nach einem anderen Regelsystem. Nicht nur die Politiker, wir alle befinden uns bei der Konfrontation mit dem weltweiten Terrorismus in einer Grauzone unklarer Begriffe, Definitionen und Regularien, die klare politische Entscheidungen erschwert. Schließlich soll ja die Vorgehensweise nicht bloß durch die faktische Macht, sondern auch durch das Recht legalisiert, ja legitimiert sein.

Ohne Frage, das ist kein geringes Problem. Aber so weit wollte ich zunächst nicht gehen mit dem Hinweis auf den stark gestiegenen Entscheidungsdruck in der Politik. Auch da spielen ja die Medien eine große Rolle. Denn sie stehen für die Allgegenwärtigkeit dessen, was rund um den Globus geschieht.

Bayern galt schon lange vor dem 11. September als das sicherste Bundesland. Nach der schrecklichen Zäsur war es daher für uns wichtig, dass das auch in Zukunft so bleibt. Auf den Bund konnten und durften wir dabei nicht warten, wir mussten selber handeln, und zwar sofort. Dass Widerstand zu erwarten sein würde, war klar, zumal es nicht um medienwirksames Management ging, sondern um harte und entsagungsvolle Arbeit. Das Ergebnis habe ich dann vier Wochen nach den US-Anschlägen in meiner Regierungserklärung vom 9. Oktober vorgetragen. Dabei handelte es sich um das von der Staatsregierung geschnürte »Sicherheitskonzept Bayern«, für das ab 2002 für fünf Jahre insgesamt zweihundert Millionen Euro zur Verfügung gestellt werden. In seinem Rahmen werden fast neunhundert neue Stellen geschaffen, davon allein rund sechshundertfünfzig für die Polizei. Diese erhält zudem ein »strategisches Innovationszentrum«, das sich mit den künftigen Formen von Terror und Kriminalität beschäftigen wird. Unter den verbleibenden zweihundertfünfzig Arbeitsplätzen sind allein fünfzig zusätzliche für den Verfassungsschutz vorgesehen. Sodann Stellen für die Zentralen Ausländerbehörden, die geplant sind, für die Justiz, die »Sonderprüfgruppen Geldwäsche«, die Steuerverwaltung und schließlich auch die Feuerwehrschulen. Ebenso musste das Landesamt für Umweltschutz bedacht werden, denn hier soll eine Sondergruppe die Risiken von Angriffen auf Kernreaktoren und andere potenziell gefährdete Industrieanlagen prüfen – von den Vorkehrungen gegen einen möglichen Bio-Terrorismus gar nicht zu reden. Vor dem Hintergrund dieser Maßnahmen haben wir auch das Sicherheitskonzept der Bundesregierung unterstützt, soweit es nicht von den Grünen verwässert wurde.

Das würde alles nicht greifen, wenn die Bürger die Notwendigkeit nicht einsähen. Vor bald vierzig Jahren hat John F. Kennedy den Berlinern zugerufen: »Ich bin ein Berliner!« Ich erinnere mich noch gut an die Stimmung, da ich einer der vielen Menschen war, die vor dem Schöneberger Rathaus die Rede des Präsidenten hörten. Wenn wir nun in diesen Wochen, wie gefordert worden ist, umgekehrt sagen: »Wir alle sind New Yorker!«, so hat das seine menschliche und geschichtliche Berechtigung.

Unbedingt. Das geschah ja auch spontan überall im Land. In diesem Zusammenhang möchte ich ergänzen: Wir haben ja in den früheren Gesprächen von einem »aufgeklärten Konservatismus« gesprochen und ihn auch ausführlich erläutert. Jetzt möchte ich diesen durch einen »aufgeklärten Patriotismus« ergänzen, der weniger eine Verstandessache als eine Herzensangelegenheit ist. Das ist mir besonders im Zusammenhang mit dem Terrorismus wichtig, weil ich immer wiederholen muss: Politik ist eine Sache von Herz *und* Verstand.

Und der so genannte Verfassungspatriotismus?

Bildet eine Ergänzung, nicht aber seinen Wesenskern. Denn beim Patriotismus geht es um unsere Kultur im Ganzen, die durch den islamistischen Fanatismus getroffen und infrage gestellt werden soll. Im Kampf gegen den Terrorismus geht es ja nicht nur um irgendein Know-how oder bloßes Management von Krisen, sondern um unsere Werteüberzeugungen, die kulturelle Substanz insgesamt. Wir sprechen über Fragen, die sich gerade jetzt stellen, die unser Leben so oder so ausmachen, ja deren Teil wir sind. Ging es im ersten Gespräch um das Thema »Frieden«, so kann man jetzt, glaube ich, sagen: Der komplementäre Begriff zum Frieden ist der der *Sicherheit*.

Ich hatte bei dieser Diskussion damals das Fehlen einer Friedensbewegung vermisst. Jetzt ist sie wieder da, und es ist wichtig, dass sie nicht gleich als »antiamerikanisch«, »antiwestlich«, »antidemokratisch« und wie die Serien von »Anti«-Begriffen alle heißen, erledigt, sondern ernst genommen wird. Sie lässt sich vielleicht auf die Sorge reduzieren, dass gegen den Terrorismus militärisch zu viel und politisch zu wenig getan werden könnte. Zur Zeit führen wir mit dem klassischen Waffenarsenal, das die Overkill-Rüstung des Kalten Krieges hervorgebracht hat, einen Kampf gegen terroristische Netzwerke, die zudem in den dunklen Bereich der globalisierten Kriminalität hineinreichen. Es ist bekannt, wie eng hier die Beziehungen zu den mafiosen Strukturen der internationalen Drogenkartelle sind. Und die können ebenfalls nicht mit Panzern und Flugzeugträgern bekämpft werden.

Das ist unbestritten. Und doch gab es ein klares Interesse des islamistischen Extremismus, ein ganzes Land wie Afghanistan unter seine Kontrolle zu bringen. Der Grund war, sich so eine Ausgangsbasis für den Djihad, den »Heiligen Krieg«, gegen Amerika und seine Verbündeten zu schaffen und nach Möglichkeit weiter auszubauen. Deshalb war der Krieg gegen das Regime der Taliban konsequent und auch erfolgreich.

Ist der Einschnitt des 11. September tatsächlich so tief oder nur eine optische Täuschung? Sitzt uns nicht bloß die Angst in den Gliedern, sind wir nicht zu nahe an den schrecklichen Ereignissen dran?

Eines ist doch unübersehbar, und ich will es noch einmal wiederholen: Dafür, was uns teuer ist, müssen wir bezahlen, nicht allein mit Geld, sondern mit Einsatz und Einsicht. Damit meine ich zunächst die Wahrnehmungsfähigkeit, die Wachsamkeit. Dem müssen die konkreten politischen Maßnahmen entsprechen, die Verstärkung der Sicherheits- und Ordnungskräfte, in unserem Land wie überall in der Welt. Der starke Staat bedeutet nichts anderes als die starke Gemeinschaft, die das leistet, sowohl was Legislative, Exekutive wie Judikative angeht. Im Zeitalter des globalisierten Verbrechertums gilt das weltweit. Jeder nationale Sicherheitsbeitrag ist ein Beitrag zu einer funktionierenden Weltinnenpolitik.

Wachsamkeit ist allerdings auch gegenüber den Gefahren des Überreagierens nötig. Die Völkergemeinschaft muss eine freie, eine offene Gesellschaft bleiben. Viele Gefahren lauern in der Eigendynamik der bürokratischen und technokratischen Prozesse, die die Ordnung und Sicherheit gewährleisten sollen. Wenn wir uns tatsächlich in einem Krieg befinden, wie so leichthin behauptet wird, müssen wir den Kriegszustand mit seinen einzelnen Maßnahmen exakt definieren, das heißt auch zeitlich begrenzen. Sonst graben wir uns gewissermaßen zu einem Stellungskrieg ein und bekommen eine »geschlossene Gesellschaft«, anstatt dass wir die »offene« weiter ausbauen. Das Resultat wäre eine Art Bunkergesellschaft, die dann am Ende sozusagen auf alles schießt, was sich bewegt.

Das ist jetzt stark übertrieben. Ich denke, hier können wir von den Amerikanern, den direkt Betroffenen, einiges lernen. Entgegen manchen Befürchtungen vieler überheblicher Intellektueller besonders in unserem Land haben sie nach dem Schock vom September bekanntlich besonnen reagiert und den Akzent zunächst auf die Politik gelegt, auf die Schaffung dessen, was es noch nie gegeben hat: Eine Weltallianz …

… mit all ihren Labilitäten und Fragilitäten.

Gut, das wird die Zukunft weisen. Aber ich wollte noch anfügen: Und im Übrigen ging das Leben weiter. Wichtig ist doch, dass weder dem Ruf nach Rache, so verständlich er war, nachgegeben wurde noch dem, nun den Weltpolizisten zu spielen. Zugleich gestehen selbst die Kritiker zu, dass unter den jetzigen Umständen, wo es keine UN-Weltpolizei gibt, die Verhältnismäßigkeit der Mittel gewahrt wurde.

Aber auch der Antiterrorkrieg hat mehrere Seiten. Bisher ist die humane Katastrophe in Afghanistan und Pakistan noch nicht überschaubar.

Das stimmt. Doch da engagiert sich die Weltallianz ebenso. Wichtig ist jetzt vor allem, dass wir nicht in die klassische Macht- und Militärpolitik zurückfallen. Das gilt besonders für die Europäer. Die Einzelaktionen, der Solidaritätswettlauf der Engländer, Franzosen und Deutschen gegenüber den USA hat der EU geschadet und der Sache selbst nicht genützt. Ich wünsche mir diesen Wettlauf der Hilfe und Solidarität nun auch beim Aufbau von Afghanistan. Das Zerstörungswerk dort ist ja schon seit zwei Jahrzehnten im Gang.

Russland hat nach den Anschlägen am raschesten reagiert und sich sogleich an die Seite der USA gestellt. Zuerst kam Präsident Putin aber nach Europa, und zwar nach Deutschland. Die Initiative hätte auch von Deutschland ausgehen können, oder nicht?

Der Besuch Putins im Herbst war lange geplant, der Kontakt Schröders nach Moskau ist ja zum Glück nicht schlecht. Vor allem war Putins Bundestagsrede ein wirklich historisches Ereignis, das in der Hektik der anderen Nachrichten zu sehr untergegangen ist. Inzwischen ist allerdings deutlich, dass sich innerhalb Europas und der Nato nicht die Deutschen zum Fürsprecher Russlands gemacht haben, sondern die Briten. Tony Blair ist meistens etwas schneller als Gerhard Schröder. Jedenfalls ist es wichtig, dass sich im Zuge der Antiterrorkoalition auch das bilaterale amerikanisch-russische Verhältnis in den Fragen der Raketenabwehr, der Verringerung der Nuklearwaffen und des ABM-Vertrages gebessert hat. Ich halte es für sehr wichtig, dass Präsident Putin nach der einseitigen Kündigung des ABM-Vertrags durch Präsident Bush betont hat, er halte den Ausstieg zwar für einen großen Fehler, aber die guten Beziehungen zwischen beiden Ländern würden dadurch nicht infrage gestellt.

*
* *

Ich möchte noch einmal auf die Wertefragen, auf die kulturelle Substanz zu sprechen kommen, die Sie für die deutsche, die abendländische Geschichte in Anspruch genommen haben. Es lässt sich zunächst nicht vermeiden, dass sich jedes Gespräch über Terrorismus in einem Labyrinth von Meinungen und Überzeugungen zu verlaufen scheint, in dem der rote Faden verloren geht. Schon wenn wir von einem »Kampf der Kulturen« sprechen, haben wir uns in gewisser Weise die Perspektive des Islamismus zu Eigen gemacht. Danach erscheint Amerika als das »Haus des Pharao«, das von innen her im Namen islamistischer Wahrheit zerstört werden muss. So jedenfalls der sudanesische Islamist Turabi ein halbes Jahr vor dem ersten Anschlag auf das World Trade Center 1993. Auch der Mörder des ägyptischen Präsidenten Sadat hatte sich vor zwanzig Jahren als der »Mörder des Pharao« verstanden. Von den Terrorkommandos war daher die Objektwahl des WTO-Centers und des Pentagon konsequent.

Ich weiß, dass in der öffentlichen Diskussion immer wieder auf die geschichtlich-kulturellen Wurzeln des Terrorismus hingewiesen wird. Das zeigen auch die Auseinandersetzungen über den so genannten »Kampf der Kulturen«, eine Bezeichnung, der ich nicht zustimmen kann. Es kommt auf den *Dialog* der Kulturen an. Die Frage ist doch heute: Wie verhält sich die westliche, säkulare Zivilisation gegenüber der fanatischen Vermischung aus Glauben und Wissen, Religion und Politik, die sich als »Heiliger Krieg« gegen die wissenschaftlich-technische Weltzivilisation versteht?

Indem sie sich stärker als bisher klar macht, dass es nicht mehr wie vor zweihundertfünfzig Jahren nur um weltliche, sondern auch um religiöse Aufklärung geht: Der Glaube kann nicht mehr wissen, was er glaubt, und das Wissen darf nicht mehr glauben, was es weiß.

Das haben Sie jetzt sehr literarisch ausgedrückt. Ich meine einfach, Glauben und Wissen dürfen in unserer Gesellschaft nicht beziehungslos nebeneinander stehen. Das will ja nicht zuletzt das »C« in der Union sagen. Hier liegt eine immer wichtiger werdende Verantwortung der Politik.

Gotthold Ephraim Lessings letztes Stück heißt »Nathan der Weise« und gehörte, als ich zur Schule ging, zur Pflichtlektüre. »Ich bin Jud«, sagt da der Jerusalemer Kaufmann Nathan, und »ich ein Muselmann«, der muslimische Sultan; »der Christ ist zwischen uns«. Dann folgt die berühmte Parabel von den drei Ringen, von denen jeder eine der Religionen Judentum, Christentum, Islam symbolisiert.

Auch ich erinnere mich an die »Ringparabel«. Danach kann keine der drei Religionen allein die absolut wahre sein. Das aber trennt sie nicht, sondern macht sie trotz aller Unterschiede einander ebenbürtig und verbindet sie.

Ihre gemeinsame Wurzel ist die eine und einzige Weltgeschichte, deren Aufgabe die »One World« ist. Deshalb ist der islamistische Terrorismus neben seiner Unmenschlichkeit politisch zutiefst reaktionär: Es gibt keine theokratische Herrschaft mehr, die gegenüber der Moderne eine Zukunft hätte. Das ist eine überwundene Stufe der geschichtlichen Entwicklung. Der Kampf gegen theokratische Herrschaftsformen gehört schließlich schon von Beginn an zur abendländischen Geschichte dazu.

Im Unterschied zu anderen Herrschaftsformen, auch und gerade der theokratischen, wie sie in einigen islamischen Ländern ausgeübt wird, ist Demokratie an das Prinzip der *Verantwortlichkeit* gebunden und bedarf somit der zeitlichen Begrenzung der Macht. Macht, die sich nicht verantworten lässt, ist Gewalt und erzeugt Gegengewalt. Das führt zu einem rechtlosen, chaotischen Zustand, in dem nur das Verbrechen gedeiht.

Eine Frage zur innenpolitischen Situation: Die Koalition in Not, die Opposition wie tot. Warum stützt die Union die Regierung in der Frage des Afghanistan-Einsatzes, in der diese derart zerrissen ist und bleiben wird? Warum nicht gleich eine Große Koalition?

Die Opposition ist nicht tot, jedenfalls nicht, was die Union angeht. Sie macht aber auch nicht die Arbeit der Regierung, weder was die innen- noch was die außenpolitischen Probleme angeht. Hatte Gerhard Schröder angesichts der terroristischen Bedrohung zunächst an eine umfassende Mehrheit im Bundestag gedacht, so ging es bei der Vertrauensfrage nicht mehr um die Sache, sondern um den Machterhalt: Zwei Stimmen Mehrheit – wer bei Rot-Grün noch mit einer handlungsfähigen Koalition rechnet, kann nicht mehr bis drei zählen.

Wie steht es mit der Mehrheit der Koalition im Land?

Ich bin nach wie vor überzeugt, dass es sie nicht gibt. Die außen- und sicherheitspolitischen Krisen wurden nicht von uns gemacht, sie sind uns von außen aufgezwungen worden. Die Frage ist, wie man auf diese Herausforderungen reagiert. Politik besteht ja nicht bloß darin, Programme zu formulieren und Grundsätze aufzustellen, nach denen sich dann die Wirklichkeit zu richten hat, sondern auch umgekehrt: Die Herausforderungen kommen auf die Politik zu, und sie muss reagieren, mit Weitblick und Entschlossenheit, oft aus dem Stand.

Zehn Jahre nach Beendigung des Kalten Krieges hat das vereinigte Deutschland noch immer nicht seine Rolle in der Weltpolitik gefunden. Das ist nach zwei Weltkriegen, für die es verantwortlich gewesen ist, auch kein Wunder. Schließlich wurde den Deutschen jahrzehntelang vorgehalten, sie seien nicht nur die »verspätete«, sondern eigentlich auch die verfehlte Nation.

Das ist Unsinn. Inzwischen geht es um etwas ganz anderes. Der Kanzler hat richtig erkannt, dass unser Land zehn Jahre nach der Wiedervereinigung entsprechend seinem ökonomischen Gewicht nun auch politisch die Geschicke der Weltpolitik mitbestimmen muss. Das wird von uns erwartet, und zwar zu Recht. Deutschland würde ja auch dann Politik betreiben, wenn es sich abseits hielte und verweigerte, einmal angenommen, das sei überhaupt möglich. Seit dem 11. September steht nun vor allen anderen Fragen das Thema »Sicherheit« auf der weltpolitischen Tagesordnung. Das ist uns noch ungewohnt, weil wir jahrzehntelang zwar unseren Beitrag innerhalb der Allianz geleistet haben, uns aber nicht vorstellen konnten, dass wir neben der äußeren Bedrohung auch von innen her durch den Terror gefährdet sein könnten. Das gilt zwar auch für die Verbündeten, vor allem für die Amerikaner, aber die haben sich rasch und bravourös umgestellt.

Sie brauchten aber auch kein neues politisches Selbstverständnis zu suchen, im Gegenteil: Die Rolle des Weltpolizisten – ob nun erwünscht oder nicht – ist ihnen seit langem vertraut. Seit dem Zusammenbruch der Sowjetunion verfügen die USA weltweit über ein Machtpotenzial, das ihnen weder die Russen noch die Chinesen streitig machen können. Die Europäer schon gar nicht. Der Kampf gegen den internationalen Terrorismus bietet ihnen daher eine gute Gelegenheit, dieses Potenzial erneut unter Beweis zu stellen und damit die Rolle der einzig verbliebenen Weltmacht weiter auszubauen. Könnte es nicht sein, dass man auf diese Weise die Ursachen produziert, deren Folgen man dann bekämpfen muss?

Dass es auch immer wieder die Tendenz gibt, sich von der Weltpolitik zu isolieren, gehört seit Jahrzehnten zur US-Politik dazu. Das sind Gefühle oder Reminiszenzen an frühere Zeiten, mit den tatsächlichen Machtverhältnissen in unserer Welt haben sie nichts zu tun. Niemand kann sich heute mehr isolieren, der »Drive« der Geschichte besteht ja umgekehrt darin, die Isolierung der Kontinente und Kulturen zu überwinden. Das bringt Spannungen, Brüche und Konfusionen mit sich, wie sie die islamische Welt heute in besonderem Maße erfährt.

Ich habe nichts dagegen, wenn Sie den Advocatus diaboli spielen, das gibt mir Gelegenheit, meine eigene Position klarer zu umreißen. Zunächst: Der 11. September hat deutlich gemacht, dass es mit der so genannten Spiel- und Spaßgesellschaft vorbei ist. Er hat aber auch bewiesen, dass Europa weltpolitisch nach wie vor nur eine marginale Rolle spielt. Was Deutschland angeht, gehört es ja nicht nur beim Wirtschaftswachstum seit längerem zu den Schlusslichtern Europas, auch bei den Aufwendungen für die Streitkräfte steht es inzwischen mit an letzter Stelle. Wir wenden nur etwa die Hälfte dessen auf, was Großbritannien oder Frankreich ausgeben: Gut ein Prozent des Bruttoinlandsprodukts – eine Größenordnung wie in Kanada oder Luxemburg!

Das dürfte einer der Gründe sein, warum sich die Deutschen mit ihrer neuen politischen Rolle so schwer tun. Vor der Wiedervereinigung waren sie zwar Teil des westlichen Bündnisses, doch dann hieß es: Das vereinte Deutschland ist ausschließlich integrierter Teil Europas. Im Ernstfall marschieren die Nationen dann aber doch getrennt wie eh und je. Jeder profiliert sich, so gut er kann, und nicht nur auf eigene Kosten. Dass das den Amerikanern gar nicht so unlieb ist, dürfte kein Geheimnis sein. Sie möchten einerseits zwar die Lasten verteilen, sich andererseits aber nicht in die Entscheidungen hineinreden lassen. So ist je nach Interessenlage entweder das Bündnis gefragt oder das bilaterale Verhältnis zum einzelnen Partner. Das erweckt hin und wieder den Eindruck, als wäre nun Moltkes berühmtes Motto umgekehrt: Vereint marschieren und getrennt schlagen. Da müsste eine grundlegend andere politische Strategie her, wie wir sie in der elliptischen Struktur der Nato früher schon angedeutet haben. Sonst bliebe – um mit einem bekannten Buchtitel nach dem Ersten Weltkrieg zu reden – nur die Frage: »Im Westen nichts Neues«?

Es ist bekannt, dass ich Anhänger eines Europas mit klaren Kompetenzen bin. Aber die Nationen dürfen dabei nicht geschwächt werden, da sie noch auf geraume Zeit bei den Entscheidungsprozessen nicht zu ersetzen sind. Ich hoffe daher, dass vor allem in den klassischen Bereichen der Außen- und Sicherheitspolitik der Kampf gegen den Terrorismus Europa einen Schub gibt. Dabei hat der beschleunigte Aufbau des Euro-Korps und mobiler Spezialkräfte mit entsprechender Transportkapazität absolute Priorität. Dass die Nato als solche bei der Terrorismusbekämpfung kaum in Erscheinung getreten ist, zeigt, dass sie künftig nur einen Teil der internationalen Sicherheitsproblematik abdecken wird.

Das heißt, wir sind künftig nicht mehr aus dem Schneider, wenn wir uns wie bisher einfach nur auf die Nato berufen? Genau das ist doch der Punkt, an dem sich bei den Deutschen zur Zeit noch die Geister scheiden.

Verständlich ist das ja auch zunächst. Für das geteilte Deutschland war die Funktionstüchtigkeit der Nato lebensentscheidend. Deshalb war auch der Beitrag, den wir zu leisten hatten, unbestritten, allerdings nicht von Anfang an. Das darf nicht vergessen werden. Die jetzige Erweiterung der Nato hat nun nichts mit Expansion im Sinne klassischer Machtpolitik zu tun. Sie zeigt vielmehr die Richtung an, in der die Sicherheitsnetze in Zukunft geknüpft werden müssen, also sowohl global wie regional.

Bleiben wir noch bei der Innenpolitik. Die Union muss in Fragen der Sicherheits- und der Verteidigungspolitik mit verkehrten Fronten agieren und aus Gründen der politischen Notwendigkeit den Kanzler stützen, anstatt ihn zu bekämpfen.

In Zeiten schwerer Krisen muss der Kanzler regieren, nicht lavieren. Das ist auch im Interesse einer konstruktiven Opposition und unterscheidet die Politik der Union von der Obstruktion der SPD unter dem Trio Lafontaine, Scharping, Schröder vor 1998.

Der 11. September wird inzwischen oft als die große konservative Weichenstellung bezeichnet. Der Trend war schon vorher vorhanden: Spanien, Italien, Österreich, die USA, dann Norwegen, nun Dänemark. Dabei wird die

»wehrhafte« Demokratie von der sozialen »Beglückungsdemokratie« unterschieden. Wenn das stimmt, entspricht diesem weltpolitischen Einschnitt auch ein Umschwung im Wertebewusstsein der Menschen. Dass sich die moderne Wissens- und Lerngesellschaft beständig reformieren muss, ist inzwischen ein Allgemeinplatz. Auch die Bedeutung ökologischer Fragen ist längst von allen demokratischen Parteien erkannt und aufgegriffen worden und kein Privileg der Grünen mehr. Und dass der bloße »Turbokapitalismus« weltweit mehr Probleme schafft als löst, gehört ebenfalls seit langem zur politischen Allgemeinbildung. Das zeigt zum einen die Kluft zwischen Arm und Reich, zwischen südlicher und nördlicher Hemisphäre, daran erinnert zum anderen aber auch das Scheitern der radikalen russischen Reformen, die dem Land mehr geschadet als genützt haben. Wie lässt sich nun in diesem Zusammenhang die Wende des 11. September interpretieren? Wo stehen wir auf dem beschwerlichen Weg zur Realisierung der »One World«?

Zunächst einmal ist es heute viel gewagter als vor einem halben Jahr, von der »One World«, der Welt in Einheit und Vielfalt zu sprechen. Denn der Terrorismus zeigt umgekehrt wie eine Negativfolie die Zerrissenheit der Weltgesellschaft, bis hinein in die innenpolitische Diskussion in unserem Land und auch anderswo.

Er zeigt aber auch die unabdingbare Notwendigkeit, sie so weit wie möglich zu überwinden. Ist das nicht bis zu einem gewissen Grad durch die weltweite Antiterror-Allianz schon gelungen?

Ohne Zweifel. Von daher gesehen hat die Geschichte mit dem 11. September tatsächlich einen »Ruck« getan. Die Vision von der »One World« ist eine reale Utopie, ohne deren schrittweise Realisierung wir auch auf anderen Feldern der Politik nicht vorwärts kommen.
Wie gesagt, nach meiner Überzeugung steht seit den Anschlägen in New York und Washington nicht mehr der Wohlstand, sondern die Sicherheit von Leib und Leben an oberster Stelle unserer politischen Ziele.

Dann sollte man aber hinzufügen: Sicherheit auch im Sinne nachhaltiger Sicherung des bisher Erreichten.

Richtig. Ich würde sogar so weit gehen zu sagen: Die Perspektive des Sicherns, der Sicherung, umfasst sämtliche Einzelaspekte der Politik, der Außen-, Innen-, Wirtschafts- und Beschäftigungspolitik, der Finanz-, Gesundheits- oder Bevölkerungspolitik. So kann der Begriff des Wachstums nicht mehr allein extensiv, er muss intensiv verstanden werden. Es gibt kein quantitatives Wachstum ins Unendliche, das ist ein Widerspruch in sich. Es gibt wohl qualitatives Wachstum, aber das besteht in der Intensität der Integration, also in der Fähigkeit, bisher getrennte Bereiche der Gesellschaft so miteinander zu verbinden, dass neue sozialökonomische Lebensformen entstehen. Bloße Globalisierung von Unternehmen reicht nicht aus. Was wir brauchen, ist die Globalisierung der Sozialen Marktwirtschaft.

Wenn mit dem 11. September tatsächlich die Stunde der Wahrheit geschlagen hat, dann müssten doch, ähnlich wie

Frieden und Sicherheit sich bedingen, auch Einheit und Integration zusammengehören. Im zweiten Teil des Buches mit dem Titel »Raumschiff Erde« hatten wir erörtert, dass die Einheit der »One World« nur in der Vielfalt möglich ist, die Vielfalt aber nur bestehen kann, wenn sie sich zu einer Einheit fügt. Das, was das Wechselverhältnis möglich macht, wäre die Integrationsfähigkeit. Das bedeutete konkret eine Balance zwischen Selbstständigkeit und Andersartigkeit bei den Völkern und Kulturen. Herausforderungen annehmen heißt doch, diese so ins Leben zu integrieren, dass neue Lernprozesse entstehen.

Sie sagen »konkret« – ich finde das trotzdem abstrakt formuliert. Aber ich glaube zu verstehen, was Sie meinen. Politisch gesehen lautet jedenfalls künftig die entscheidende Frage: Wie teuer ist uns unsere Sicherheit? Wir müssen von jetzt an mehr in unsere Sicherheit investieren, nicht nur Geld, sondern Intelligenz. »Teuer« heißt daher auch: Wie wertvoll ist uns unsere Sicherheit, die innere wie die äußere? Klar ist, dass im Zeitalter der globalen Terror-Kriminalität die äußere Sicherheit identisch ist mit der inneren und umgekehrt. Auch das ist ein Wechselverhältnis. Ich habe immer gesagt, wir brauchen einen starken Staat, der sich auf die wichtigsten Aufgaben und Funktionen konzentriert, aber mit hoher Effizienz. Denn je komplexer und anfälliger eine Gesellschaft ist, umso wichtiger wird der gesamte Sicherheitsaspekt, politisch, ökonomisch, technologisch und sozial.

Zum sozialen Aspekt gehört auch die Bevölkerungs- beziehungsweise Zuwanderungspolitik, die nicht losgelöst be-

trachtet werden kann von der Wirtschafts- und Arbeitsmarktpolitik. Immer wieder wird behauptet, dieser Problemkomplex eigne sich nicht für Auseinandersetzungen in einem Wahljahr.

Das sehe ich völlig anders: Politische Probleme müssen grundsätzlich dann diskutiert werden, wenn sie sich stellen und die Menschen tatsächlich beschäftigen. Ein zentrales Thema wie die Zuwanderung, das sämtliche politischen Problemfelder beeinflusst, einfach auszuklammern, ist unrealistisch.

Müsste nicht auch bei der Zuwanderung das entscheidende Kriterium die Integrationsfähigkeit *unserer Gesellschaft sein und nicht weltanschauliche Perspektiven oder ökonomische Bedarfsanalysen?*

Zweifellos. Man kann die Antwort vielleicht auf die Formel bringen: Wir können nur so viel Zuwanderung gebrauchen, wie wir tatsächlich integrativ verkraften können, nicht umgekehrt.

Noch einmal zur Frage deutscher Militäreinsätze. Nach der Wiedervereinigung herrschte bei den Verbündeten die Stimmung vor: Achtzig Millionen Deutsche sind für die europäischen Nachbarn nur zu verkraften, wenn Deutschland in Europa so integriert ist, dass es als größtes Volk politisch sozusagen nicht weiter auffällt. Die friedliebenden Deutschen, die ohne Waffen auftraten und nicht mit dem Säbel rasselten, waren die guten Deutschen. Nun die Kehre, nun der Ruf: »Die Deutschen an die Front!« Das kam für viele Menschen überraschend, und die Art und Weise, wie der Kanzler nach dem 11. September lauter und öfter als nötig die »uneingeschränkte Solidarität« mit den USA propagierte, zeigte: So agiert man nur, wenn die beschworene Solidarität gerade nicht selbstverständlich ist.

Sie ist es auch bis heute nicht, trotz des so genannten Vertrauensvotums. Der ganze Kraftakt hatte primär eine innenpolitische Funktion.

Wieso »so genanntes« Vertrauensvotum?

Weil es weder nach innen noch nach außen Vertrauen geschaffen hat, im Gegenteil. Außenpolitisch hat es uns Vertrauen gekostet, trotz der markigen Worte und Gesten. Deutschland kann nicht isoliert handeln, sondern nur in Konsultation mit seinen europäischen Partnern. Sollte darüber hinaus das Konzept einer Weltpolizei tatsächlich irgendwann einmal greifen, müsste es natürlich auch mit den anderen Mächten USA, Russland und China abgestimmt sein. Eine solche umfassende internationale Kooperation – das hatten wir schon festgestellt – ist jedoch von heute her gesehen noch Zukunftsmusik. Aber durch die neue weltpolitische Situation sind wir mehr denn je zu einem Erfolg verdammt.

USA, EU, Russland, China – das ist in der Sprache der klassischen Machtpolitik formuliert, als wären Russland und China Nationen im europäischen Sinn. Sind sie nicht vielmehr Föderationen ausgesprochen heterogener

Bevölkerungsteile? Auch Europa ist ja keine Nation, sondern eine Union von Nationen. Der Begriff der Nation gehört zwar zur neueren europäischen Geschichte, lässt sich aber kaum auf andere Weltregionen übertragen.

Es ist richtig, dass wir dazu neigen, die Erfahrungen unserer eigenen Geschichte auf andere Völker und Kontinente zu übertragen. So auch den Begriff der Nation. Das ist von den anderen Kulturen her gesehen ein Akt politischer Herrschaft, denn ihre Geschichte wird damit von vornherein in europäischen Begriffen gedacht und interpretiert. Diese europazentrische Optik können wir uns nicht deutlich genug vor Augen führen. Der Dialog der Kulturen, der jetzt immer wieder beschworen wird, kann nicht funktionieren, wenn wir diesen Mechanismus nicht durchschauen und schließlich außer Kraft setzen.

Sie hatten schon im ersten Gespräch dem Begriff der Region eine große Bedeutung eingeräumt. Er ist ein offener Begriff, der sich für die neuen Gravitationsfelder kulturell-religiöser, aber auch ökonomisch-politischer Art besser eignet als der der Nation. Als wir von der »Triade« sprachen, der tripolaren Welt aus den Regionen Amerika, Europa/Russland und Asien, hatten wir dem ja Rechnung getragen. Die Region stellt kein bestimmtes Machtpotenzial in geopolitisch festgelegten Grenzen dar wie die Nation, sondern besteht aus übergreifenden Einflusszonen mitsamt ihren vielfachen Übergängen. Asien ist mehr als China, auch die Japaner – um nur sie zu erwähnen – gehören dazu.

Es ist für die aktuelle politische Diskussion enorm wichtig, dass in der internationalen Antiterror-Allianz die islamische Welt nicht aus-, sondern eingeschlossen ist. Endete mit dem Kalten Krieg, mit der Wiedervereinigung Deutschlands und Europas, das 20. Jahrhundert, so hat nun mit dem 11. September das 21. Jahrhundert begonnen. Vielleicht könnte man die künftige Weltgesellschaft angesichts der sie bedrohenden Gefahren als »Schicksalsgemeinschaft« bezeichnen. Anders als in der Antike ist für uns das Schicksal ja kein blindes Fatum, kein Verhängnis mehr, sondern das Geschick, das uns allen »Zugeschickte«. Das sind die jeweiligen Aufgaben der Geschichte, denen wir uns vor der Zukunft in freier Verantwortlichkeit zu stellen haben.

*

* *

Als es darum ging, ob wir aufgrund der September-Ereignisse die bisher geführten Gespräche über »Das Maß der Dinge« ergänzen und als IV. Teil dem Buch anfügen sollten, fragte ich Sie nach der Perspektive eines solchen neuen Gesprächs. Dabei nannte ich zwei Titel, die sich beide begründen ließen: »Im Labyrinth des Bösen« und »Vom Baum des Lebens«. Warum haben Sie sich für den Letzteren entschieden?

Weil die Hoffnung immer weiter führt als die Angst. Das möchte ich noch einmal deutlich betonen. Denn ich glaube, dass diese Grundüberzeugung heute noch wichtiger ist als vor einem halben Jahr. Wir müssen einerseits gewappnet sein …

... für den Kampf gegen »das Böse«?

Ich habe Schwierigkeiten mit dem Begriff des Bösen, nicht im moralischen, wohl aber im politischen Sinn. Was ist dann das Gute? Kann man vom Bösen sprechen, ohne zu sagen, was das Gute ist? Gehört nicht beides notwendig zusammen?

Der amerikanische Präsident scheint hier keine Probleme zu sehen und ganz anders zu empfinden. Für ihn ist der Kampf zwischen der so genannten westlichen Zivilisation und dem islamistischen Terrorismus ein Kampf zwischen Gut und Böse.

Ich weiß, das ist bei uns auf scharfe Kritik gestoßen, aber hier liegt auch ein Missverständnis vor. Man kann sich vielleicht abstrakt darüber verständigen, was *das* Böse, was *das* Gute ist. Aber *die* Bösen, *die* Guten? Das hat in der Geschichte immer zu Fanatismus und Glaubenskriegen geführt, denn jeder nimmt natürlich für sich in Anspruch, der wahrhaft Gute zu sein. Das alles hält der Kritik einer aufgeklärten Vernunft nicht stand.

Also nur das »so genannte« Böse, wie vor Jahren ein bekannter Buchtitel des Verhaltensforschers Konrad Lorenz hieß?

Nein. Das Böse ist ja wirklich und nicht bloß »so genannt«, der Terror ist Realität. Schließlich haben die Opfer tatsächlich gelebt und sind keine »so genannten« Opfer! Nach der Schöpfungsgeschichte im Alten Testament sind die Menschen schuldhaft aus dem Paradies vertrieben worden, weil sie entgegen Gottes Gebot vom Baum der Erkenntnis gegessen haben. Seitdem leben sie »Jenseits von Eden«, wie ein populärer amerikanischer Film in meiner Jugendzeit hieß.

Die, die das Gute wollen, können nicht verhindern, dass es unter Umständen böse Folgen hat. Das lehrt die Geschichte immer wieder. Wichtig ist daher, dass moralische Werte und Wertungen nicht absolut, also losgelöst gedacht werden von der konkreten geschichtlichen oder persönlichen Situation. Es ist auch die Frage, was denn mit dem »Baum der Erkenntnis« in der Bibel gemeint ist. Wenn »ihr davon esset«, heißt es da, »so werden eure Augen aufgetan und ihr werdet sein wie Gott und wissen, was gut und böse ist« (1. Mos., 3, 5). Das, was wir Moral nennen, kann damit also nicht gemeint sein, denn der Moral ist es nicht darum zu tun, »wie Gott« sein zu wollen. In der Versuchung, »wie Gott zu sein«, geht es um Hybris. Die klassische Gotteslehre sagt: Wie Gott sein heißt, allmächtig, allwissend, allgegenwärtig zu sein.

Das bedeutet doch umgekehrt nichts anderes, als dass Wissen immer menschliches, begrenztes und nicht »göttliches« Wissen ist.

Zweifellos. Es ist aber noch kein Jahr her, dass im Zusammenhang der bioethischen Debatte das »Projekt Aphrodite« durch die Zeitungen geisterte. Dabei ging es allen Ernstes um die biotechnische Machbarkeit der »Unsterblichkeit«, ohne dass die Frage auftauchte, warum wir uns eigentlich um eine solche Form der Un-Menschlichkeit bemühen sollten. Leben ist definiert durch den Tod, Menschsein heißt endlich, heißt sterblich sein. Kritiker sprachen daher vom »Unsterblichkeitswahn« der Wissenschaft – »eritis sicut deus«: Ihr werdet sein wie Gott.

Die Sehnsucht nach Unsterblichkeit ist wohl so alt wie der Mensch. Es ist allerdings ein gewaltiger Unterschied, ob sie sich theologisch-religiös oder wissenschaftlich-technisch artikuliert. Dann ist sie in der Tat Ausdruck von Hybris.

Jedenfalls kann man die gesamte humanökologische Krise unserer Zeit dahingehend interpretieren, dass eine Wissenschaft, die primär der Macht der Machbarkeit, dem eigenen »Fortschritt« dient, das komplexe Biosystem von Mensch und Natur zerstören muss. In Formeln gesagt: Die Gleichung »Wissen = Leben« ist richtig, die Gleichung »Wissen = (All-)Macht« dagegen falsch. Statt »richtig« und »falsch« könnte man auch »wahr« und »unwahr« sagen oder »gut« und »böse«.

Vielleicht liegt hier die Antwort auf Ihre Frage, warum mir der Titel »Vom Baum des Lebens« besser gefällt als der vom »Labyrinth des Bösen«. Wenn ich das richtig verstehe, ist der Baum des Lebens mit dem Baum der Erkenntnis identisch. Dabei kommt es darauf an, wie wir die Erkenntnis, die Macht des Wissens, auffassen. Soll sie dem Menschen dienen, kann sie das Leben nicht verneinen. Sie muss daher sämtliche Folgen und Wirkungen in einer Weise berücksichtigen, ja vorausplanen, wie das bisher in der Geschichte weder nötig noch möglich war.

Damit möchte ich auf den Terrorismus zurückkommen: Als »Heiliger Krieg« gegen die gesamte wissenschaftlich-technische Weltzivilisation verneint er nicht nur die Gegenwart, sondern auch die Zukunft. Selbst mit der Vergangenheit steht er auf Kriegsfuß, weil sie hervorgebracht hat, was er hasst und bekämpft. Mit einem Wort: Der Terrorismus ist *lebensfeindlich* im tiefsten Sinn. Insofern habe ich Verständnis dafür, wenn er als böse bezeichnet wird, als das Böse schlechthin.

Wenn das Böse tatsächlich das Lebensverneinende ist, kann es nicht an eine bestimmte Religion, Konfession oder einen Glauben gebunden sein. Es gehört dann überhaupt nicht nur den Religionen, sondern mindestens ebenso den modernen weltlichen Ideologien an, wie das vergangene Jahrhundert in schrecklicher Deutlichkeit gezeigt hat.

Das ist richtig, aber nicht neu. Nationalismus, Rassismus, Kommunismus funktionierten wie Ersatzreligionen.

*Ich will damit ja nur noch einmal sagen, dass Aufklärung heute nicht mehr antireligiös sein kann wie zu Zeiten von Voltaire, Lessing und Kant. Sie ist ja in den letzten beiden Jahrhunderten nicht stehen geblieben und hat inzwischen sämtliche Lebensbereiche erfasst. Damals ging es im Namen von Vernunft und Wissenschaft gegen Kirche und Theologie. Heute erfasst Aufklärung notwendigerweise die Wissenschaft selbst, den gesamten wissenschaftlich-technischen Komplex. Zugleich fragt sie nach der lebens*erhaltenden *und lebens*fördernden *Aufgabe der Religion.*

Das mag generell stimmen. Aber wichtig ist doch im Augenblick vor allem die Aufklärung über den religiösen Fanatismus. Die islamistischen Terroristen verüben Mord und Terror schließlich nicht im Namen von Technik und Wissenschaft! Lassen wir das zu, kehrt sich alles, was wir den Fortschritt der Geschichte nennen, in sein Gegenteil.

Der jüdische Schriftsteller Walter Benjamin, der 1940 auf der Flucht vor den Nazis den Freitod wählte, hat in den kurz vor seinem Tod niedergeschriebenen »Thesen über Geschichte« in der neunten dieser Thesen an ein Bild des Malers Paul Klee erinnert mit dem Titel »Angelus Novus«, der »neue Engel«. Er sehe darin, schreibt Benjamin, den »Engel der Geschichte«, der mit weit gespannten Flügeln und entsetzt aufgerissenen Augen das Gesicht der Vergangenheit zugewendet habe. Alles, was von der Geschichte des Menschen seit der Vertreibung aus dem Paradies zu erkennen sei, erscheine vor dem Engel als eine einzige Katastrophe. Zugleich wehe ein gewaltiger Sturmwind vom Paradies dem Engel entgegen, so dass er seine Flügel nicht mehr schließen könne. »Dieser Sturm«, schreibt Benjamin zum Schluss, »treibt ihn unaufhaltsam in die Zukunft, der er den Rücken kehrt, während der Trümmerhaufen (der Geschichte) vor ihm zum Himmel wächst. Das, was wir den Fortschritt nennen, ist dieser Sturm«.

Ein ungemein eindrucksvolles Bild! Aber ich persönlich kann dieser pessimistischen Weltsicht nicht zustimmen, weil ihr die Hoffnung fehlt. Ist sie vorhanden und jene tragende Kraft im Leben, von der ich schon gesprochen habe, dann müssen wir nicht an der Vergangenheit fixiert bleiben wie Benjamins Engel, sondern können uns umkehren und das Gesicht der Zukunft zuwenden: Eine Kehrtwende um hundertachtzig Grad.

Immerhin ist es bei dieser Weltsicht von 1940 nicht möglich, jener Hybris zu verfallen, von der in der Geschichte der Vertreibung aus dem Paradies gesprochen wird: »Ihr werdet sein wie Gott!« Das zeichnet sie aus. Allerdings ist der Preis dafür die Verzweiflung, die Ausweglosigkeit.

Das ist wahr. Trotzdem bleibe ich dabei: Nicht die Verzweiflung ist das letzte Wort, sondern die Hoffnung, jedenfalls post Christum natum. Vielleicht gibt es auch ein Zeugnis, das von dieser Hundertachtzig-Grad-Kehre in der Geschichte des Menschen spricht? Ich meine kein theologisches, sondern ein literarisches Dokument.

Man könnte vielleicht an Heinrich von Kleists Geschichte »Über das Marionettentheater« denken. Auch da wird von der Vertreibung des Menschen aus dem Paradies ausgegangen. Das heißt von der Tatsache, dass er vom Baum der Erkenntnis gegessen hat. Das Ereignis des »Sündenfalls« ist aber nicht eindeutig verdammenswürdig, weil das Wissen, die Erkenntnis, immer zweideutig ist: Es hilft dem Menschen zu überleben, macht ihn aber nicht einfach glücklich. Denn, so Kleist: »Das Paradies ist verriegelt und der Cherub hinter uns.«

Da ist der Blick in der Tat nicht in die Vergangenheit gerichtet, sondern nach vorne in die Zukunft.

Genau. Kleist sagt sogar: Der Mensch muss zum zweiten Male vom Baum der Erkenntnis essen, »um in den Stand der Unschuld zurückzufallen«. Er müsse gewissermaßen »die Reise um die Welt machen« und sehen, ob »das Paradies vielleicht von hinten irgendwo offen ist«. Das sei aber nur möglich, wenn »die Erkenntnis gleichsam durch ein Unendliches gegangen sei« und sich dadurch von Grund auf verändert habe. Dann hätte sich nämlich auch der Mensch selber verändert. Er wäre nicht mehr dem Tod verfallen, weil sich der Baum der Erkenntnis demjenigen, der zum zweiten Male von ihm koste, als Baum des Lebens offenbare. Das sei dann »das letzte Kapitel von der Geschichte der Welt«.

Keine leichte Geschichte. Sie wird auch nicht einfacher durch den Hinweis auf das Ende der Welt. Es sei denn, man übersetzt sich dieses »letzte Kapitel« in die Sprache der Religion.

Dann müsste man vielleicht so formulieren: Am Ende der Geschichte kommt das Reich Gottes als Heil der Welt aus der Zukunft auf die Menschen zu. Aber Kleist war Dichter, der zugleich seinen Kant studiert hatte. Das Unendliche ist kein Jenseits einer anderen, sondern die Zukunft dieser Welt. Denn das Zeitliche ist zwar begrenzt, die Zeit selbst aber nicht. Über die Zukunft verfügt niemand, sie verfügt über uns. Begrenzen die Menschen sie, weil sie sein wollen wie Gott, mauern sie ihren Lebensraum zu.

Ich denke, da schließt sich der Kreis. Denn die Ermöglichung von Leben in Frieden und Freiheit ist das A und O der Politik. Es ist ihr Beitrag zu dem, was in der europäisch-abendländischen Tradition Humanität genannt wird.

Dank

Das Buch konnte nur verwirklicht werden, weil es von Anfang an nicht nur einen, sondern mehrere Gesprächspartner fand: Zunächst und vor allem Edmund Stoiber, aber auch Friedrich Wilhelm Rothenpieler und Rudolf Sussmann von der Bayerischen Staatskanzlei. Sodann die Mitarbeiter des Droemer Verlags und schließlich meine Frau. Sie hat das Entstehen des Buches schon insofern mit Interesse begleitet, als die Menschen nicht nur Gespräche führen können, sondern selber »ein Gespräch *sind*«, wie es in Hölderlins Gedicht »Friedensfeier« heißt. Allen Gesprächspartnern gilt mein Dank.

Friedrich Kabermann
im Juli 2001